上海六千年

海纳百川的文明之路

熊月之
葛剑雄 等著
陈 杰

中国出版集团 东方出版中心

图书在版编目（CIP）数据

上海六千年 ： 海纳百川的文明之路 ／ 熊月之等著.
上海 ： 东方出版中心，2025.6. -- ISBN 978-7-5473
-2736-4

I. K295.1

中国国家版本馆 CIP 数据核字第 2025UC1040 号

上海六千年——海纳百川的文明之路

著　　者　熊月之　葛剑雄　陈　杰　等
策划编辑　万　骏
责任编辑　陈明晓
装帧设计　钟　颖

出 版 人　陈义望
出版发行　东方出版中心
地　　址　上海市仙霞路345号
邮政编码　200336
电　　话　021-62417400
印 刷 者　上海盛通时代印刷有限公司

开　　本　890mm×1240mm　1/32
印　　张　14.125
字　　数　240千字
版　　次　2025年6月第1版
印　　次　2025年6月第1次印刷
定　　价　88.00元

版权所有　侵权必究
如图书有印装质量问题，请寄回本社出版部调换或拨打021-62597596联系。

本书编委会

组编单位
文汇报社　上海博物馆

编委会主任
季　颖　汤世芬

主编
李　念

编委
石维尘　杨烨旻　金　梦　杨　颖
柴　俊　周文强　林晓彤　高楷修

序一

探源六千年文明发展之路，解锁上海城市精神的基因密码

《上海六千年：海纳百川的文明之路》是东方出版中心继《万年中国：中华文明的起源与形成》后即将推出的又一部作品。看过书稿，我思绪良多，感觉这本书对我们考古工作者来说，是有意义的；对于一般读者来讲，也是很有价值的。

上海是一座年轻而古老的城市。说她年轻，上海自百年前开埠以来，才闻名于世；说她古老，"最初的上海"与"最初的中国"是紧密联系在一起的。在《上海六千年》的开篇谈到"上海史前文化基本面貌"时，上海博物馆的陈杰先生就指出："七十多年的考古工作已经确认，上海史前文化从距今6000多年前开始，经历了马家浜文化、崧泽文化、良渚文化、广富林文化和马桥文化，这一发展历程与长江三角洲其他地区基本同步。"而长江三角洲、长江下游的这一片广大区域，正如"中国社科院考古所研究员李新伟指出，在公元前4000年

左右，中国史前各主要文化区在社会同步发展的基础上，逐渐形成并共享着相似的文化精粹，联结成在地理上和文化上与历史时期中国的发展均有密切而深刻联系的文化共同体，也就是'最初的中国'"。

在这个意义上说，上海考古的成就作为中国考古的一部分，参与重建了中国史前史和古代史，并提供了大量的考古事实证明中华文明确起源于五千多年以前，且绵延不断至今。上海考古的成就也为中国文明起源的认识模式的发展做出了贡献，即从20世纪六七十年代以前的"中原中心"论，演变为包括黄河、长江和西辽河等广大地区在内的"多元一体"论。正是在考古工作者的不断努力下，包括上海考古在内的中国考古所见新石器时代和夏商周时代的历史图景，才突破了中国古代历史"千古一系"的传统观念。众多的考古发现充分证明了多样的地区文化传统的存在和多区域文明的共同发展，不仅使我们对于中国古代文明形成和早期发展时期的历史有了新的认识，也很大程度上改变着我们的历史观。

习近平将上海城市精神凝练为"海纳百川、追求卓越、开明睿智、大气谦和"，这一精神的基因密码，早在上海史前文明"多元一体"的演进中便已悄然孕育。《上海六千年》更进一步全景呈现了这座城市六千年来的文明长卷：北方中原文化的南下和本地文化相结合而形成的广富林文化与马桥文化，春申君治理吴地所昭示的楚风东渐，青龙港的铁器与瓷器的对外贸易所展现的雄踞世界之巅的古代中国制造之强，徐光启在中西文明之间所寻求的"会通以求超胜"之路……在在展示着中国古代文明兼容并包、吸收融汇外来文化的强大能力，展示着中国古代文明的土著性、统一性和多样性，也以无可辩驳的事实证明从史前时代开始，中国古代文化就同外部世界保持着密切的接触，而且随着时代的发展，接触也越来越紧密。考古证明中国文明是独立起源和发展的，但这并不意味着中国古代文明是一个封闭自足的文化体系——高山、沙漠与大海从未阻断文明内部与外部交流的脚步，而中国之所以能成为东亚地区文明的源头，正得益于其包容、学习与创新的文化特质，以及无比的文化自信。上海六千年历史，正是一部生动诠释"海纳百川"的壮丽史诗。

陈星灿

中国考古学会理事长

序二

溯六千年文明路，筑新时代书香魂

全民阅读是建设书香社会的根基，是提升国民文化素养、传承文明的重要途径。如何把专业的学术文化知识、最新的探索研究成果，以符合新时代精神的大文明、大历史的青春自信、生动响亮的姿态呈现给人民大众，这是当代学术人、媒体人和出版人共同的历史使命。

2023年，东方出版中心出版了《万年中国：中华文明的起源与形成》，这本书汇集了文汇讲堂关于中国早期文明的讲座的内容，邀请了冯时等考古、历史领域当代中国一线的专家学者，向读者介绍了中国"一万年的文化史，五千多年的文明史"的生动、丰富的图景，获得了很好的反响。这次的《上海六千年：海纳百川的文明之路》，一样是汇集了文汇讲堂关于上海历史的七次讲座的内容，更有上海博物馆的大力支持，使文化资源更为丰富集中。面对六千年历史，七次讲座所能触及的内容自然首先是代表性、标志性的。很独特的是，形成书稿以后，我们可以清晰地体会到，它的内容触及了史前的考古、进入文献的历史和民俗神话、地理、科技、艺术、文化、经济的核心主题之一金融，并且有一条以未来回看当下、爬梳往昔的主线——上海"五个中心"的根脉溯源，这条主线颇为创新，是以往很少涉及的，也增加了观察的新视角。这些领域整合起来，熔铸成一册，足以在一个不长篇幅里构成六千年上海文明发展道路的全息图景。

上海这片区域，这座城市，地处江海之会，南北之中，她的起步，从来就不是一座小渔村这么简单的，在唐宋时，上海青浦的青龙港已经是一座东亚的外贸大港了，实际上，从华亭县、松江府到上海，她是由长江、太湖、吴淞江、黄浦江水系共同造就的"天命"，广阔富饶的平原腹地，舟楫便利的江河水系，随着中国经济重心的南移，随着中国历史的变迁，随着国门的不断开放，与世界的联系愈加紧密，在长江下游出海口，中国海岸线南北之间，一定会有一片区域、一座城市，承担起会通天下南北、古今中外的使命，今天，这座城市的名字叫上海。党中央赋予上海创建"国际经济中心、金融中心、贸易中心、航运中心、科技创新中心"五个中心的重要使命，在本书七个主题所展现的六千年的文明发展历程中，可以清晰地洞察到其深厚的历史底蕴与社会经济文化发展的渊源。

参与《上海六千年》的作者，有担任主讲的陈杰、黄翔、田兆元、王建文、陈卫平、熊月之、吴景平,参与对谈的程义、曹俊、翁飞、顾宇晖、江晓原、凌利中、叶舟、宋佩玉,进行点评的向义海、高蒙河、叶舒宪、葛剑雄、倪冈景,他们术业专攻,好几位都堪称当代中国人文社科领域的学术文化大家;而在形成《上海六千年》这本书的文汇讲堂的讲座活动过程中,其数百人次的现场听友、50 000人次的线上听友、200万人次的讲座报道阅读,已经让这些大家的研究成果同成千上万大众的关注、思考、疑问积极展开了对话,在《上海六千年》出版之前,就造就了一个很好的开始,面向人民大众,产生积极的社会效益。

考古与历史以及其他人文社科的学问与研究,从来就不是零星几个学者的专属,而是人民大众都在关注、都在参与的事业。这是因为世间所有的人毫无例外地都是历史的存在、现实的存在,都不可能游离于客观的历史与现实的联系之外,不可能游离于先前世代累计创造出来的"人对自然"以及"个人彼此间"的关系之外。人,要了解自身,要了解人自身的价值即自身存在的意义,总会追问自己究竟从哪里来,又将向哪里去,自己的思想、行动如何为先前世代所遗留下来的材料、资金和生产力所制约,通过自身的活动又将如何变更先前世代所造就的环境,使自身的价值得到实现。因此,"究天人之际,通古今之变",既是考古学家、历史学家和所有人文社会科学的学术人的职责，更是人人都不能不关注的事业。所有人文社科之学因之不仅仅是专家之学，更是大众之学、大家之学。《文汇报》和文汇讲堂优秀的媒体人、上海博物馆睿智的文博人以及东方出版中心出色的出版人，决心努力整合集聚各种优秀的学术文化资源，为这些优质学术和广大读者受众之间铺设多条连接通道，努力促成学术文化大家和大家学术文化之间的积极互动，实实在在地为书香上海、书香中国、书香社会的建设作出了不容小觑的贡献。

  小平同志曾说，"上海有特殊的素质，特殊的品格"。上海市 2003 年精神文明建设工作会议在全市性大讨论的基础上，将这"特殊的素质，特殊的品格"概括为"海纳百川""追求卓越"八个字。2007 年 5 月在上海市第九次党代会上，习近平在阐述"与时俱进地培育城市精神"时，在这八个字后面又新增了"开明睿智"和"大气谦和"八个字。这十六个字所代表的上海特殊的素质、特殊的品格，既是对近代以来上海发展过程中形成的城市精神的概括，也是对千百年来积淀在上海人身上的集体意识精准的总结。生活在上海，随时都可以感知这里无比深厚的文化底蕴，人们敢于实事求是、追求真理，勇于独立思考、探索未知，能够兼容并蓄、博采众长，又不惧为天下先，崇尚创新，从《上海六千年》中，不难窥见上海这种城市精神由以铸就的端倪。历史是由一个个活生生的人共同创造的，上海这座城市特殊的素质、特殊的品格是几千年来无数个活生生的人共同铸就的，期待东方出版中心、上海博物馆、《文汇报》和文汇讲堂未来能进一步以这些形形色色的历史人物为中心，推出更多图文并茂的新的成果，为书香上海、书香中国、书香社会的建设做出更大的贡献。

是为序。

姜义华

复旦大学文科资深教授

目　录

第一部分　6 000 年：从满天星斗到中华文明的统一体

第一章　最初的上海　/ 003

最初的上海　/ 004

从崧泽到良渚：中华文明大一统的史前根基　/ 033

何以上海　/ 042

互动现场：大陆架有远古人类，居海边还食野鹿　/ 046

第二章　承前启后，继往开来：从广富林文化到马桥文化　/ 057

广富林人依水而居，马桥人刻画陶文　/ 058

从满天星斗到中华文明统一体　/ 084

广富林低谷和"马桥再出发"：海纳百川向未来　/ 094

互动现场：如何找到史前遗址，马桥文化遗址或有高级聚落　/ 099

第二部分　2 000年：从楚风东渐到千帆之港控江连海

第三章　华亭鹤唳：从春秋战国到魏晋南北朝　/ 113
春申、华亭与沪渎　/ 114

楚风东渐，吴楚一体　/ 137

吴楚越大历史：神话叙事中的上海六千年　/ 151

互动现场：上海的陆机、陆云、袁崧为何不广为人知　/ 158

第四章　从青龙镇到上海港：古代中国的盛与衰　/ 173
以港兴市：从青龙镇到上海港　/ 174

航运江南　/ 201

上海的前世今生：黄浦江、苏州河水系与长江　/ 213

互动现场：青龙港有外国遗存否，衣冠南渡影响如何　/ 220

第三部分　400年：从晚明到三千年未有之大变局

第五章　徐光启：上海400年间科技与生产力探索　/ 235
"会通以求超胜"，徐光启提出的科学观　/ 236

中国科技史中的徐光启　/ 254

光启开会通，我辈当超胜　/ 267

互动现场：徐光启的"会通"有何影响，明清科技为何没有
　　发展　/ 272

第六章　王圻与陈继儒——晚明的上海士人　/ 281
开放中重实学：晚明上海士风　/ 282

晚明：融合传统与外来的"总结时代"　/ 302

互动现场：阳明心学如何影响晚明士人追求自我，九峰三泖
　　为何是元明上海画家最爱　/ 318

第七章　上海近代金融业与三千年未有之大变局　/ 343
上海近代金融业如何转身　/ 344

钱庄与上海近代金融业　/ 363

互动现场：监管、定价理由、优势、风险、式微　/ 376

附　　录

去青浦寻上海六千年之源：那人、那琮、那墓、那塔　/ 391

"考古上海"展：完成时与未来时　/ 409

尾声：是结尾也是新开启　/ 425

第一部分

6 000年：
从满天星斗到中华
文明的统一体

第一章 最初的上海

包含上海地区在内的长江下游地区早期文明的发展,是中华文明五千多年历史的实证。

最初的上海

现在所说的上海，一般是指行政区划上的上海，它经历了不同历史时期逐渐形成。其陆域来源，可追溯至松江府和太仓州。松江的前身是华亭。根据《云和郡县图志》记载，华亭县设立于唐天宝十载（751年），"割昆山、嘉兴、海盐三县置"，这是上海地区最早的行政建制。元代，华亭升县为府，并更名为松江府，又在北部设嘉定州、崇明州，属平江路（今苏州地区），均归江浙行省，上海县亦在元代设立。到清嘉庆十年（1805年），上海地区逐步形成了1府10县1厅的格局，即松江府下辖华亭、上海、青浦、娄、奉贤、金山、南汇7县及川沙抚民厅，另有清雍正二年（1724年）从苏州府独立出来的太仓直隶州，其下辖县除镇洋外，今属上海地域的就是嘉定、崇明、宝山3县，均归江苏省。1927年，南京国民政府以上海县和宝山县辖区为基础组建上海特别市，这是上海作为由中央直管的直辖市的开始，中华人民共和国建立后得以延续。

"最初的上海"借用了中华文明探源研究中提出的"最初的中国"概念。考古学家张光直先生在20世纪80年代提出：约公元前4000年开始，在今天的中国境界之内的不同考古学文化相互交流，构成了"中国相互作用圈"，认为它们便是"最初的中国"。2016年，中国社科院考古所研究员李新伟指出，在公元前4000年左右，中国史前各主要文化区在社会同步发展的基础上，逐渐形成并共享着相似的文化精粹，联结成在地理上和文化上与历史时期中国的发展均有密切而深刻联系的文化共同体，也就是"最初的中国"。

所以，"最初的上海"就是史前上海，与当代最主要的联系既体现在地理上，也彰显在文化上。

丰富的地下文化遗产和考古工作是解读"最初的上海"的重要基础。上海目前确认的考古遗址约40多处，大部分是含有史前遗存的地点，且集中于上海西部。遗址中发现了大量的陶器、石器、玉器、房址、墓葬等，为我们了解"最初的上海"的文化、社会、生态、体质特征、生业提供了非常关键的实证。上海考古学者最早对上海遗址的调查始于20世纪30年代，并形成调查报告《金山卫访古记纲要》。新中国成立后通过黄宣佩先生、宋建先生等考古前辈的不断积累，我们对"最初的上海"的认识越来越清晰。

图 1-1 新中国成立后通过考古前辈的不断积累,我们对"最初的上海"的认识越来越清晰

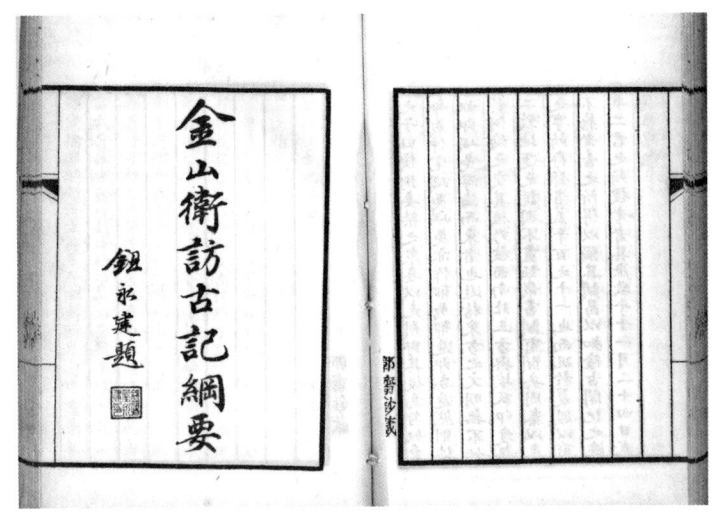

图 1-2　1930 年代调查报告《金山卫访古记纲要》

一、上海史前文化基本面貌

史前时期一般是指没有文字记载或文字记载比较少的时期，考古研究是了解这段历史最重要的方式。2020 年 9 月，中央政治局集体学习时，习近平总书记总结了考古取得的重大成就，其作用是"延伸了历史轴线，增强了历史自信，丰富了历史内涵，活化了历史场景"。

*史前上海 3 000 年：三个考古学文化的命名

七十多年的考古工作已经确认，上海史前文化从距今 6 000

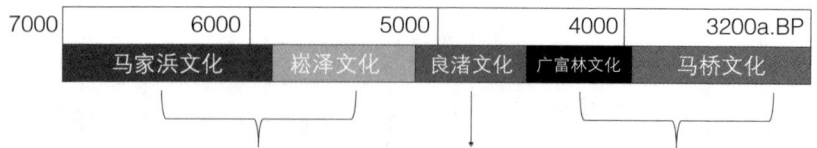

萌生和发展阶段　　史前文明的高峰阶段　　碰撞与融合阶段

图1-3　上海史前文化发展谱系

多年前开始，经历了马家浜文化、崧泽文化、良渚文化、广富林文化和马桥文化，这一发展历程与长江三角洲其他区域基本同步。

马家浜文化等是考古学文化的命名，它是指同一时代分布在同一地区、具有相同特征的一群文化遗存共同体。通过考古学文化的研究可以了解不同文化之间的年代早晚和承继关系。一般考古学文化以典型遗址而命名，长江下游地区的史前文化有三个考古学文化是以上海的考古发现命名的，它们分别是崧泽文化、广富林文化和马桥文化。

图1-4　考古工作者在清理崧泽遗址墓葬

崧泽遗址的发掘始于 1958 年，黄宣佩先生主持发掘并出版了发掘报告《崧泽：新石器时代遗址发掘报告》。1980 年代，学者们提出了崧泽文化的概念，专指距今 5 800 年到 5 300 年间长江三角洲地区的史前文化。从陶器来讲，炊器主要以鼎为主，盛食器以罐、豆为主，崧泽文化的陶器造型非常优美。崧泽文化的玉器有玦、璜、镯、玲，生产工具有锛（bēn）、斧等。这些器物组合和器型在长江下游地区广泛存在，具有相似的特征，故把这个时期与崧泽遗址遗存特征相似的遗址遗存都称为崧泽文化。

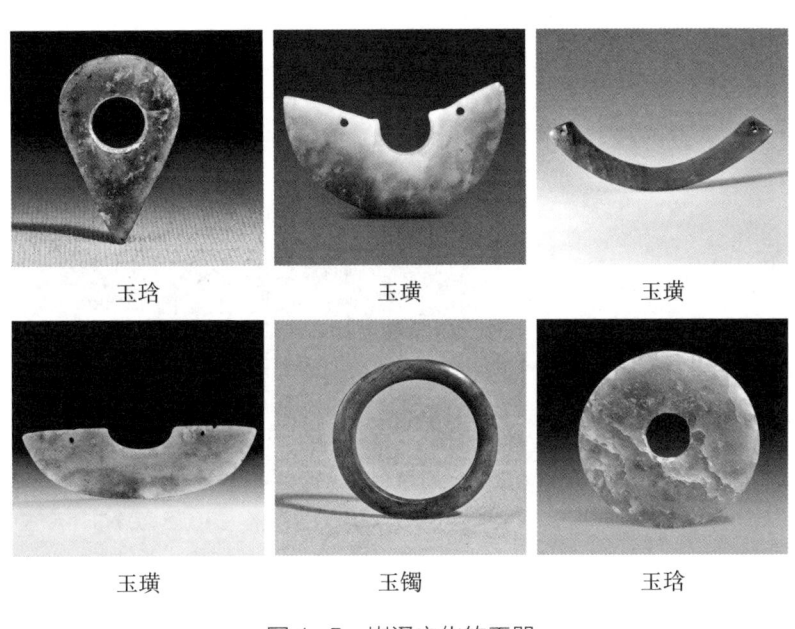

| 玉玲 | 玉璜 | 玉璜 |
| 玉璜 | 玉镯 | 玉玲 |

图 1-5 崧泽文化的玉器

第一章 最初的上海 | 009

红陶盆形鼎

黑陶刻纹盖罐

镂孔勾连纹陶豆

图1-6　崧泽文化的陶器

石斧

石锛

石凿

图1-7　崧泽文化的生产工具

广富林遗址于20世纪60年代发现，1999年后重新发掘，2007年后，因与城市建设配合又一次大面积发掘。广富林遗址首次确认了一批与以往长江三角洲新石器时代考古学文化迥异的遗存，被命名为广富林文化，它介于良渚文化和马桥文化之间，距今4 000年左右。从陶器的陶质、陶色、制法上，广富林文化与良渚文化有明显的差异，或显示出两个人群或者两类文化之间的差异；而在玉琮上和良渚文化有相似性，但图案

图1-8　广富林遗址1999年发掘现场

图1-9　广富林遗址2010年发掘的墓地

雕刻方式、工艺方式都发生了改变。广富林文化还发现了不少的硬陶，或来自南方的传统。

为了保护地下文化遗产，上海做了很多工作，取得了不少成果。比如，崧泽遗址已经建立了崧泽遗址博物馆，广富林遗址现在有广富林遗址公园。

图 1-10 广富林文化的陶器与良渚文化有明显的差异

图1-11 广富林文化发现的硬陶

*史前长三角一体化基础：崧泽良渚文化共同体

要展开比较研究和承继关系研究，就需要确立考古学文化中的年代，它分相对年代和绝对年代。前者指遗迹、遗存在时间上的先后关系，亦即文化遗存先后时序的年代。后者指确定遗迹、遗存距今真实的年龄，即以某件器物时代是BC（公元前）/AD（公元）××年，或距今（BP）××年表示。对绝对年代的判定，目前最常用的测年方法是碳-14测年，还有热释光测年、钾-氩法测年等，上海博物馆是国内热释光测年应用较广的单位。有了相对年代、绝对年代的支撑，在一定的时空框架下，考古学文化方面就能进行比较研究。比如，福泉山遗址发现的139号墓葬的陶器或者玉器、石器，已经开始出现良渚文化的特征，同时保留了一些崧泽文化的因素，这就反映了崧泽文化和良渚文化之间非常紧密的文化上的承继关系。

视野放宽到距今 7 000 年以来的长江下游地区。距今 7 000 年到 5 800 年马家浜文化时期，它除了太湖地区，同期在钱塘江南岸的宁绍平原有河姆渡文化，在太湖西北边宁镇地区有北阴阳营文化。即使是太湖东部和西部地区，文化面貌也不一致，以釜为例，西部以平底釜为主，东部以圜底釜为主，甚至有学者把西部马家浜文化命名为骆驼墩文化。

到距今 5 800 到 5 300 年的崧泽文化时期，长江北岸的青墩遗址发现的陶器，与崧泽遗址的出土陶器非常相似。向南，跨越钱塘江至浙江象山塔山遗址的陶器和崧泽遗址陶器也非常相似。而向西扩展，到安徽凌家滩遗址、潜山薛家岗遗址，这么大范围里文化的相似性非常显著。因此，有学者提出崧泽文化圈的概念。

距今 5 300 年前后，进入良渚文化时期，长江下游各区域之间文化的共通性更强。向北跨越长江，江苏兴化蒋庄遗址首次在长江以北发现随葬琮、璧等玉礼器且文化面貌单纯的等级较高的良渚文化墓地。更远的淮河故道附近的阜宁陆庄遗址也被认为属于良渚文化遗存。向南跨越钱塘江，远至浙西南山地丘陵地带亦是良渚文化的重要分布区。比如位于浙西南的好川墓地，其早期墓葬应该属于典型的良渚文化。向西，皖江东部

图 1-12　江苏兴化蒋庄遗址出土的琮、璧等玉礼器

图 1-13　淮河故道附近的阜宁陆庄遗址出土的玉琮

地区应该是良渚文化分布范围，如安徽芜湖月堰遗址墓葬随葬品中可以见到明显的良渚文化因素。

从长时段的历史进程来看，长江下游地区在崧泽文化之前各区域的发展不平衡，但从崧泽文化开始，以太湖为中心，北跨长江，南至宁绍平原，西至宁镇地区、皖江流域，在崧泽文化影响下，文化的面貌在保持各地文化特色的基础上逐渐趋于统一。到良渚文化时期，它的向心力和凝聚力更加明确，从而形成了跨越广大区域的强大文化统一体。

崧泽、良渚稳定且统一的文化共同体，已经成为长江下游早期文明发展非常重要的社会基础。这个文化格局的形成正是现在所说的长三角一体化的史前基础，而上海是其中非常重要的组成部分。这种文化的认同成为现在文化发展的重要精神动力和竞争优势。

二、上海史前先民及其生活

＊上海先民群像：蒙古人种，有划船、跪坐行为

崧泽遗址的"上海第一人"头盖骨，是2004年发掘出土的。此前上海地区发现过马家浜文化的遗存，比如陶器、石器，但并没有人骨，2004年的发掘中发现了一批马家浜文化的遗骨遗骸，代表了上海最早的一批先民。通过体质人类学专家的复原，头骨主人是约25岁的成年男性，属于蒙古人种类型，生前有龋齿。

广富林遗址等地还发现了许多崧泽文化、良渚文化、广富林文化的人骨。以广富林遗址墓葬的初步研究为例，早期先民

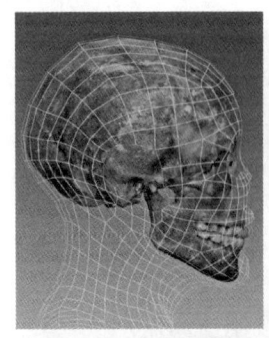
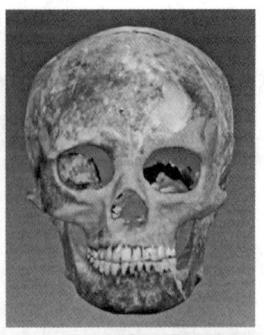
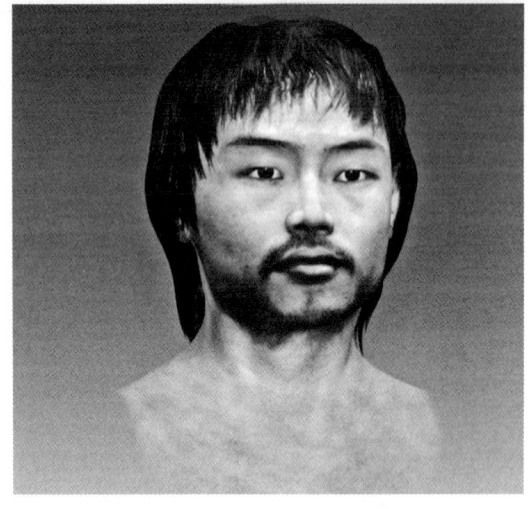

图1-14 "上海第一人"的头骨及三维复原图

平均身高男性约1.63米，女性约1.53米，基本符合中国新石器时期人群的体质基本特征。从广富林遗址出土的人骨，还可看到中国东部地区包括山东半岛流行的拔除侧门齿的习俗，从骨骼痕迹推测当时先民可能有划船的习俗，在四五千年前的古人身上也有现代人常有的颈椎病，在广富林遗址中还发现了东亚地区最早的由结核病造成的脊椎变形情况。

推定身高（厘米）

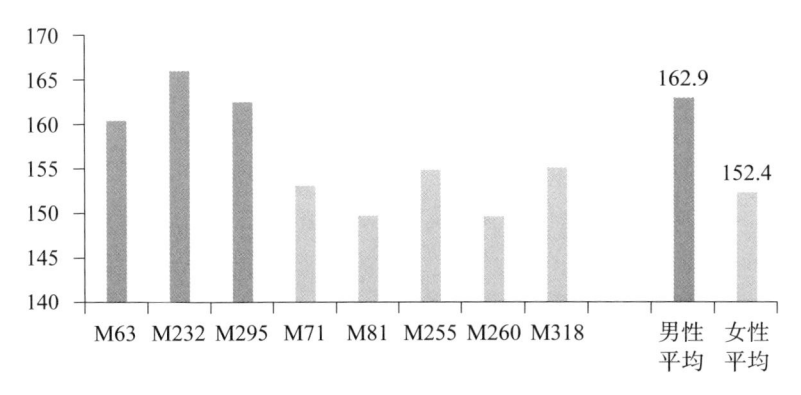

墓号	身高
M63	约160
M232	约166
M295	约162
M71	约153
M81	约150
M255	约155
M260	约150
M318	约155
男性平均	162.9
女性平均	152.4

图1-15 广富林遗址上崧泽文化到良渚文化的先民平均身高

近年来，在奉贤区柘林遗址发掘中科研人员对人骨进行了研究，其身高和广富林遗址先民大致相同，在骨骼上还发现因贫血、营养不良造成的病理情况以及上颌鼻窦炎的病理特征，另外骨骼上发现的跪踞面等特点可能与长期跪坐行为相关。

*史前绿色生态：麋鹿、大象、老虎与人共处

考古也研究人类生存的环境。通过孢粉分析、木材分析、植硅石分析、植物考古、动物考古等手段，能对古人类生存的环境进行复原，为我们了解先民资源利用的方式提供非常重要的证据。通过广富林遗址孢粉分析，可以复原当时的植被情况。广富林遗址出土了大量的木材，我们对269个样本进行了鉴定，共鉴别出46个树种，有常见的连香树、栎树、朴树等种类。

根据遗址出土的动物骨骼，可以复原出当时大致的动物群类。广富林遗址中，发掘出大象的头骨、腿骨，老虎的盆骨、

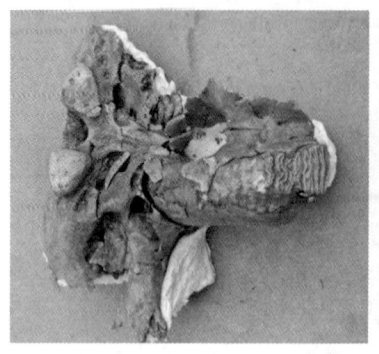

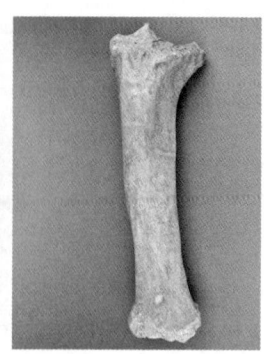

大象

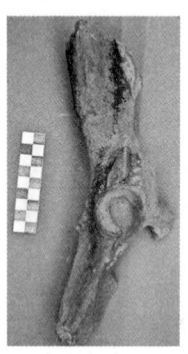

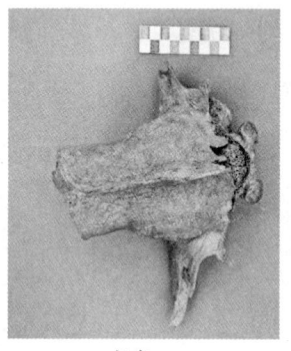

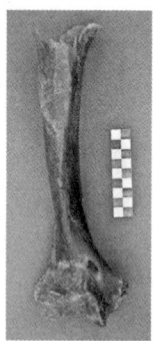

老虎

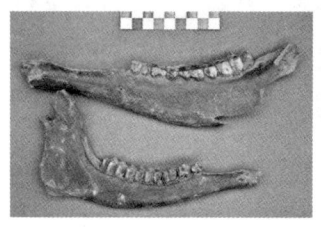

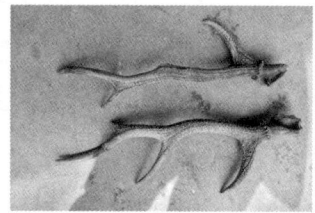

鹿

图1-16　广富林遗址发现动物骨骼遗存

头骨、上臂骨等。此外，还有大量的鹿科动物的骨骼，大型鹿类是麋鹿，中型的是梅花鹿，再小一类的是獐子、麂子等。既发现过扬子鳄单一头骨，也发现了其整只骨骼。其他还有天上飞的雁、鹤等鸟类，水里游的鲤鱼、鲈鱼等鱼类。

由此，大致可以复原出"最初的上海"极为多样化的生态景观：以湿地草原景观为主，一些低地丘陵等处分布着较为茂盛的树林。在林间或林原的草丛中，生活着野猪、梅花鹿、獐、麂等动物。麋鹿则生活在广阔的湿地草原上。邻近水域之处是水牛、犀牛等大型哺乳动物的主要领地。湖泊、池塘、河流等水域和岸边则生长着不同的鱼类和贝类软体动物。鳖、龟等爬行类动物栖息于水中，偶尔上岸享受阳光。林间、草丛和水旁不同的鸟类动物时而飞翔、时而栖息。

图 1-17　距今 4 000 年的上海复原生态图

*先民食谱：稻作、果蔬、鹿科野味、驯养家猪

对于环境的开发和利用是人类生存非常重要的策略，上海地区的先民最早的生存策略就是利用自然环境发展适于这个环境的农业，即稻作农业。长江中下游地区稻作农业发展最早，迅速影响中国及东亚大部分地区，再影响到世界其他地区。20世纪60年代，老一辈考古学者就在崧泽遗址里面发现了一些稻谷遗存，在部分陶器中也可观察到掺和稻壳烧失后所留下来的印痕。广富林遗址经过水洗，发现了大量不同的植物种子和果实遗存，以稻为主，其他还有菱角、芡实、葫芦、核桃、酸枣等瓜果蔬菜。

食物中动物性蛋白补充非常重要。以广富林遗址为例，先民基本以食用野生鹿科动物为主。崧泽遗址曾出土一件马家浜文化时期的陶猪，有非常明显的家猪特征——吻部很短，身体圆鼓。对柘林遗址人骨的骨胶原进行C、N同位素的分析，我们可以清楚地了解到，柘林的先民虽然居住在海岸线边上，但饮食对象还是以陆生资源为主。

动物骨骼还被用作制作工具的原料。广富林遗址发现大量骨制品，有骨笄、骨凿、骨锥、

图1-18 马家浜文化时期的陶猪，吻部很短，身体圆鼓，呈驯养之后的状态

骨针、骨鱼钩等，在有些动物骨骼上面发现了很多加工的痕迹，有砍的、削的、锯切的、用线切割的，体现了骨器加工的工艺水平。在福泉山遗址曾出土过象牙镯，2010 年福泉山遗址发掘出由 12 颗猪獠牙串联的组配。

基于优越的生存环境，上海先民因地制宜，与环境和谐共生，巧妙地利用生态资源，丰富了当时的生活。

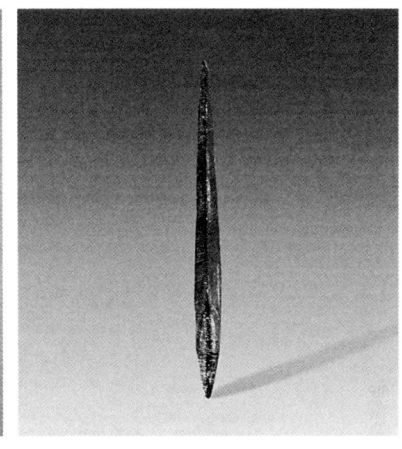

图 1-19　广富林文化时期的骨鱼钩和骨镞

图 1-20　福泉山遗址出土的象牙镯和猪獠牙

三、上海史前文化成就

距今 6 000 年左右的上海先民的史前文化，获得了什么成就？怎么去认识这段历史？有以下三个关键词。

＊开拓与创新

上海地区早期遗址基本集中在上海西部。史前有一道冈身，从嘉定向南穿过闵行马桥到金山柘林，经测是距今 6 000—4 000 年左右的海岸线。其西东大部分地区都是距

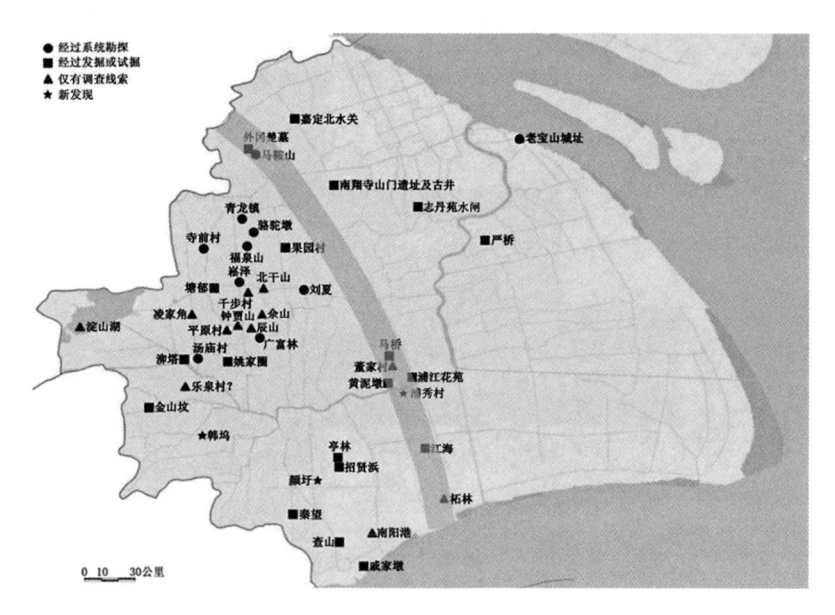

图 1-21　距今 6 000—4 000 年左右的海岸线

今4 000年之后淤积而成的，随现代长江三角洲的发育，平原地区不断向海、向东拓展，才有了我们今天的生存空间。6 000年前马家浜文化的先民应该是上海地区最早的开拓者，以极大的勇气去陌生环境垦荒，这是上海先民开拓精神的源头。

有两个小的事例，可称为"小发明大智慧"，这六个字很生动地描绘了史前时代人们的创新，它们反映的不仅仅是上海先民也是长江下游先民的智慧。

在上海地区和长江下游其他地区，从崧泽文化开始我们就发现了一类三角形的石器，一般认为它就是石犁。石犁比较完整的形象是在浙江庄桥坟遗址发现的，属于良渚文化，出土时还保留了犁床木质部分。石犁的使用可能与犁耕方式有关，它对稻作农业耕作方式产生巨大影响。其他农具还有收割用具石镰等。犁耕是中国社会四五千年以来始终使用的耕作方式，直到当代被机械替代。在犁耕产生之前，一般认为农业处于耜耕阶段，而石犁可以连续、

图1-22 崧泽文化的石犁

图1-23　浙江庄桥坟遗址发现的石犁

更深入地翻动土地,大幅提升了稻作农业的效率。

另一体现创新的小的实例就是陶甗（yǎn）。常见的崧泽文化炊器是鼎,此时还出现了一类炊器叫甗,中间有隔挡,下面是一个注水口,让人马上联想到后世使用的蒸锅。在世界诸文明的饮食传统中,蒸煮方式较少,但在中国,蒸的传统很早就形成了,可能有近万年历史。一般器物分成两部分,上部是甑（zèng）,下部是盛水用于蒸的,在崧泽文化时期,先民把两件器物组合起来变成蒸煮合一,这是非常巧妙的革新。

图 1-24　炊器甗中间有隔挡，下面有注水口，相当于现在的蒸锅

*审美与工艺

上海地区和长江下游地区的史前先民，在审美和工艺上取得了非常大的成就。手工业专门化的生产，被认为是整个文化进程中的一个重要指标。以陶器为例，崧泽文化的陶器，除了器形端庄外，变化非常丰富。上海博物馆陶瓷馆展出的泥质陶罐是崧泽文化的精品文物，器形非常规整，表面纹饰或仿造当时的编织纹，动物形象也会装饰到陶器上，比如猪形陶匜、龟状陶壶等。崧泽文化双层结构的陶壶，通过 X 射线断层扫描技术（XCT）的扫描，我们能非常明显地看到其内部是一个完整的壶，外部是装饰性的，不仅实用还有纯粹的审美装饰。良渚文化时期的陶器制造工艺则更加精致。以 2010 年福泉山遗址出土的双把陶匜为例，在黑皮陶烧制好后，再进行了非常精细的雕刻，反映了这个地区先民出色的审美和工艺水准。

图 1-25 崧泽文化的猪形陶匜（左）、龟状陶壶（右）

图 1-26 崧泽文化双层结构的陶壶

图 1-27 福泉山出土的良渚文化双把陶匜

上海地区发现的崧泽文化、良渚文化的陶器、骨角器、玉器等手工业生产水平非常发达。当然，这个地区工艺上最高最大的成就是玉器的制作。

* 中国早期文明的代表

继 20 世纪 80 年代发现很多良渚时期的权贵墓葬后，2007 年，上海博物馆重新对福泉山遗址进行了发掘，在吴家场发现了多座高等级墓葬。在 204 号墓葬随葬品中，就有 9 个玉璧 2 个玉琮。高等墓中象征权贵身份的装饰品有玉梳背、玉牌饰、玉璜、玉项饰、玉镯、玉带钩等，还有象征世俗权力和宗教权力的玉钺（yuè）、玉琮等。

207 号墓葬里，发现了非常特殊的用人骨作为祭品的习俗。其中还出土了比较完整的象牙权杖，其中保存较好的一件，整

第一章　最初的上海 ｜ 029

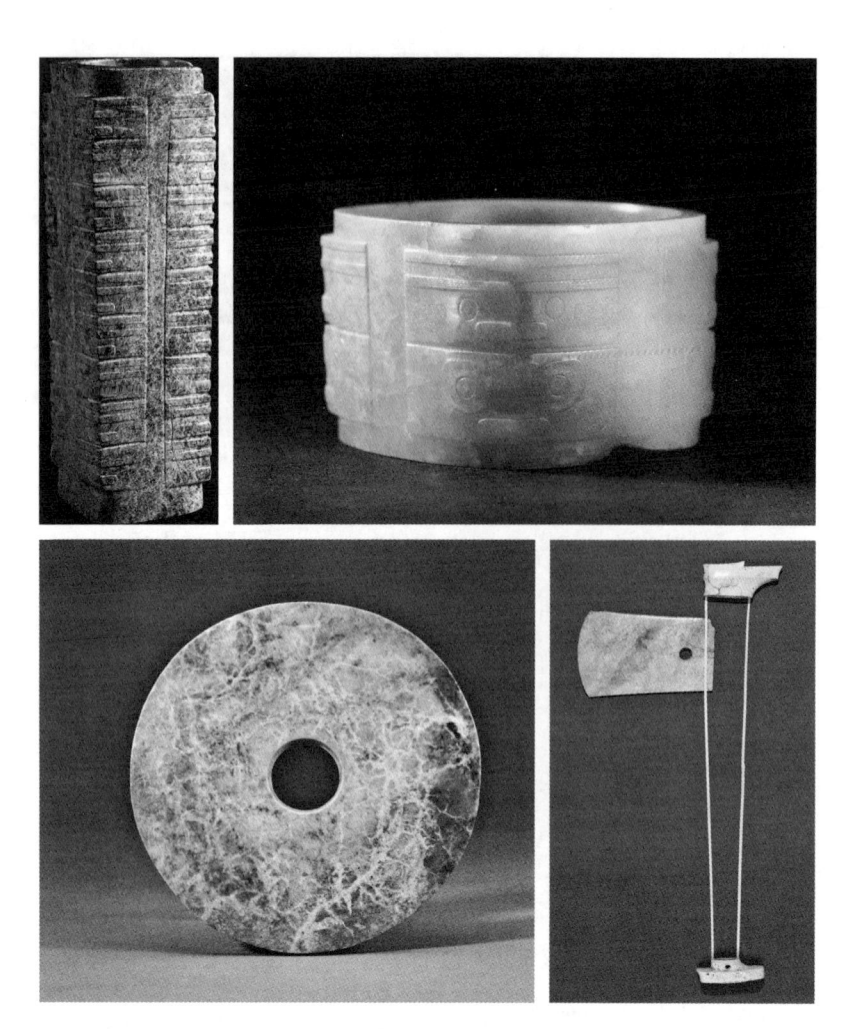

图 1-28　福泉山高级遗址中发现的与礼仪相关的玉钺、玉琮等

长 1 米左右，表面雕刻非常精细的纹饰，上半部是神人纹，底下是神兽纹。神人和神兽组合的纹饰是良渚时期非常具有典型代表意义的象征符号，它只有在最高等级的玉器上才会出现。

我们可以参看良渚遗址反山墓地玉琮王上的纹饰，后者可看到器形头上戴个羽冠，T形的小脸代表了神人，下面是大眼睛的神兽，或代表人对于自然的驾驭，代表祖先崇拜的形象，等等。

图1-29 福泉山出土的1米长象牙权杖，上面的神人神兽纹饰是良渚时期的代表符号

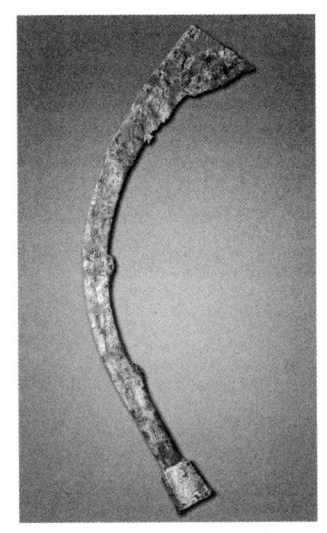

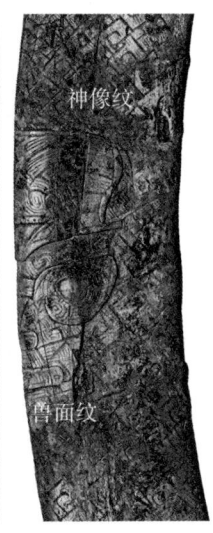

福泉山出土的象牙权杖及其局部

象牙权杖上的神人神兽纹饰　　　良渚时期的代表符号

第一章　最初的上海 | 031

综上所述，包括上海地区在内的长江下游地区早期文明的发展，是中华文明五千多年历史的实证。而在此基础上提出的关于文明的定义或者文明的标准所形成的文明社会的中国方案，也为世界文明起源的研究做出了原创性的贡献。

陈杰

从崧泽到良渚:
中华文明大一统的史前根基

* 六千年的上海,一万年的苏州

文汇讲堂: 为何很多人都不知道上海有 6 000 年的历史,能否从考古学视角分析一下原因?

陈杰: 首先还是传播不够。对上海来说,大家了解更多的是她近现代以后的历史,因此会有"2 000 年看西安,1 000 年看北京,100 年看上海"之说。的确,开埠后仅 10 年上海基本已成为远东第一大城市,这样的辉煌让很多人忽略了她有深厚历史积淀的一面。例如上海的港口功能,前几年青龙镇遗址的发掘就已证明,其在唐宋时期已具备国际贸易港口职能。所以,哪怕强调近百年历史,也无法忽视其更遥远的史前时期,这就是"最初的上海"。

程义: 在没有考古学之前,中华文明的历史主要以文字记载为主。早期文献记载，夏王朝之前还有三皇五帝时期，但古人没有给我们留下具体文字，这段历史的传播就有限。现代考古学传入以后，我们发现还有新石器时代、旧石器时代，甚至更久远的时代。所以，随着考古学和研究手段的深入，历史有着朝前延伸的可能。

我们经常说沧海桑田，长三角过去很长时间是大海，有时又是陆地，有时又被淹没了。到距今6 000年才形成"冈身"，就是一些较早成陆的条状台地，人只能在陆地（冈身）上生存。因为上海成陆时间较短，所以说它有6 000年历史。苏州跟上海非常相像，最早，它是太湖东边的一个湿地，在海和湖的相互作用下逐渐由西向东慢慢成陆，苏州成陆更早一些，距今10 000年左右。

陈杰：这几年上海博物馆一直在加大上海考古和上海历史的传播工作。2014年，策划了"申城寻踪：上海考古大展"；在上博东馆的建设中，专门设置了"考古·上海"的主题展览；未来北馆的主要建设目标更是一座以在长江口上海的崇明横沙水域发现的"长江口二号古船"为核心的考古主题博物馆。希望通过多方位的展览展示讲座平台，更多人能更了解具有悠久历史的上海，也更喜欢上海。

*从崧泽到良渚

文汇讲堂：对史前文明，苏秉琦先生有"满天星斗"说，2024年4月14日去世的严文明先生也提出"重瓣花朵"说，这给长江下游的考古突破留下空间。从崧泽文化圈来看，如何以最新考古成果来解读从马家浜文化、崧泽文化，再到良渚文化的长江下游在中华文明多元一体中的地位？

程义：如何看待长江下游诸种考古学文化在中华文明多元一体中的地位，这是所有关于中华文明起源研究的核心问题。当年苏先生提出"满天星斗"理论，后来严先生又说中华文明是"重瓣花朵"式的，两者都离不开文化区的概念。过去，我们认为中华民族都是以北方、中原为中心的，认为黄河是母亲河，中原是华夏的正脉，周边都很落后。但崧泽、良渚这样大型的遗址被发现后，我们发现，长江中下游不论是水稻种植、家畜养殖、陶器制作，还是一些非常关键的生业方面的技术都相当先进，特别是玉器的制作非常发达。苏秉琦先生说陕西的华山就是中华的华，这应当是华夏的起源地，但在它周边发现的玉器相对较少，这启发了我们打破中华文明起源的"一源说（一个中原）"模式。后来他提出了"满天星斗"说，这时长江下游的崧泽、良渚文化对中华文明的贡献就显得非常重要了。

我们称中国是玉之国,这一传统或也源自北方,红山的玉器很出名,但是崧泽和良渚的玉器贡献也非常重要。"六瑞礼器"包括玉璧、玉琮、玉圭、玉璋、玉琥、玉璜,《周礼·春官·大宗伯》中记载:

> 以玉作六器,以礼天地四方:以苍璧礼天,以黄琮礼地,以青圭礼东方,以赤璋礼南方,以白琥礼西方,以玄璜礼北方。

其中,祭天的"璧"和祭地的"琮"都来自良渚,"璜"的起源还是在崧泽时期(见图1-5)。

最近苏州也在做苏州地域文明探源工程。太湖东部的马家浜遗址分布相对较少,但到了崧泽时期遗址突然增多。崧泽时期的先民社会已出现审美差异和贫富分化。在东山村遗址中,大型墓的随葬品有一百多件,仅玉器就有几十件,包括玉璧、玉钺等,中型墓的随葬品有三四十件,小型墓有十几件,而有的墓一件随葬品都没有。与崧泽时期相比,马家浜人的随葬品都以陶器为主,女性鲜有玉璜、玉玦。这说明崧泽时期社会已出现了阶层分化,出现了富人、穷人、管理人员、体力劳动者等,这对后期社会的进步产生非常重要的影响,进一步产生了阶级、国家的雏形,所以长江下游对中

图1-30 东山村崧泽文化高等级墓葬的随葬品更为丰富（程义供图）

华文明的形成发展非常重要。

*"崧泽文化圈"：史前时代的长三角一体化

文汇讲堂："崧泽文化圈"涉及长三角地区史前文化的相互影响。例如，安徽凌家滩遗址距今5 800年到5 300年，与崧泽文化在同一时期，"崧泽文化圈"内，各地域文化间究竟如何相互影响？

陈杰：人的活动是相互关联的，有了人的交流，就有了文化上的交流。"崧泽文化圈"的提法，已被越来越多的学者认可和利用。从文化面貌上比较，凌家滩遗址也属于大崧泽文化圈中非常重要的一部分，比如与江苏东山村遗址相比，在陶器、玉器上都有高度相似性。广泛的文化交流对于形成统一的地区文化传统至关重要，所以我经常强调从文化的历史发展看整个形成过程。

我们现在经常说长三角一体化，因为其中还存在一种文化共识，在该区域内，人们更容易产生感情上的共鸣和文化上的认同。比如2015年我参加"全国十大考古发现"进校园的活动，当时江浙沪地区三个项目共同竞争"十大考古发现"，最后除了上海的广富林遗址外，江苏兴化蒋庄遗址和浙江杭州的良渚古城外围大型水利工程的调查与发掘最终入选。当时北京大学活动的学术讲座主持人介绍，我们这些项目都来自"包邮区"。虽是戏谑，也反映出这一地区在历史上的联结和文化上的认同。这种文化上的基因是一脉相承的，它对于我们理解现代社会至关重要。

*千年的相隔、千里的传播：来自良渚的金沙十节玉琮的传说
文汇讲堂：最近上博东馆举办的"三星堆特展"中有一个金沙十节玉琮，中央电视台的考古历史片里有种说法，认为该玉琮是从良渚文化传过去的。如何解读上海或者江南地区的长江下游文化也在影响着长江上游？

陈杰：我们对这个过程细节无法描绘得那么清楚，但由此案例看到，文化上的联系或者历史与现在的联系，有些是很难直接比较的，因为很多变化是潜移默化的。比如长江下游地区的早期文明发展，以玉器为代表的礼制体系的建立非常关键，它是体现社会等级的形式，一直延续至夏、商、周三代的青铜礼器系统。

另外，在历史传承中，一些特定的观念逐渐被固化下来。璧和琮是其中两个非常重要的概念，成都的金沙遗址发现了玉琮，时间上与杭州的良渚文化相差1 000多年，距离上相隔近2 000公里，这种跨越时空的联系很难说互相之间有直接关系，但从考古的发掘调查与研究中可以看到，商代或者商代晚期的金沙文化对玉或琮的崇拜依然存在，这是长江下游文明对中华文明整体发展的深远影响。

中华文明是多元一体的，各个地区的文明组成了大一统的中国，这是我们理解中华文明多元一体过程至关重要的出发点。

程义：我们在三峡包括湖北西部这片地区的考古工作做得还相对较少。考古就是这样，一个重要的遗址被发现就可能会揭开很多谜团。关于金沙玉琮的问题，实际上还有许多谜团没有完全解开，相距千里，相隔千年，金沙十节玉琮来自良渚，或许只是一

良渚文化十节玉琮

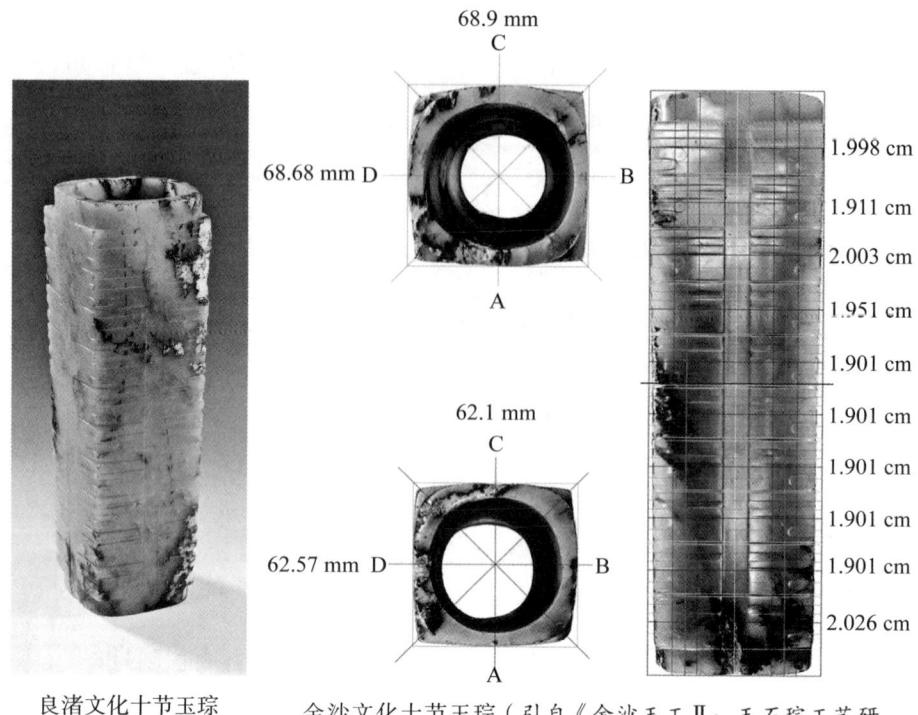

金沙文化十节玉琮（引自《金沙玉工Ⅱ：玉石琮工艺研究》，四川人民出版社2023年版，图版十九）

图1-31 良渚玉琮和金沙玉琮的对照

个美好悠远的传说，但也许将来会有一些更加新奇的发现。

*上海史前文明高度：福泉山象牙权杖

文汇讲堂：关于史前文明，谈到距今9 000年的河南贾湖遗址就想到骨笛，谈到浙江万年上山遗址就想到稻米，谈到距今5 000年的良渚文明就想到反山墓地的"玉琮王"。谈到"最初的上海",是否也有代表性器物,例如象牙权杖?这在考古学上是否存在以偏概全?

陈杰:如果非要找一个比较独特的器物,象牙权杖必然是一个非常重要的代表。迄今为止,青浦福泉山遗址墓葬里出土的两件象牙权杖,是目前中国保存最好、雕刻最精美的史前象牙器物。发掘时,发现象牙权杖的材质很酥脆,只能把墓葬整体运送到室内清理,才得以保存下来。

从象牙权杖我们能推测,除玉器之外,良渚文化或也存在利用其他稀有材料作为礼器系统器物的选择。

程义:古代标识身份的物品都是靠占有别人劳动来体现的。象牙即使在现代技术下加工,其难度也非常大。繁缛的纹饰上有类似神徽的图案,是象征性的权力代表,它或能与自然界甚至与古人信仰的想象中的超自然力量沟通,而这种权力往往都掌握在一些上层人士手中,所以象牙权杖非常稀有。福泉山遗址出土的象牙权杖保存完美、内容丰富,既有艺术价值,更能反映当时一些社会思想与社会结构,将来若能再发掘一些材料,对它的隐性价值的阐释或会更加深入。

陈杰、程义

何以上海

大众普遍认为,上海是一座没有历史、没有文化的城市,古代的上海就是个小渔村,能称道的历史顶多就是近代开埠以后的历史,甚至认为海派文化就是舶来文化。

事实真是如此吗?

一、考古视野中的上海:主体性、连续性、未来性

在把握上海的历史和文化上,与中华文明探源一样,需要树立文化主体性思维,需要从"我是谁?我从哪里来?我要到哪里去?"这三个哲学终极命题出发,搞清楚上海历史和文化的源头。

今天我们说"上海六千年",这个概念是怎么来的?它不是行政区划意义上的上海,而是历史地理意义上的上海,更是

考古学文化区、文化圈意义上的上海。在历史地理意义上，上海这片土地不是偶然天成的，而是经过几千年的地理环境变化才形成的；这个地理演进过程，伴随着早期先民的活动，正因为如此，在地域上它的文化、文明有着数千年的积淀，形成了考古学文化意义上的马家浜文化、崧泽文化、良渚文化、广富林文化、马桥文化这样一个连续不断的史前文化承袭演进图谱。

这与中华文明连续性也是完全一致的。而上海 6 000 年的历史与中华文明的连续性背后的密码是什么？创新和包容。正是因为有创新和包容，才使得不同的历史时代人们的生活生产方式能够与当时社会生产力的发展、生产关系的演进相契合、相适应，我们的文明从而能够不断地传承和进步，成就伟大，未来可期。这也就是中华优秀传统文化的创造性转化与创新性发展。唯有如此才能使中华民族最基本的文化基因与当代文化相适应、与现代社会相协调，我们也才能面向未来更好担负起新时代新的文化使命，去创造人类文明的新形态。

在此历史逻辑下，我们理解上海 6 000 年的文明史，不能孤立地从今天的上海行政版图来看，而是要放在考古学文化区、文化圈的视域下来理解，也就是要放在环太湖流域文化区系或长江三角洲地区文化圈来理解其源起、形成和发展。我们今天看到的"是为上海"，其实背后也要问"何以上海"。

二、"何以上海"：承乾南北、贯通东西、通江达海

通过考古研究我们知道，中华文明的起源、演进呈"满天星斗"，包括上海在内的长三角地区、环太湖流域地区的史前文明，就是其中一颗璀璨的明星，共同构成了中华文明"多元一体"的格局和形态。那么上海的史前文明在整个中华文明统一体的形成进程中，同南北东西文化的相互关系及影响到底是什么？

第一叫承乾南北。主要是本地传统文化因素同史前黄河流域中原文化和浙南闽北文化相互影响及融合，在广富林文化时期和马桥文化时期表现得尤为突出。

第二叫贯通东西。这是针对长江上、中、下游史前文明的相互作用而言的。最典型的是良渚文化和三星堆-金沙文化之间的交流。以玉琮为代表的玉器是良渚文化的典型器物，其实早在崧泽文化时期，先民们就已经把玉器作为重要的礼器了，在位于青浦的福泉山遗址就出土了大量的玉器，包括玉琮。但是在成都金沙遗址中居然出土了"十节青玉琮"，属于良渚文化晚期的器物，这充分说明良渚文化和三星堆-金沙文化之间是有相互影响的。

第三叫通江达海。上海还有青龙镇遗址，位于今天青浦区的白鹤镇。考古研究表明，唐宋年间青龙镇就是我国海上丝绸之路的重要节点港口和对外贸易中心之一，所以上海开放、包容、创新的海派文化特质古已有之，有其历史源头。正因为通江达海、海纳百川的特殊地理位置和通商口岸条件，所以近代上海才会有被迫开埠的可能。开埠不是上海海派文化基因的源起和开端，只是海派文化基因更加显性化甚至发生突变的一个诱因，或者说起到了加速器、催化剂的作用。

当然，也正是上海开埠，为后来马克思主义在中国的传播和中国共产党在上海的诞生创造了条件。今天，红色文化、海派文化、江南文化在这里交相辉映，世界不同的文化在这里交汇融通，使得上海不仅是世界观察中国的一个窗口，也是我们向世界展示中华文化的重要舞台。所以上海建设社会主义国际文化大都市、打造具有世界影响力的文化品牌，建设习近平文化思想最佳实践地，有其深厚的历史逻辑和必然性。

向义海

互动现场：
大陆架有远古人类，居海边还食野鹿

* 史前时代，秦岭人与长三角人因稻作技术有过互访

主持人李洁：在崧泽时期，假设一位苏州远古先民想要前往崧泽村，大概需要多久呢？

程义：按照古人的速度，划船恐怕需要一两天时间。

主持人李洁：早年您在陕西从事史前史的考古，能否知晓中原的秦岭古人是否有机会来到长江中下游呢？

程义：判断这两地在史前是否有往来，我们主要依据是陕西关中、河南等地的一些稻作农业方面的发现，在我家乡陕西汉中有一个非常著名的何家湾遗址就出现了稻米。现在通常认为，水稻种植技术是长江三角洲对中华文明乃至人类文明最大的贡献，该技术在这里形成，说明秦岭附近的古人类与长三角是存在一些交流的。

当然，很难说到底是秦岭人来我们这里，还是我们这里的人与秦岭人交流，但两者间肯定有交流，因为水稻种植技术明显存在。

* 野生动物多寡决定了先民食谱

华东师范大学河口所研二学生韦鑫： 钱山漾阶段鹿有明显增加，广富林时期狗有显著变化，而钱山漾阶段一般在广富林文化之前，这是因为在钱山漾阶段驯化动物的能力有明显增强，还是环境变化导致了资源的变化？

陈杰： 钱山漾和广富林时期动物骨骼数量明显较多，当时的人们以吃野生鹿科动物为主。一般家养动物出现以后就能取代饮食中主要的肉食来源，特别在北方地区，养猪后就以猪肉为肉食来源；在长江下游地区，大多数遗址依然以野生动物资源的利用为主，因为周围有大量可供捕杀的野生资源。

狗是人类最好的动物伙伴。福泉山吴家场墓地 207 号墓葬中就随葬有六条狗，很可能是墓葬主人把生前最喜爱的狗作为随葬品。但像广富林遗址发现有这么多的狗骨骼也很少见，反映出当时盛行养狗的习俗。

* 谁在购买精美的玉器？身份显赫即能获得权力占有成果

自媒体从业者姬华奎： 您展示的玉器非常精美，制造工艺甚至

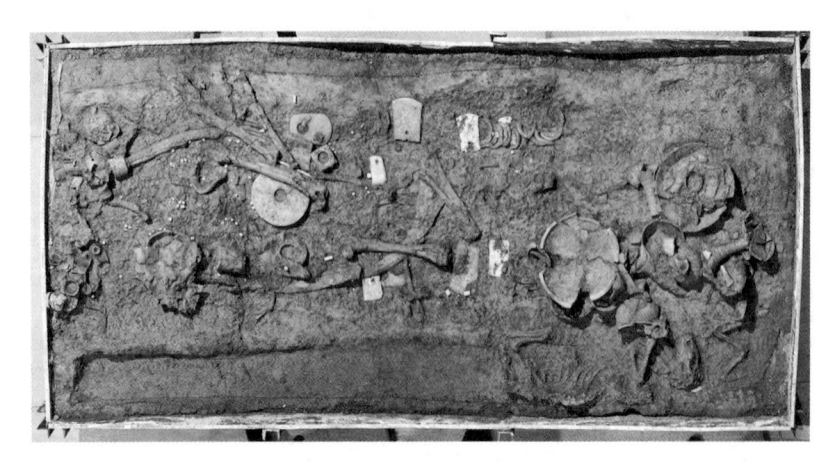

图 1-32　福泉山吴家场墓地 207 号墓葬中就随葬有六条狗

连现代精密仪器都无法实现,这是贵族从其他地方购买的吗?

陈杰:在工艺层面,抛去政治或者礼制的概念,长江下游地区确实是玉器制作工艺程度最高的:经常在一个毫米里有几根线条的微雕。当时既没有金属工具,也没有显微设施,能做到这样微雕的水平,必然是当时最高工艺的代表。关于谁来制作玉器,也是我们考古人在探索的问题。像程所长前面提到的,对于稀有资源的占有正是身份的象征——你可以利用别人劳动,让别人服务于你、服务于社会运转。谁拥有这个权力?必然是社会地位最高的。我们能够确定的是,当时已经存在阶层差异与高等级的权贵,这种权贵既身份显赫又拥有权力。

＊中国古代和史前的北方大象较多，但并无驯象记录

中职教师熊明秋： 象在古代文化中一直有很好的寓意，我想请教中国历史上有没有对大象的驯化，有没有传播到上海和周边？

程义： 大象在动物考古里叫作"环境标识性动物"。有些动物如老鼠、狼等是广布种，对环境适应性极强，有些动物则对环境非常敏感，比如大象、老虎。老虎必须有大片森林作为领地，而大象对温度很敏感。河南的简称"豫"字很明显是一个人牵着一头大象。古代河南是有大象的，商周青铜器上象纹居多，类似两头大象鼻子对鼻子的纹样很典型，金文中的"象"就是象形字。商代甲骨文中也出现大量"象"字，说明至少在商代安阳一带就有大象。再往前，北方的一些遗址里陆续都有象牙制品，但这并不代表有大象，因为象牙可以买卖交易，例如海贝就是从东部海边传播到各地的。

图 1-33　甲骨文、金文中的"象"字

有没有大象驯养这个问题很复杂。根据晚期的文献来看，大象是很难驯养的，因为大象活动范围大，食量大，对气温要求也非常高。唐太宗号称"天可汗"，当时东南亚的真腊（今柬埔寨和老挝一带）与林邑（今越南中部）等藩属国经常向长安朝贡大象、孔雀、犀牛，但过了一个冬天就都冻死了。后来太宗说，不要送这些动物了，长安养不了，也驯不了。这说明到唐代依然没有驯养大象这样大型动物的技术。我们发现驯养的动物都是个头比较小，且食用价值比较高的类型。汉学家伊懋可著有《大象的退却：一部中国环境史》，此书专门研究大象问题，可以参考。

* **福泉山遗址约 100 万平方米，出土文物仅冰山一角**

山西文物爱好者赵大鹏：我曾经去过福泉山遗址，人工夯筑的土台面积大概有 10 万多平方米，从 20 世纪 80 年代到目前，还有哪些新的考古发现？除了象牙权杖以外，有没有其他类似邦国城址的遗存发现，比如城墙？

陈杰：福泉山遗址的面积应该是 100 万平方米左右，在史前遗址里属于规模比较大的遗址。我们这几年持续在做考古工作。1980 年代以来，除了高等级墓地之外，在福泉山遗址范围里还发现了其他高等级的权贵墓地，这为了解当时的社会结构提供了新的角度，可能反映了当时的权力是由不同家族或者不同社会集团掌控的。

但现在的考古工作只是整个遗址的冰山一角。为了深化上海地区早期文明的研究，我们现在也在积极向上海市文物局、国家文物局申请持续开展福泉山遗址考古工作。即使是有计划的发掘，我们每年能够发掘的面积也只有 1 000 平方米左右，所以你可以想象对于 100 万平方米的遗址来说，连续工作 10 年也不过完成了 1% 的工作量。因此，从考古角度而言，还有许多未知等待我们去开拓。

*《金山卫访古记纲要》：上海地区最早的考古调查

能源系统工作者阙之玫：为《金山卫访古记纲要》一书题名的是来自金山卫的钮永建（见图 1-2），他就是马桥人。4 000 年前的海岸线从马桥穿过，这个地区也出现了大象，由此是否可以推测当时上海的气温比现在要高出至少 10℃？气候变化如何影响环境？

陈杰：钮永建为《金山卫访古记纲要》题了书名，而这份报告是由上海著名学者，在甲骨学、历史考古、伊斯兰研究等方面均有深入研究的金祖同撰写的，叶恭绰、卫聚贤分别作序。卫聚贤毕业于清华国学研究院，是最早开展江南地区考古调查和发掘的学者之一。他和金祖同等参加了那次在金山的调查，在距离戚家墩一里左右的海塘外的盐田中发现了大量的陶片，时间在1935年8月，确实是上海地区最早的考古调查。民国时的上海市博物馆也曾对该地进行调查和发掘，这是上海考古史上非常重要的事件。

当然，从那时到现在的气候变化不可能相差那么大。距今5 000—4 000年前应该处于全新世大暖期，全球气温比现代平均高1℃—3℃，所以崧泽到良渚时期气温相对温暖，如果从植被和动物组合来看，当时和现在的年均气温也就差1℃左右，《吕氏春秋》中提及商周时期中原地区仍有大象，后来气候变冷逐渐南迁，由此也可以推断，上海气温要比中原高，正是大象的宜居地。

* 钱山漾阶段的器物与良渚文化、广富林文化有区别也有联系

上海希望花园弄堂博物馆潘宗成：钱山漾文化是承上启下于良渚文化和广富林文化之间的文化，但它只有200年历史，钱山漾文化的文物数量如何？从扰乱层里面找到一些陶片或者遗物，怎样能够区分它属于广富林文化还是钱山漾文化？

陈杰：考古学文化命名是个很复杂的过程，我自己叫它钱山漾阶段而不是钱山漾文化。这个阶段的遗存，与良渚文化、广富

林文化既有联系也有区别。辨别不同文化的遗物，对于考古人员来说，相对比较容易，天天看、天天摸，就培养出了摸陶片的功夫。只要看到一片陶片、摸到一片陶片，大概就知道它属于什么文化。但对于非考古工作者，一两句话无法说清。每个时代有每个时代的烙印，比如我们现在看服饰，80年代流行喇叭裤，90年代流行踩脚裤，材料、形制都可以作为判断时代的依据。

＊苏州地域文明探源的谜面和真相

中学教师杨辉：近几年，苏州地域文明探源有何新发现？

程义：苏州地域文明探源工程近几年有方向性重点和突破。首先，我们发现太湖东部的马家浜遗址分布相对较少，但到了崧泽时期，遗址突然增多。更重要的是，东山村的墓葬中，随葬品很丰富，多有玉器（见图1-30），而马家浜遗址墓葬的随葬品则只是以陶器为主，可以说，社会已经出现了阶层的分化，长江下游地区已经产生了阶级、国家的雏形，这一点对中华文明的形成发展至关重要。

其次，在草鞋山遗址内的夷陵山西侧墓葬区下的水稻田发掘中，我们发现在马家浜时期水稻田底层的地块相对较小，但很快就出现大块的水稻田。这说明人们已经完成了水稻种植技术的一次巨大飞跃。

第三，2022年、2023年在现在苏州工业园区附近发现非常密集的马桥遗址，过去认为马桥文化是一个衰弱期，现在或要有所更新。奇怪的是，马桥土层下面压着崧泽层，似乎缺失了良渚层。后经考证，塘北遗址良渚地层确实不太丰富，但仍有部分区域保存较好。尽管如此，陶器形制、耕作技术说明长三角基本面貌一致，人们在非常自由的状态下相互学习取经。

* **如果在大陆架上找到人类生存的遗迹，历史将再朝前推进**

武汉大学王利芬（线上提问）： 目前我们已经在大陆架上挖掘出史前一万年的陶器，请问两位怎么看人类的迁移是从大陆架向陆地，还是相反？

陈杰： 上海地区为什么说只有6 000年历史，实际上跟整个现代长江三角洲的发育是有关系的，只有在海平面相对稳定期，三角洲的环境才能逐渐发育。世界大河流域的发育时间基本从7 000年前开始。实际上也有一些特殊情况，比如苏州有一个旧石器时代晚期的遗址在三山岛上，它就位于太湖中间，当时应该属于山地。

更早的人类更容易喜欢栖居在山地或者山崖，可能因为资

图 1-34 井头山遗址发掘基坑（引自孙国平:《亲历记 | "沧海桑田"再看河姆渡》,澎湃新闻 2021 年 12 月 16 日）

源更加丰富，也有一些安全的保障。由于临海地区沧海桑田的变化，一些遗址可能深埋于地下。比如浙江省文物考古研究开展的井头山遗址的发掘，它是属于海岸边的一个重要遗址。遗址位于现在地表下 5—10 米。所以关于大陆架上是否还有人类的活动遗存，我们现在也持开放态度，因为现在有了新的证据，使我们的认识发生了改变。

从大的方向来看，人类会从山地往陆地迁移，但是陆地的范围是不断扩展的，扩展之后会迅速被人类所利用，这也就是上海先民能够在 6 000 年前刚刚形成陆地的环境条件下，就来到上海生存、开拓的原因。这又回到我们"最初的上海"的主题。

* 人类居住在何地与生活方式有关，大多临水而居

程义： 人到底从哪儿来？这个问题是每个人都关心的，还曾把它列为 21 世纪最大的课题之一。人住在什么地方与人们的生活方式密切相关。我们过去也做过一些统计，多数人采取近水居住的方式。首先，人们离不开水，因此在离河较近的地方居住，这是最佳的选择，既不会受到洪水的影响，也不会受到缺水的限制。再往前推，我们一般认为更早的人类是以采集为主的，他们早期居住在洞穴，可能更喜欢住在山上，只要有泉水就足够了。

第二章
承前启后，继往开来：从广富林文化到马桥文化

在广富林和马桥文化时期发现了长江下游与其他地区之间文化交流的证据，实证了长江下游融入中华文明统一体的历史过程。这就是中华文明多元一体形成过程的个案和缩影。

广富林人依水而居，马桥人刻画陶文

距今4 000年到3 000年左右的这段时间，在经历了良渚文化的史前高峰后，上海历史在广富林文化时期进入低谷，并在马桥文化时期又开始向上攀缘。但上海的历史从距今6 000年至今连绵不绝。所谓的高峰和低谷只是现有考古内容发现的多少而已，并不代表"上海文化发达和不发达"。

一、广富林文化与良渚文化

目前，可确认的广富林文化遗址均聚集在太湖周边地区，主要有西边的宜兴骆驼墩、南边的湖州钱山漾、东边的上海广富林和北边的常熟北罗墩等。此外，在杭州湾以南，宁波慈城小东门遗址也发现了广富林文化陶器。可见，目前广富林文化的分布范围较为有限。但广富林遗址的发现过程和广富林文化的命名颇有意味。

目前普遍的看法是，福泉山遗址主体内涵的终点是落在良渚文化（距今 5 300 年至 4 300 年）的，下图是 2008 年我在福泉山遗址墓葬中取出的良渚文化玉琮，可以肯定地说，它是良渚古城区域外发现的最精美的一件：神人、神兽、神鸟共出，代表了最高的等级。上海出土了众多良渚文化遗物，谁是这个发达的史前文化的后继者？对此，学界持续探讨多年。

图 2-1　福泉山遗址墓葬出土的良渚文化玉琮

1999 年 12 月，领队宋建从广富林遗址的发掘中辨识出了广富林文化最典型的器物——侧装三角形足陶鼎。它与良渚文化的陶鼎风格截然不同，三角形鼎足上的肌肉状纹理是其重要的特征之一，摸起来与小臂曲起后突起的肌肉类似。

此前，广富林文化的陶器在发掘出土后一直被归在良渚文化中。宋建在 2006 年"环太湖地区新石器时代末期文化暨广

图 2-2 带着"外来客"身份的侧装三角形足陶鼎

富林遗存学术研讨会"上正式提出"广富林文化"这一命名,并获得学术界的认同。

二、依水而建的松江广富林遗址

松江广富林遗址是目前发现广富林文化遗存最多的遗址,作为广富林遗址发掘执行领队,我从 2008 年到 2015 年,全程参与广富林遗址的抢救性发掘工作。

这里先要向读者们介绍一下我们的田野考古工作。考古工作的参与者不仅有考古专业人员,还有大量专业技术工人,他们帮考古工作者完成技术工作,比如绘图、记录和清理等。考古工作者会与他们一起讨论发现的现象是怎么样的，研究进行发掘的方法，只有彼此间的密切合作才能保证考古工作的顺利进行。配合发掘的工人对于考古工作也十分重要。虽然他们不具备考古专业知识，但依旧是发掘工作的重要力量。在整个发掘过程中，这些工人会帮助考古工作者挖土、清运土壤，甚至协助进行陶片采集、归类、搬运等工作。田野工作完成后，还

图2-3 考古发掘现场的大家庭，各司其职

需要将发掘出土的陶片进行拼对，大家在博物馆中所看到的陶器都是由技术工人修复过再展出的。从遗址中完整出土的器物是凤毛麟角的。"考古"这件事其实是由这些考古专业人员还有考古专业技工和大量普通工人一起完成的。在大量负责绘图、记录和清理等工作的技工、普通工人与考古专业人员通力合作下，我们在广富林遗址发掘中有哪些发现呢？

* **衣食住行之衣与食：骨针缝衣服，鱼竿钓鱼，犁刀助力稻作**

先民穿什么？

像衣服这类有机质的材料很难保存，通常墓葬内只剩下人类骨骼。但在广富林文化遗存中发现了大量保存完整的骨针，通体细长，上面有一个针眼。由于尚未发现广富林文化衣服的残片，所以古人如何使用骨针缝制衣物还未可知。同时还发现古人用于束发的骨笄（jī）。

先民吃什么？

中国人是最早栽培水稻的民族，广富林文化的石犁是古人农耕的实证。当时的石犁体形较大，长度可在50厘米以上，大型石犁的出现，极大地提高了犁耕的效率。半月形石刀是广富林文化的重要农业器具，先民用它剥取稻穗，它也是广富林文化的标志石器。半月形石刀的一侧有两个穿孔，中间绑一根绳子，大拇指可以穿过绳子。先民手握它的背面使用，配合石镰

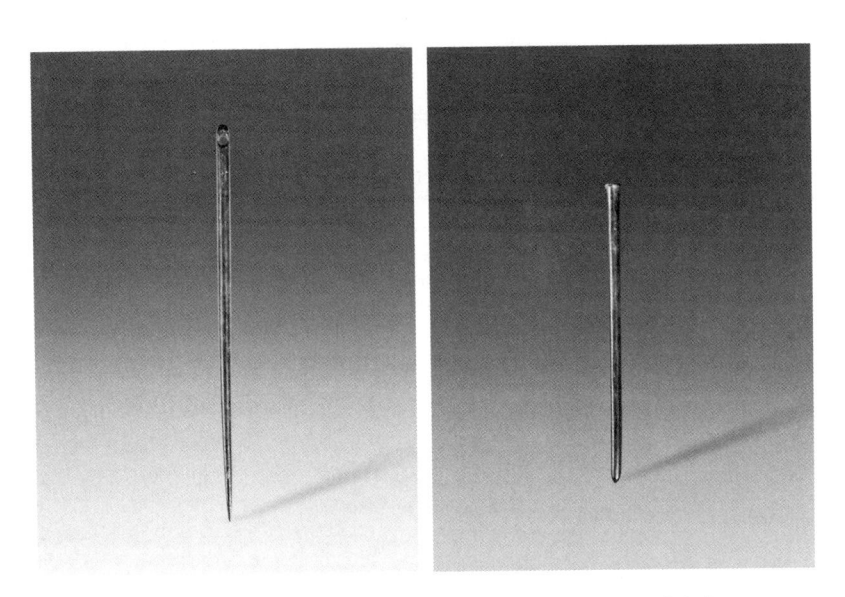

图 2-4　广富林遗址里发现的骨针（左）和骨笄（右）

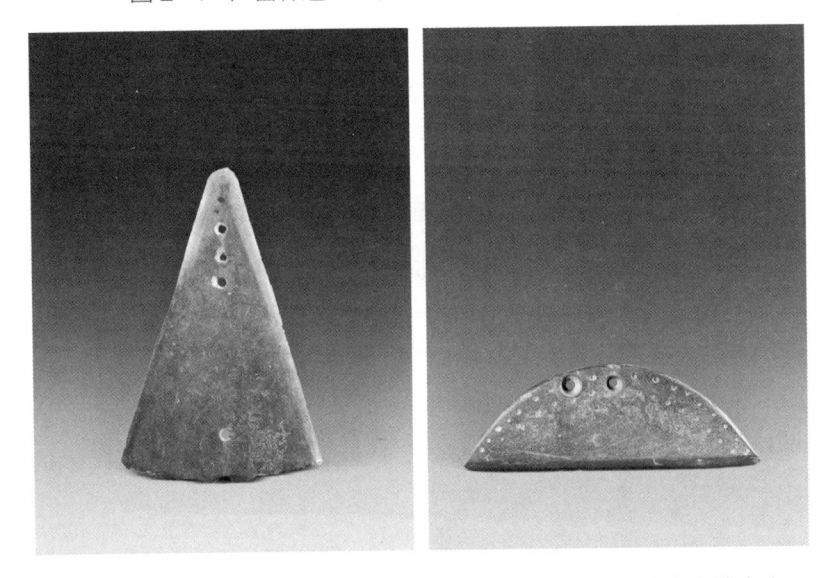

图 2-5　大单体的石犁（左）和半月形石刀（右），标志着广富林生产工具的提升

割稻，形成了一套农业生产的方式。

此外，在广富林遗址中还发现了三棱形的骨镞（zú）（见图1-19），比良渚文化的柳叶形镞更具杀伤力。另外，骨鱼钩也被发现（见图1-19），这说明当时以食鹿、食猪为主，也摄取水产。

*** 衣食住行之住：两开间、三开间和圆形房址及钵形釜**

广富林遗址中发现了保存最完整的广富林文化时期的房址F12（"F"即代表房屋的遗迹单位符号，类似的还有：探方［沟］——T，灰坑——H，墙——Q，沟——G，灶——Z，窑——Y，路——L，墓葬——M，井——J）。该房屋为两开间，墙中间没有连通的门道，左、右各有30平方米和20平方米。通过房址的平面图能够清晰地看到基槽和柱洞。房址的南侧还有一个室外活动面。房屋为木骨泥墙结构，中间墙面较为光洁，木骨外的墙体也很平整。由于经过炙烤，整个墙体较为坚硬。这座房址被整体打包提取，目前在广富林考古遗址展示馆内展出。

2008年的发掘中发现了一座三开间的房子。最西边的房间南北两侧都有门道，北墙外堆积了一堆密集的陶片，是被压塌破碎的罐、瓮等，形成两组，这是当时用于储藏的陶器，放置在北门屋檐下。房屋的基槽中保留了大量柱洞，木骨泥墙结构比F12更完整，房屋整体结构也较完整。

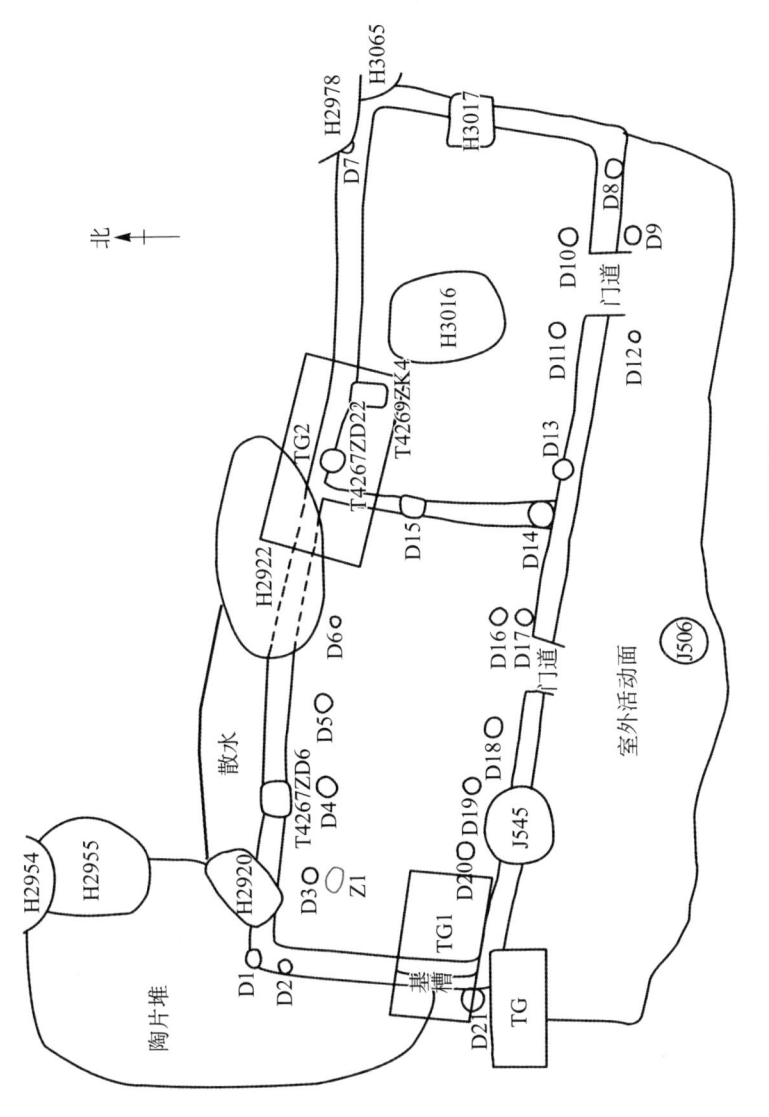

图 2-6 F12 房屋平面图

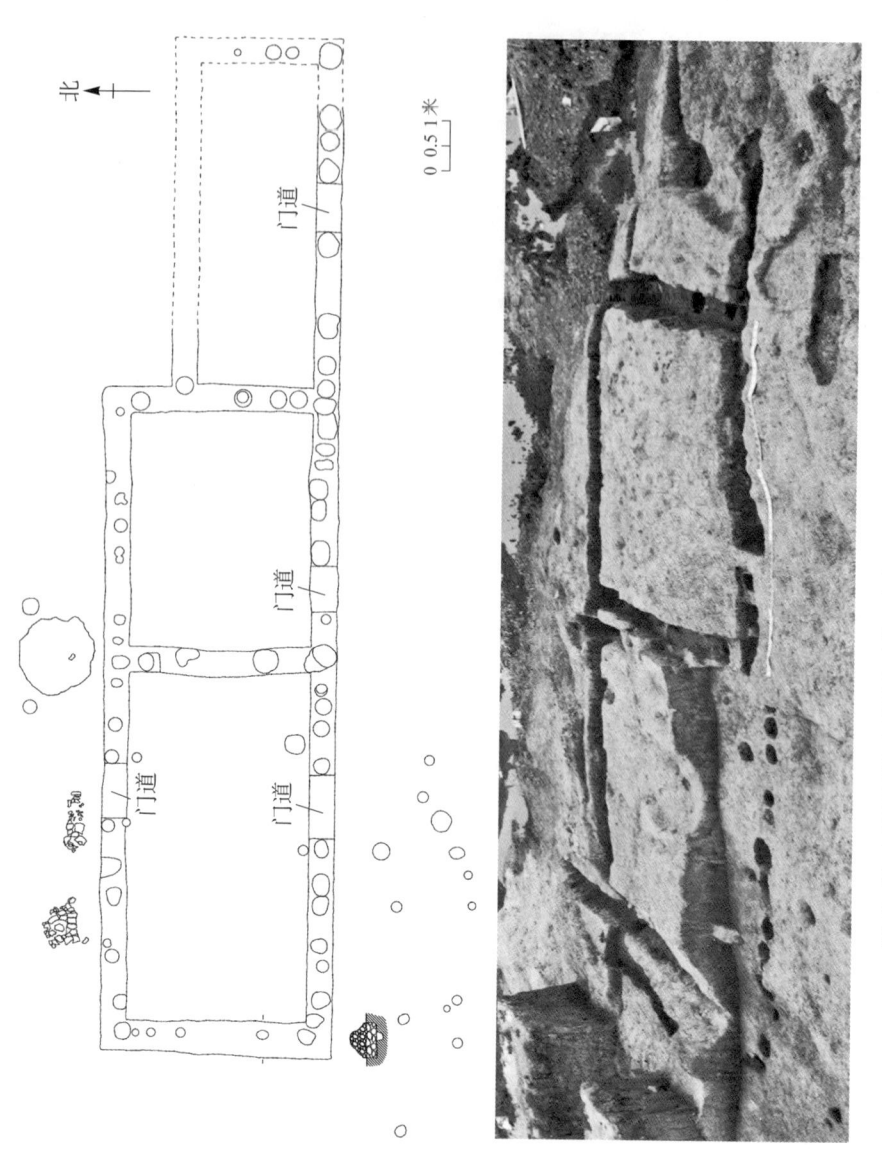

图 2-7 三开间的房屋平面图和实拍图，可以看出保留了大量柱洞

此外，还发现了一座圆形的房址，其中同时出土了两件器物：大口瓮和钵形釜。这两件器物同时出土为钵形釜功能的研究提供了新的线索。钵形釜盖在大口瓮上严丝合缝，形成了一个结构非常完整的蛋形，配合钵形釜的两个錾手，扣过来用，从力学上看更加合理。自此可以明确钵形釜其实是一个大器盖，解决了钵形釜的定性和定名的问题。

*广富林遗址的环境：湖边遗存发现湖中木桩，墓葬内有屈肢葬

考古工作者在广富林遗址最北侧发现了一处布满大量陶片堆积的遗存，通过土壤结构可以判断出这是一处位于湖边的遗存。

除陶片外，在该遗存中还发现了两排疑似树木的东西。将周边的土挖掉后，露出了木桩顶部的部分，其下是 3 米多长的木桩，由此推翻了先前认为可能是水生植物遗存的猜测。暴露在淤泥以上的部分腐蚀严重，但淤泥中的木桩保存得非常完好，原来这是距今 4 000 年前人工打到湖底的木桩！

同时，考古工作者也发现了一些坍塌并深埋在淤泥中的横向木桩结构。在对所有木桩进行测绘后，我们从木桩的布局上复原出两条延伸进湖里的平行线。这可能是深入湖中心的一个木栈桥。

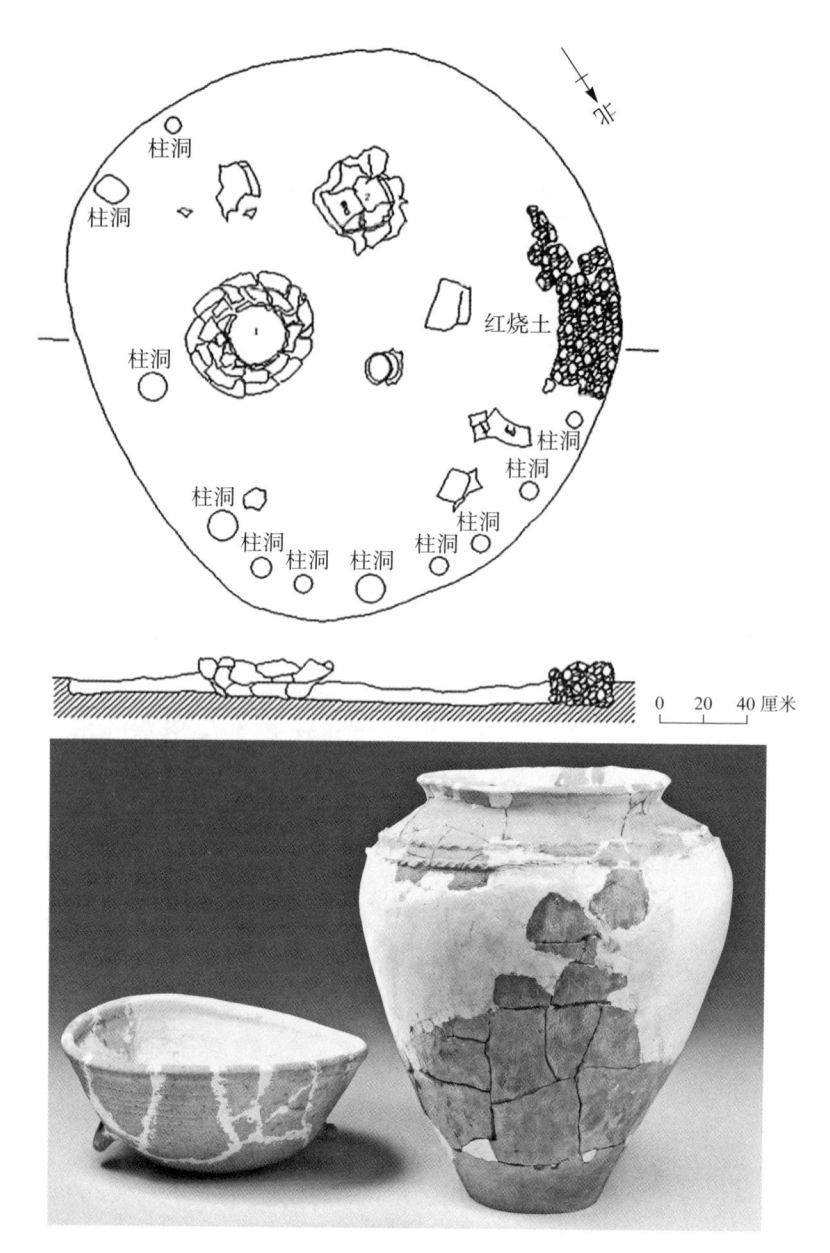

图 2-8 圆形的房址和出土的大口瓮和钵形釜

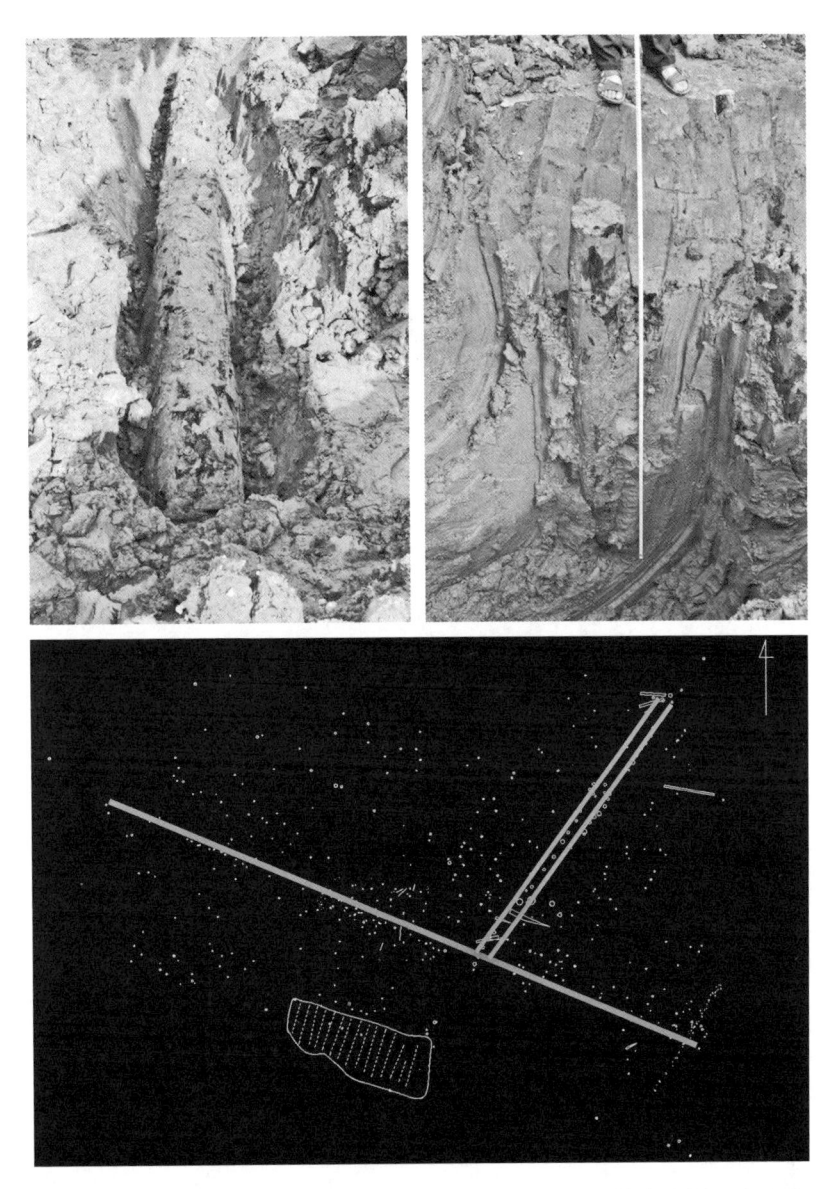

图 2-9 广富林先民已经在湖底打桩，上左为深埋的横向木桩，上右为长约 3 米的纵向木桩，下为一系列木桩的测绘图

广富林文化的墓葬目前只在上海松江广富林遗址有发现，其中只有 M35 有随葬品，并且还发现了一座屈肢葬式的 M40。与良渚文化墓葬排列有序且均为南北向的墓地布局不同，广富林文化墓葬呈现出不同的形态和传统。这种现象背后的原因为

图 2-10　广富林文化的 M35 及其陪葬品

何，目前的考古资料还不充分，研究也难深入，希望以后的考古工作者可以解开这个谜。

将这些要素整合复原可以看到：广富林人无论是房屋或墓地都依水而建，对水边土地的开发利用的重视程度超出我们以往的认识。

三、留下陶文的马桥文化

马桥文化是 20 世纪 80 年代因上海闵行马桥遗址的发现而命名的考古学文化。马桥文化的考古工作比较充分，在整个环太湖地区发现了许多有马桥文化遗存的遗址，数量比广富林文

图 2-11 鸭形壶是马桥文化的典型器物，在马桥文化展示馆外，它已成为形象代言人

化多。它的典型器物之一是鸭形壶，看起来像一个挺着肚子的小鸭子，后面还翘着尾巴，口部呈敞口状。

∗ 马桥文化的命名是老一辈留下的财富

上海虽然是马桥文化的命名地，但发现的马桥文化遗址并不多，考古发现也并不多。老一辈上海考古工作者用仅有的考古发现判断出它与其他考古学文化的区别，体现了他们的学术能力，也指导了后面学者们的研究。他们提出了"马桥文化"的命名，并得到了考古学界的认同。可以说，"马桥文化"是老一辈考古工作者留给我们的财富。

∗ 陶质坚硬的印纹硬陶：马桥文化最重要的发现

印纹硬陶是马桥文化最重要的发明。"陶质非常坚硬"是它的特征，在敲击时会产生与敲击瓷器类似的响声。装饰在器身上的印纹是通过拍印的方式制作而成的。这是陶器加工工序发展的产物。先民在对器物的形体进行加工塑形时会使用到两个工具：一个蘑菇状的陶垫，一个扁平状的陶拍。陶垫垫在器物内壁，陶拍放在器物外壁拍打，使得陶胎更加紧实紧密，以此提高陶胎的密度和强度。这一行为能够将陶胎内的空气排出，不易在烧制时形成鼓包，所以陶器的质量会较以前好很多。当使用具有纹饰的拍子时，在拍击的过程

图 2-12　印纹硬陶是马桥文化最重要的发明

中就能将纹饰印到器物的表面上，连续拍印就会形成连续的图案，印纹硬陶由此产生。

* 硬陶器物口沿上有陶文：或是记数、署名

马桥文化陶文是十分有意思的一种现象。它们发现的位置非常单一，均出现在红褐色硬陶器物口沿上。通过观察发现，陶文很可能是古人用"指甲"刻画的。学者们将这些陶文进行了分类，尝试解读它的内涵。

一类主体为数字。可能与陶器制作工艺有关，也可能是制作工序、制作的数量还有器物的数量。另一类为组合式符号，可能与制陶泥料来源、加工方式甚至陶窑类别有关。还有一类结构更加复杂的组合，学者们普遍认为可能代表陶器制作者或使用者的名字。我倾向于这种说法的理由是：通过在便于观察的口沿部分刻上自己的名字，以区分邻里间的私有财产或标记器物的不同功能。①

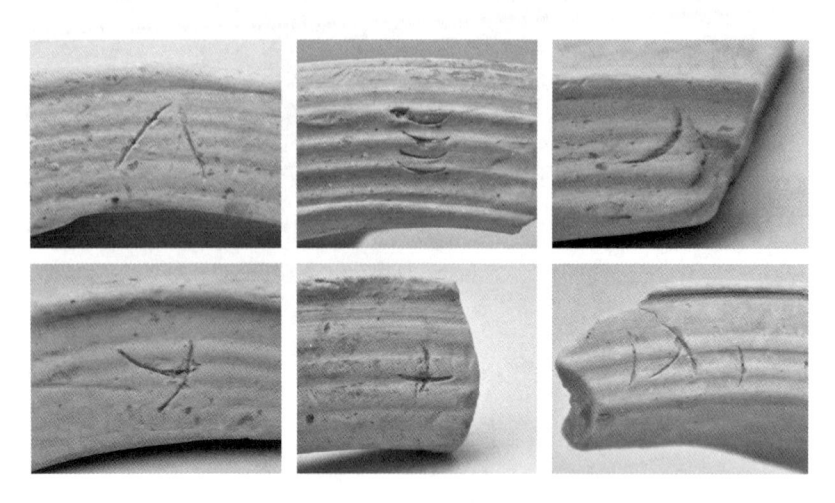

图 2-13　不同类型的陶文，或古人用"指甲"所刻

以上都是考古学者现有的解读，但只是一种尝试。随着未来发掘材料的增多，或许会为我们解答这个问题提供更多线索。

---

① 推荐大家阅读由宋建和周丽娟合作撰写的文章《论马桥文化的陶文》（《上海博物馆集刊》，2000 年第 8 期，第 47—63 页）。

四、碎片到历史拼图间的讨论

考古学通常会用类型学进行分析,推测考古文化的来源。即找出器物的变化规律,再结合考古地层学的判断,排列出器物从早到晚是如何变化的及其变化的规律。

* 广富林文化来自哪里?河南先民南下

基于类型学对陶豆、陶罐、陶鼎、陶鬹(guī)进行类比,我们推测广富林文化是主要位于今天河南地区的龙山文化王油坊类型先民南下的结果。

以鼎为例,通过对比王油坊类型的鼎、南荡遗址的鼎以及广富林文化的鼎可以看到典型器物演变的线索。从这个线索反推,王油坊类型很有可能是广富林文化的来源。陶鬹也存在很大的相似性。

学者们据此提出了两条迁徙路线的初步判断,分别是:从河南到苏北,过兴化的南荡遗址再到上海;从河南到安徽尉迟寺、禹会,再到南京地区牛头岗,最后到上海。

值得一提的是,在广富林文化的溯源过程中竖条纹陶杯是一件关键器物。由于它的出土,才指引我们找到了王油坊类型这一来源之一。可惜的是,后期的发掘中却没再出土类似的器

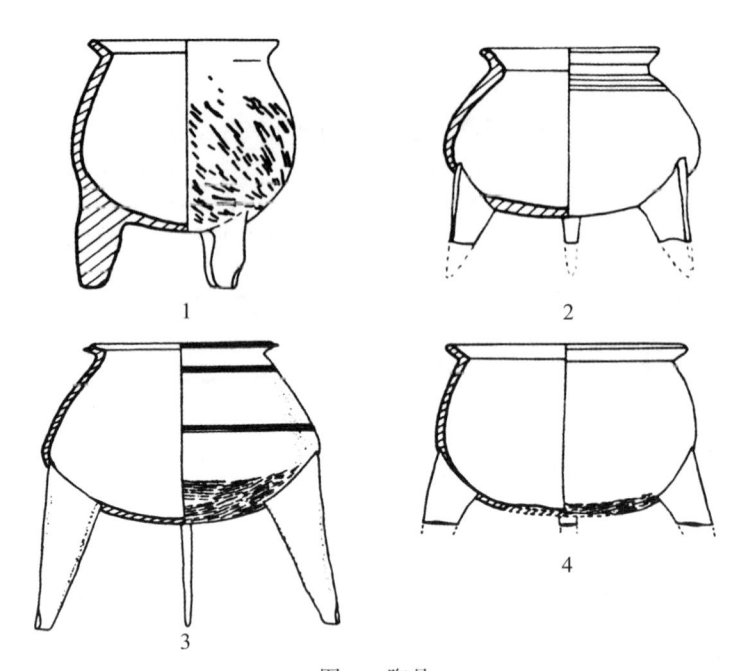

图一 陶鼎
1. 王油坊类型　2. 南荡遗址　3. 广富林遗存　4. 广富林遗存

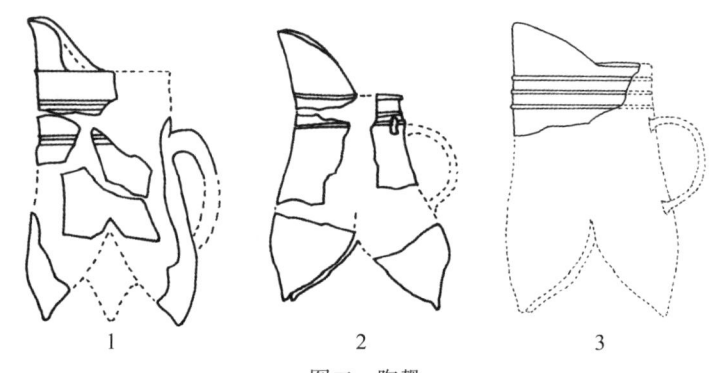

图二 陶鬶
1. 王油坊类型　2. 南荡遗址　3. 广富林遗存

图 2-14　王油坊类型、南荡遗址以及广富林文化的鼎、鬶对比图（引自宋建：《王油坊类型与广富林遗存》，载上海博物馆编：《广富林——考古发掘与学术研究论集》，上海古籍出版社 2014 年版，第 153—154 页）

物，让人不禁感慨考古的偶然性。

通过对比良渚文化陶鬶、山东龙山文化陶鬶、广富林文化陶鬶的口沿部分，可以看出广富林文化中有继承良渚文化因素的器物存在，也有与山东龙山文化相似的器物。说明广富林文化既有来自北方的文化传统的一面，也有继承本地文化传统的一面。

为进一步探寻广富林文化与良渚文化的关系，我们对广富林遗址发掘出土的玉琮进行了仔细的分析。广富林遗址出土的玉琮制作简单粗糙，虽然在造型上保持了内圆外方的结构，也有平行线纹的装饰与高出来的射孔结构，但完全不见良渚文化

图 2-15 广富林文化陶鬶（左）与龙山文化陶鬶（右）

图 2-16　广富林文化陶鬶（左）与良渚文化陶鬶（右）

图 2-17　广富林玉琮徒有良渚玉琮的形，不再具备其韵

玉琮神人、神兽、神鸟的纹饰和细刻纹工艺。通过这些观察，我们认为，这些玉琮虽具有良渚文化玉琮外形的要素，但其承载的文化内涵已经变迁或消失了。

*马桥文化来自哪里？浙南闽北等方向居多

马桥文化的器物类型很多，当分开进行梳理对比后可知马桥文化的来源是多元的。有良渚文化以来本地因素的传承，也有来自浙南闽北地区肩头弄文化的影响，更有同中原地区文化的交流。由此，我们将马桥文化定性为来自不同方向因素的集合体，这些因素经过融合在上海地区形成了马桥文化。

马桥文化的年代相当于中原夏商时期，我们不禁思考它是否对外也有影响呢？一件现藏于二里头夏都遗址博物馆的鸭形壶，或许能够回答这个问题。这件鸭形壶与上海出土的鸭形壶十分相像。到底是马桥文化传到中原去的，还是从中原传到马桥文化中来的？"从发现早的地方传向发现晚的地方"是基本的判断方式。但由于这两件器物年代相差不大，所以也无法具体判断。但是，从总体来看，以这类鸭形壶为代表的马桥文化器物在江南地区发现数量庞大、多样性高，中原夏都发现的数量少、种类少，一般来说，器物在其起源地的数量和多样性会更胜一筹。

*历史的转折：距今 4 000 至 3 000 年的大势

良渚文化时期或良渚文化之前的文化脉络较为单一，呈现出非常线性的发展，文化要素贯通始终。例如在从崧泽文化到

	尊	豆			三足盘	盆	簋	鼎	鬶盉
良渚文化	1	2	3	4	5	6	7	8	9
马桥文化 Aa群	10	11			12	13		14	
马桥文化 Ab群			15	16			17 18		19

	垂腹罐	带鋬罐	盆	高领罐	深腹盆
肩头弄期文化	1	2	3	4	5
马桥文化 B群	6	7	8	9	10

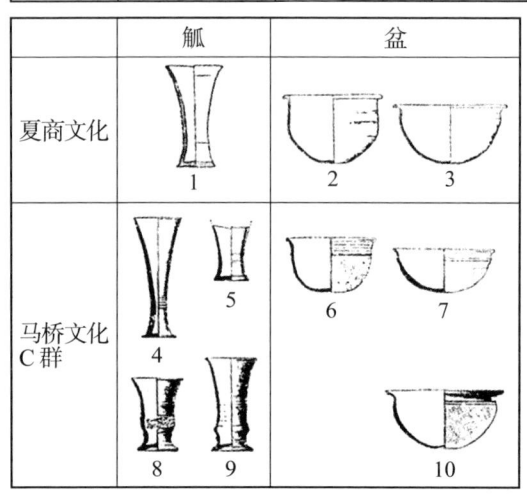

	觚	盆	
夏商文化	1	2	3
马桥文化 C群	4 5 8 9	6	7
		10	

图2-18 马桥文化的来源是多元的（引自宋建：《马桥文化探源》，《东南文化》1988年第1期）

图 2-19　二里头夏都遗址博物馆的鸭形壶（左）与马桥文化鸭形壶（右）比对

良渚文化炊器的演变过程中，器物形态几乎一致，仅在足上有所变化。崧泽文化时期为铲形足，良渚文化时期为 T 形足或翅形足，具有很强的文化传统。

图 2-20　崧泽文化的炊器甗（左）与良渚文化的甗（右）

但对比广富林文化和马桥文化的两件陶鼎，我们似乎就无法确定它们也是"一脉相承"。两件器物看似具有相同的文化因素，但其中一件为孤例，并不能作为有力的判断依据。不过，或许它会是找寻广富林文化和马桥文化关系的一个线头。如果将上海地区的史前史比作一根线，这根线在距今4 000年左右断了，历史在这时发生了重大变革。

这些告诉我们，现有发现只是历史真实图像中的一小处局部甚至是残缺零星的碎片，现在的考古研究得出的结论其实是由一块块小碎片得出来的阶段性结论，与真正的历史拼图完全一致吗？不一致。考古人的工作，就是不断发现小碎片，把

图2-21 广富林文化的陶鼎（左）和马桥文化的陶鼎（右）

它们拼合成更大的碎片，再把这个大碎片放到上海的历史、中国的历史甚至整个人类的历史上它真正应该存在的位置，努力使历史的拼图越来越完整，让人们看得更清楚、更广阔。尽管这个寻觅和拼对的过程非常艰难，但这是考古工作的任务和使命。

黄翔

从满天星斗到中华文明统一体

一、探本溯源上海早期历史

广富林遗址和广富林文化、马桥遗址和马桥文化的发现和确认,对上海考古来说是成果,甚至是成就。

* 马桥遗址的发现,将上海史前史拉长了四五千年
曹峻: 上海博物馆老馆长黄宣佩曾概括,马桥文化至少把上海的历史拉长了四五千年。"拉长"并不是人为创造这段历史,而是它本来就存在,只是前人没有认识到、记载下来,后人也就不再知道这段历史。如果现在告诉一个上海普通市民上海历史有 6 000 年,他一定会非常惊讶。马桥文化的发现对上海普通民众来说也是这样。在马桥遗址被发现之前,上海可以被追溯的最早历史,就是文献所记载的春秋战国时期。虽然泰伯自姬周奔吴早在商代末期,但直到公元前 585 年寿梦当上吴王,吴国才真正活跃在历史舞台上。彼时上海处于越国范围，如果从越国历史来说，向上至多可以追溯到勾践的爷爷夫谭，也就是春秋晚期才开始有记载的。

马桥遗址被发现后，由于遗址中发现了良渚文化的地层——当时已经认识到良渚文化距今约四五千年，所以据此上海历史也有四五千年的长度。探本溯源，从此揭开了之前覆盖在上海文献记载之前那一长段历史的神秘面纱。

黄翔：良渚文化长达1 000余年，马桥文化长达700年，而广富林文化从距今4 100至3 900年，只有200年，这代表什么？代表考古研究的能力已经可以把历史小段落精确至200年的时间颗粒度。若干年后，对马桥文化、良渚文化的解析也能更加精细。

*考古新发现不断填补历史缺环，马桥到东周之间尚待探索

曹峻：精确度对于我们理解或揭示历史也有另外一层含义。考古发现、揭示历史是一个渐进的过程。在考古发现之初，对上海早期历史的认识还存在一些缺环，这些缺环是被逐步填补、完善的。

从文献上可以了解到上海及环太湖地区春秋战国以后的历史。20世纪30年代学界发现良渚文化，此后逐步建立了"马家浜—崧泽—良渚"这一距今约7 000年至4 300年的史前文化序列。1959年马桥遗址被发现，20世纪70年代提出"马桥文化"

的命名并被学界逐步认可。马桥文化距今约3 900—3 200年，而良渚文化距今约5 300—4 300年，所以距今4 300—3 900年之间还有一段空缺。2006年广富林文化被命名，距今4 100—3 900年，填补了这个时段的历史空缺。后来又确认了距今约4 300—4 100年的钱山漾文化。这样，历史的缺环一点点被填补。

马桥文化到春秋战国这一段历史，至今还是一个尚未完全认清的环节，虽有一些发现但还处于讨论当中。有学者称其为"后马桥文化""亭林类型""毘（pí）山文化"等。"后马桥文化"是一个临时性称谓。"亭林类型"是指考古学上对分布在环太湖及邻近地区西周时期考古学文化的一种称呼。"毘山文化"是根据浙江湖州吴兴区毘山村毘山遗址提出的，这个遗址是浙北商代时规模最大、等级最高的核心聚落遗址。

二、历史进入转折阶段

广富林和马桥文化是上海历史发展的转折，如何理解？

* 地方性文化逐渐融入中华文明的统一体

黄翔：转折并非上海特有，中国历史发展到距今4 000年左右，整个中华大地都在发生转折。结果怎样？许多地方性文化传统逐渐融入中华文明的统一体，成为我们中国文化的一部分。就像良渚文化消失了，但很多内容都被保存了下来，例如以玉琮为代表的用玉传统，成为中华玉文化的重要内容。

曹峻：转折是上海地区文化连续发展过程中的一个环节。转折不是断裂，转折首先体现在传承上。比如广富林文化非常有特色的"捏口袋足盉（hé）"，腿部就像袋子一样是空的，口沿在和把手相对的那一侧两边对捏形成花口的样子，这是从本地良渚文化传承下来的。还有石器的组合斧、锛、镰刀、犁都是良渚文化常见的器物，也是长江下游农耕文化特别发达和兴盛的物质表征，在广富林和马桥文化中也得到很好的传承。

* 技术层面的创新：从软陶到硬陶、原始瓷

转折还意味着有更多的发展。相对良渚时期，广富林和马桥文化发展变化表现在方方面面。一是器物群发生了显著变化，例如鼎足、竖条纹陶杯等物质方面的变化。二是技术层面的变化。在广富林和马桥文化阶段，古人已经产生了新技术，例如，马桥文化出现了比软陶更硬的硬陶。制作陶器的胎土一般源于黏土，烧成温度八九百摄氏度，敲击声音清脆，指甲无法刻画。经过检测发现，软陶胎土中氧化硅的含量比硬陶低，但氧化镁和氧化钙的含量比硬陶高。马桥文化硬陶的胎土与更早阶段的胎土已不同，说明陶工已经有意识地选择或加入某些原料使胎土能够承受更高的温度,生产出比软陶更高质量的硬陶。

马桥文化还发现了原始瓷。原始瓷器的生产或技术发展又比硬陶高出一个阶段。瓷器和陶器主要有三个区别:一是胎土,瓷器的胎土必须是氧化铝含量比较高的高岭土;二是不渗水,瓷器的外部有施釉;三是瓷器烧制温度要达到1 200摄氏度才可成型。马桥文化原始瓷在这三个方面都体现出生产技术的进步,有奠基之功,为之后瓷器的出现和兴起创造了条件。

图2-22 原始瓷在马桥文化时期出现

*简单的青铜器出现,说明本地或有青铜工艺

另一重要技术就是青铜器。马桥文化出现了青铜刀、青铜斧头、青铜钺等比较简单的青铜器具,这当然不能与中原地区大规模的青铜礼器相比,但也是非常难得的成就。因为青铜生产技术涉及采矿、冶炼、运输、制范、浇铸,以及纹饰的施加和打磨等复杂流程,对于当时的社会来说,青铜器的出现一点都不亚于现在的5G网络或者神舟飞船,它们对于各自所处的时期来说,都具有跨时代变革的重要意义。

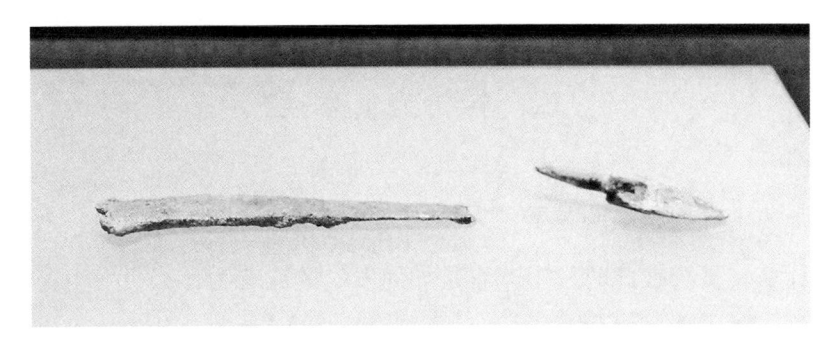

图 2-23　马桥文化时期出现了简单的青铜刀（李念摄）

在思想方面，紧邻马桥文化分布区域的宁镇地区同时代的湖熟文化（以南京江宁区的青铜时代遗址为代表），发现了有钻、灼痕迹的卜甲和卜骨，虽然与中原地区的刻辞甲骨无法相提并论，但也是用来祭祀占卜的龟甲和兽骨。说明当时的思想观念和史前时代也已完全不同。

*广富林是转变的酝酿期，马桥为最大体现者

黄翔： 从考古发掘来说，印纹硬陶是马桥时期的标志性器物。我们整理广富林文化陶片时发现了陶质相对较硬的硬陶，但会有一些鼓包。这说明马桥文化发达的印纹硬陶和原始瓷工艺的转变，在广富林文化时期已经开始出现萌芽，到马桥文化时期已近成熟。

所以，广富林文化应该是转变的酝酿期，马桥文化则是量变到质变的集中体现。

三、转折为何发生

随之而来的问题是：为什么转折在这一时期如此明显？为什么转折会在此时发生？它是如何发生的或者为什么会发生？按照常规的思考方式，我们可以从内因和外因找原因。

＊上海出现了不同地区的文化聚集，催生了转折

曹峻： 为何转折在这一时期出现并如此明显？

从自身原因来看，这是区域文化体在几千年漫长过程中自然发生的变化。由于生产技术的进步或者人们的喜好、审美观念的变化，在物质遗存上也就自然而然地发展出不同类型的器物，例如大鱼鳍形足、凹弧形足的陶鼎。

从外部原因看有更多的影响因素。例如自然环境的变化。良渚文化为何会衰落？可能当时发生了海侵、洪水，造成文化骤然衰退。另外，不同地区文化之间的交流也是发生文化面貌转折的重要原因。广富林和马桥文化时期对应中原地区的龙山时代和夏商时期，这是各地区都在发生大变化的阶段，同时彼此间的文化交流交融更加频繁。

比如陶鼎除了鼎足、鼎腹部的形态，还有陶鼎外表的纹饰的变化。从广富林到马桥时期，陶鼎外表都有大量的绳纹，这就是从中原地区传来的。中原龙山文化在王湾二期、三期时开始出现大量绳纹。此时包括上海在内的环太湖地区也出现大量其他地区的文化聚集，有中原、山东甚至南方浙南闽北的文化因素，导致这一时期的文化面貌、社会发展状况发生了转折。

* 大空间、大范围的文化交融造成文明巨变

黄翔： 良渚文化为何在距今 5 000 年左右形成高度发达的文明？在上海的发掘中发现一个有趣的现象，上海的良渚文化遗址的间距是有规律的，基本在 10 公里左右。良渚文化诞生在江浙地区，江浙地区最大的自然优势是什么？河网密布。河就是当时古人彼此交流的交通渠道，正因如此，当地交流的频次和深度要远远高于其他地方，所以文明在这种交融中爆发了。

良渚文化的产生可以说是小范围或者内部文化交流爆发的产物，到了广富林和马桥文化时期交流范围扩大，在上海这边体现的是与中原、山东、浙南闽北地区的交融，广富林时期北方因素多一些，马桥时期南方因素多一些，这种大空间、大范围的交融造成了文化变革。

四、交流成一体是历史大势

曹峻： 最初，在距今 6 000 年的马家浜文化时期，环太湖地区

图 2-24　张家港东山村发现了典型的庙底沟文化尖底瓶（引自《东山村：新石器时代遗址发掘报告》，文物出版社 2016 年版）

张家港东山村遗址就出现了非常典型的庙底沟文化的尖底瓶。庙底沟文化分布地带是最核心的中原地区，因此这是长江下游和现今陕西一带之间交流的表现。但这样的器物是孤例，说明当时这种地区间的交流还只是零星、小规模的。

到了距今 5 500 年的崧泽、良渚时期，太湖地区一些大型墓葬中出现了山东地区常见的大口缸，源于太湖地区的玉钺、石钺则在全国各地高等级墓葬里出现。这一阶段各地区间文化交流的产物具有十分鲜明的特点：一是器物规格较高，二是使用者地位较高。学者称其为"远距离上层交流网"，普通百姓之间还没有较为频繁的交流。可见，这些交流活动自新石器时代开始始终存在，只是不同阶段交流的规模程度不同。

*上海这 1 000 年间交流证据，是中华文明大一统形成的缩影

在广富林和马桥文化阶段，各地交流增多。例如以陶鼎为

代表的炊器、以陶罐为代表的盛储器、以三棱形石镞为代表的生产工具等，都出现了许多中原文化的因素。这表明，相比前一阶段，地区之间的交流更深入了，已经渗透到百姓的日常生活中。

历史发展过程中对外交流是一个逐步增强的过程。关于中华文明的形成，学界提出了众多理论观点，比如大家熟知的苏秉琦先生的"满天星斗"理论、严文明先生的"重瓣花朵"理论，还有张光直先生的"中国相互作用圈"理论。无论哪种理论，核心要素有两点。第一，承认各个地区有自己的发展脉络，长江下游、长江中游、黄河中游、黄河下游甚至东北地区，不同地区都有各自早期文化的发展脉络。第二，最后如何形成中华文明统一体？那就是通过地区之间的相互交流、相互融合，逐渐形成中华文明的统一体。对于上海考古来说，在广富林文化和马桥文化时期发现了长江下游与其他地区之间文化交流的证据，最后使得长江下游融入中华文明统一体，这就是中华文明多元一体形成过程的个案和缩影。

因此，广富林文化和马桥文化，对于包括上海在内的环太湖地区自身历史发展过程和中华文明统一体形成过程来说，都有它们独特的贡献。

曹峻、黄翔

广富林低谷和"马桥再出发"：
海纳百川向未来

上海有两个"六千"。第一是空间上，有六千多平方公里；第二是时间上，有着六千年的历史。如果从中间分开，应该是两个三千年。广富林文化和马桥文化，正是前面这三千年中的后一千年。

上海不但有两个"六千"，还有两块土地，一个浦东，一个浦西。浦东更多地上演着现当代的大戏，浦西则上演着近现代直到远古的大戏。浦西西边的松江，连续多年进行了广富林遗址的发掘。我还记得，在迎来21世纪的1999年下半年，上海博物馆和复旦大学组成了一支广富林考古队，我非常有幸参与其中。1999年最后一天和2000年的第一天我们都是在广富林工地度过的，那是一个非常寒冷的冬天，工地都结了冰，我们去佘山迎来了千禧年。这场跨越了两个世纪的考古发掘，一晃二十多年过去了，广富林文化已经成为我们今天的话题。

而在闵行的马桥遗址，自从 1959 年开始，就不断有新的考古成果面世，不但考古界据此命名了马桥文化，遗址还成了全国重点文物保护单位，甚至还在"青浦是上海之源""松江是上海之根"之后，被我们冠以"马桥是上海之本"的文化名号，成了闵行的一张历史文化名片。

考古不远，贯古通今。这一千年、这两个文化，成为远古上海走向当代上海的关键节点。走向社会、走向公众，走出上海、走向中国。

一、"两头高中间低"：低谷与攀缘新起点

广富林文化和马桥文化这两个我们越来越耳熟能详的远古文化，在"上海六千年"发展过程中，究竟是什么文化地位？扮演了什么角色？作出过哪些贡献？对我们当今深化"五个中心建设""长三角一体化"、打造习近平文化思想最佳实践地而言，有何底蕴？有何价值？有何镜鉴？有何启示？

这让我想起 2014 年，上海博物馆召开"城市与文明"学术研讨会，我的导师、中国考古学会理事长、故宫博物院第四任院长张忠培先生也来参会。他事前让我给他起草一个讲话稿的要点，我梳理上海六千年历史，写了两页"上海史地大事记"，供他参考。他看完之后说了六个字："两头高、中间低。"

"两头高"的第一个高峰,就是"最初的上海",马家浜文化、崧泽文化和良渚文化展现了上海六千年历史发展的第一个高峰,而且是对标当时的中国,是具有中国意义的,某些方面甚至超过了中原地区,比如石镰、石犁都是由崧泽文化、良渚文化先民发明而传播发展出来的。"两头高"的另外一个高峰,就是近现代的上海,也是相对于全国而言,也是具有中国意义的,即上海从人们印象中的两百年前的小渔村,发展成了一个具有国际影响力的国际大都市。

说到上海的"中间低",是指春秋战国的吴越时期、西周东周后到汉唐,上海在全国的地位就没有"两头高"那么高,甚至在史志文献上,连个全国性的"编制""名号"都没有。这是从何时开始的呢?就是从曾经强势的良渚文化衰落以后的广富林文化开始的。

广富林文化是一个弱势文化时期,一是遗址点变得很少,第二分布范围变小。与良渚文化的玉琮几乎传播到半个中国相比,广富林文化已经缩小到环太湖流域,这意味着人口减少,影响力变小。所以,广富林文化进入了上海远古发展的低谷时期,而且一般来说,是六千年里上海历史中的最低谷时期。但广富林文化也有亮点,即黄河流域的人群南下,它变得开放了。至于是被迫开放还是主动开放,我们今天姑且不论。但大势就是变得开放了,变得包容了,变得多元了。黄河人带来了外来的文化，带来了周边的文化，而且在广富林生存了两百年，这是各种文化碰撞、交流、融合、创新的两百年。联想一下，近代上海小渔村发展至今也才两百年，就创造了一个国际大都市。

所以，广富林文化后的马桥文化时期，就开始走出六千年的历史低谷期，成为走向近现代上海国际大都市攀缘上升的新起点，我称为"马桥再出发"。如果说，马桥文化的变革求新是上海六千年历史发展的重启期，那么广富林文化则是开创了开放、交流、包容、融合的转折期，正是这一转一启，成为上海前后两个三千年的"翻页"处，使得上海六千年历史发展出现了一个新的大趋势——走进后三千年上海历史发展的进程之中。

二、上海城市精神的考古底蕴：海纳百川

上海六千年，前后各三千年，从远古走到了今天。广富林文化和马桥文化处于历史变革的转折点上，恰好属于历史大势的转身之时。往大了说，这前后两个三千年如同一场上海大剧的前后两幕，接力交棒，薪火相传。往小一点说，广富林文化和马桥文化也是它们一千年里面的两场大戏，南来北往，固本创新。无论哪场大戏，都没有中场休息，生生不息，前后相

继，贯古通今，铸古烁今。

马桥文化、广富林文化是上海城市精神的考古底蕴。2007年习近平总书记高度凝练地概括了上海的城市精神——海纳百川、追求卓越、开明睿智、大气谦和，为上海发展提供了强大的精神力量，为上海加快打造与具有世界影响力的社会主义现代化国际大都市相匹配的城市软实力，指明了前进方向。

这就是何以上海，是以上海，所以上海。

高蒙河

互动现场：
如何找到史前遗址，马桥文化遗址或有高级聚落

* **不同器物可区分不同考古学文化和人群**

中国航空工业集团石小雨：考古学文化独立命名时以何为依据？如何区分彼此交融和吸收的多个文化？

黄翔：一定的空间时间范围内特定器物的组合，叫作考古学文化，它代表不同的人群。比如火炬形把的陶豆、侧装三角足的陶鼎、拍印纹饰的陶鬶，还有在陶鼎上施加绳纹的传统，这些要素集合起来就是广富林文化的特征。

现在良渚文化中一类叫作鱼鳍形足鼎的器物也被区分了出来，定义为钱山漾文化（距今约 4 300—4 100 年）。从此前近1 000 年器物的完整演变序列看，T 形足横截面的宽度与长度之比有从大到小的变化规律，发展到末期出现了鱼鳍形鼎足，鼎身则呈现垂腹形的状态。钱山漾文化的陶鼎侧面轮廓类似三角形，腹的弧度不圆，直接垂下来缩进去，如果放到良渚文化

图 2-25　钱山漾遗址出土的鱼鳍形足鼎，现藏中国国家博物馆

里，显得格格不入。

*史前遗址如何找？通过考古钻探先找古河道

能源系统工作者阙之玫：考古学里有地理信息系统 GIS、遥感技术。福泉山遗址、马桥文化都在水系旁边，科学技术如何助力考古发掘？

黄翔：在上海找特定时期的遗址时，会把水系作为一条线索。例如上海的良渚时期遗址的分布间距约 10 公里，如何得出？将调查出的遗址在地图上标点，再结合其他钻探线索，会发现这些点周边都有水系，形成较适合当时生产力水平和古人生产生活方式的聚落分布与交通路网格局。由此推理，比如某两个遗址间距20公里，我们会在中间区域寻找是否存在新的遗址点。找遗址先要钻探找古河道，这是我们目前工作的方向。

＊目前上海考古重点在史前遗址和海上丝绸之路

上海博物馆志愿者张昱肇（线上提问）： 马桥文化对应夏商时期，上海历史一直沉寂到春秋时期的吴越诸侯国，目前这段空缺中有何新发现？

黄翔： 目前上海考古工作有两个重点：一是以文明起源、国家起源为核心课题的史前考古，主要针对史前时期崧泽文化、良渚文化、广富林文化等；二是针对上海作为现当代航运中心的特点溯源历史轨迹，聚焦以青龙镇、长江口二号古船等唐宋以后历史时期为主的海上丝绸之路考古。您提及的商周阶段恰巧不是现在工作的重点，暂时未展开。

＊马桥文化太湖东部遗址正在发掘，或有高等聚落

自媒体从业者姬华奎： 马桥文化在北来南源中是不是一种新的"中国"形式，它属于什么社会发展阶段，是否类似南越、徐淮是一种方国、王国？在苏州吴中区发现大量马桥文化遗存，会更新对马桥文化的认识，是否可以介绍一下？

曹峻： 在苏州吴中区发现大量马桥文化遗存是指苏州独墅湖边的塘北遗址，近年加大发掘力度，揭露出分布在几千平方米范围内的、非常丰富的马桥文化遗存。特别是2024年的发掘，刚刚发现有大规模的红烧土堆积，下面压着土台子，应该是大型建筑存在的证据。这样的发现之前在太湖东部地区是没有的，说明这个区域在马桥时期可能存在着中心性的聚落。这就不仅仅是增添了马桥文化的一处遗址点，更重要的是提示我们，马桥文化时期在太湖东部，也就是上海、苏南这一带是有

图2-26 苏州塘北遗址发掘到包括崧泽文化、良渚文化、马桥文化在内的6个时期文化堆积，其中发现的马桥文化遗存是苏州考古史上最丰富的（苏州市考古研究所供图）

高等级聚落存在的。

当然,近些年在邻近的太湖南部浙北地区也有新发现,比如湖州毘山、余杭小古城和跳头这些遗址,都是马桥文化时期前后的重要遗址。尤其是毘山遗址,发现了围绕着山体的一圈壕沟,壕沟内有由高台式和干栏式建筑组成的建筑群落,规模很大,也是这个地区的中心性聚落。

所以,在这些大规模、高等级聚落发现之前,我们还无法了解马桥文化的社会发展情况,只能从诸如马桥、钱山漾这类少数的一般性聚落遗址材料推测马桥社会处于相对简单的状态,社会发展程度不是很高。但是近些年包括塘北、毘山、小古城等这类高等级聚落的发现,更新了我们对马桥文化社会形态的认识,学界逐步意识到,这一时期的社会其实也是有着比较复杂的社会分层的,生产力也达到了一个比较高的水平,否则是没有能力建设那么大规模的建筑和聚落的。

至于它是否就是文献上记载的某类方国,这个目前还不能贸然推断。至多我们可以说,马桥文化可能属于越人的先祖,它的社会可能代表着后来华夏化的诸侯国——越国的早期发展阶段。

* **马桥文化时代,青铜技术处于萌芽或者初步发展状态**
杭州文化工作者高泉:如何理解马桥文化时期出现了青铜产品?这 1 000 年间与北方文化如何交流?

曹峻：在马桥文化分布范围之内，青铜器发现不算很多，但与前期相比又是非常显著的。良渚文化社会发达，有那么多大型聚落还有水利设施，但至今没有发现青铜器，那是一个属于玉器的时代。到了马桥时期青铜器出现了，但这一时期属于从玉器时代跨入青铜时代的过渡阶段，青铜技术和生产都还表现为刚刚起步的特点。首先，南京、镇江一带相当于商代的湖熟文化中发现一些冶炼的铜渣，新近发掘的余杭跳头、小古城等遗址也发现了和铸铜相关的石范、铜锭等遗物，说明在环太湖和长江下游可能已经有了青铜铸造技术的萌芽。其次，马桥文化中发现的青铜器数量很少，说明生产规模不大。第三，所生产的器形很少、很简单，基本是刀、钺、斧等这些小型的生产工具，而鼎、簋（guǐ）、鬲（lì）等结构很复杂的青铜器在上海和环太湖地区没有显著发现，即使有也是非常零星的。那些大型青铜容器、乐器需要更复杂的技术支撑。太湖地区在夏商时期应该还没有达到这样的技术水平。

第二个问题，不管是北来的还是南来的文化因素，在我理解中都可以看成不同地区间的文化交流，这在广富林文化和马桥文化中体现了很多。在这一阶段我们所看到北方文化的因素是很多的，一般日常日用品中陶鼎、陶罐、陶盆这些炊器、日用存储器的器表都拍印了绳纹，绳纹是中原地区常见的典型纹

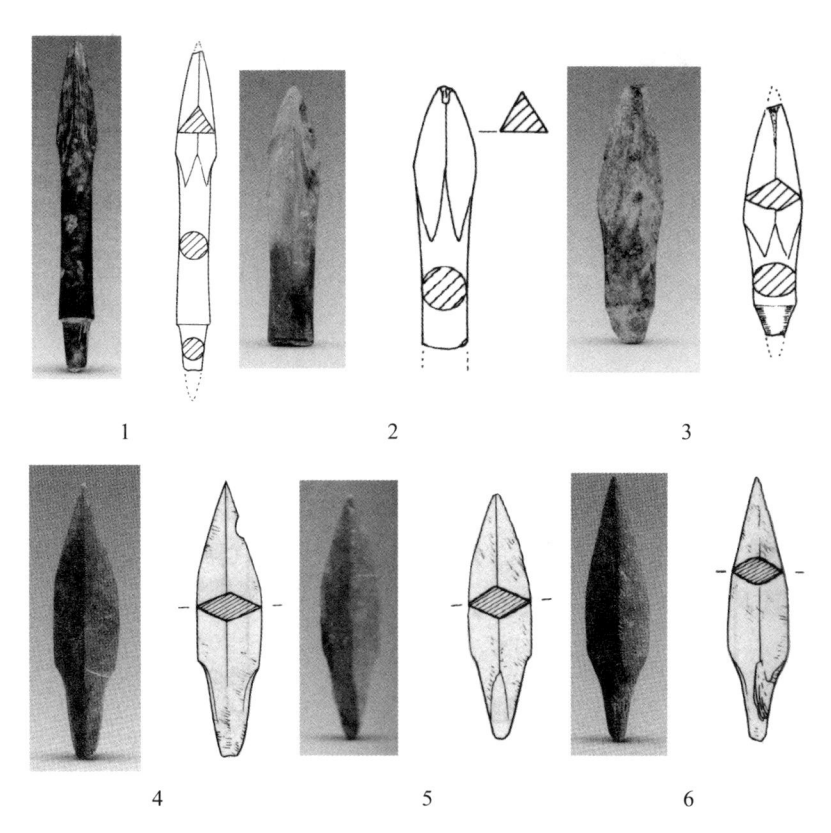

图 2-27 上：广富林、马桥文化的三棱形石镞（均为浙江湖州钱山漾遗址出土，引自浙江省文物考古研究所、湖州市博物馆编著：《钱山漾：第三、四次发掘报告》，文物出版社 2014 年）；下：良渚文化的柳叶形石镞（均为浙江桐乡新地里遗址出土，引自浙江省文物考古研究所、桐乡市文物管理委员会编著：《新地里》，文物出版社 2006 年）

饰特征，这是北方来的文化因素。另外如普遍发现的三棱形石镞，这与本地区传统良渚文化的扁平柳叶形的石镞差别也很明显，广富林时期发现的三棱形石镞结构很复杂，前端是三棱形，中间截面是圆形的，后面有一截铤可以插在木柄里，我

第二章　承前启后，继往开来：从广富林文化到马桥文化 | 105

称它"三段式石镞"。这种石镞结构的变化也不是在本地产生，而是从中原地区来的。

* 青铜钺在马桥时期只是工具而非权力象征

律师黄瑛：上海博物馆有一个镶嵌十字纹的方钺，它的断代在夏晚期，可以实证夏晚期已经有强烈的王权意识。马桥文化中也发现了青铜钺，是否也代表了类似方国有一定权力形式的出现？

黄翔：青铜器的工艺来自中原，中原是中国的发祥地和中心，在很长的历史时期内都是全国最发达的地方。从三千多年前一直到六七百年前，上海属于东南一隅的边缘地区，甚至汉唐年间发配犯人还是朝江南方向。马桥发掘的钺形态上像钺，功能上并不一定是象征权力的器物，和之前良渚文化的玉钺形权杖并没有直接的继承关系，可能就是实用工具类的。我们这边发现的青铜器，在那个时间段主要以工具类器物为主。

* 考古不断有新发现，五千年"文明"是否还成立

退休工程技术人员黄宗传：上海已经有 6 000 年历史，内蒙古兴隆洼出土 8 000 年前的玉石，重庆巫山龙骨坡出土距今 200 万年的人类牙齿，吉林农安左家山遗址出土约 7 000 年前的石龙。传统所说中华文明"五千年"概念是否需要修正?

曹峻:我们在谈论中华文明的时候是有语境的,我们所说的"文明"特指人类社会发展到一定复杂程度的阶段。怎样理解"社会发展到一定程度"呢?比如史前时代或者远古时代,人们茹毛饮血,生产力低下,抗拒自然的能力很弱,大家互帮互助非常平等,此时人际关系不那么复杂;后来社会发展进步了,技术水平提高,人的能力也提高了,人和人之间开始有了一些复杂的变化,财产、力量、勤勉程度都有所分化,人和人之间的地位、关系就不一样了。这种关系发展到一定复杂程度的时候,我们把它叫作文明。

那么具体发展到什么程度才能叫作文明呢?不同的学者有不同的看法。比如,恩格斯说,国家是文明的概括,也就是出现了凌驾于一般群众之上的公共权力,这是经典的说法。早期国际学界比较公认的,大家很熟悉的文明四要素,就是城市、文字、金属冶炼和大型礼仪性建筑,西方学者可能认为,其中文字是特别重要的。

然而,恩格斯没有到过中国,他的研究材料中也没有亚洲的个案,只是基于欧洲德意志、雅典、罗马这几个地区的材料来研究到底什么是文明。后来郭沫若写了一本《中国古代社会研究》,对恩格斯的《家庭、私有制和国家起源》进行了接续研究。

中国的中华文明探源工程从2001年开始至今,以国家的力量组织专家进行文明研究,基于中国的长江下游良渚文化等史前案例,总结出自己的文明标准、要素。中华文明探源研究认为,文明起源与文明形成是文明社会孕育和产生的不同阶段,先有文明因素量的积累,后有社会质的变化。社会分化加剧,形成了阶级;社会等级制度化,人们的社会行为规范化,形成了礼制;出现了集军事指挥权与宗教祭祀权于一身的最高统治者——王,强制性的、以社会管理为主要职能的公共权力——国家。目前来看这样的系统性的变化发生在大约距今5 500至5 000年前,你所说的种种发现并没有达到文化被认定为文明的标准,"五千年"概念目前还不能往前无限推进。

* 广富林、马桥文化时期,吸收外来文化比例加大

社科硕士陈天翼: 广富林或者马桥文化对于其他地区比如中原或者南方是否有一些反哺而不仅仅是吸收学习外来文化?

高蒙河: 这是个好问题。文化的传播影响分辐射式和辐辏式两种。上海前三千年的马家浜文化、崧泽文化、良渚文化、广富林文化、马桥文化,既有辐射也有辐辏。比如,前三个文化吸收外来文化比较少。上海的福泉山遗址良渚文化遗存中有来自大汶口文化的彩陶背壶,目前只发现一件,说明在文化强势时

它也会吸收外来文化。但到了广富林文化和马桥文化，文化态势此消彼长，吸收外来文化比例加大。

我们看到史前三千年，前面那三个文化更多是辐射出去的，影响了周边甚至影响了部分远古中国历史走向，作出了中华文明的上海贡献，后面广富林文化、马桥文化则是更多地吸收外来的文化，但依然保留着本地文化的特色，总体看到的就是，本地文化和外来文化，进入大开大合、海纳百川、南来北往的历史发展大势的转折时期。

＊低谷时期是唐宋，青龙港等发展促成日后高峰

工会工作者瞿红：上海历史的"U字形低谷时期"，是什么文化促成了上海开埠200年以后的辉煌？

高蒙河：上海的历史发展，首先从客观上看，地理位置决定了她的重要性。上海有6 300平方千米的土地，地理区位处在整个中国海岸线南北中间位置。其次从文明视角看，农业是人类主动改变自然环境的第一场革命，上海是较早进入稻作农业时期的，发明了石镰、石犁等生产工具。过了5 000年，上海较早进入近代城市文明阶段，伴随着工业革命和全球化的进程，上海在地理环境、区位优势和产业商贸方面的潜能被激发，加上"上海城市精神"等因素，使得上海这200年来的国内外地位越来越高。

具体而言，上海青浦的青龙镇遗址，是古代的东方大港之一。到了唐宋元，上海有了国家在册的"名分"，有了华亭县、松江府的行政区划，比起以前在全国籍籍无名，此时的青龙镇逐步发展成为东南巨镇，构成了以后发展的底蕴。再往早追溯，我认为就是从广富林文化和马桥文化开始的。可以说虽然从长时段的观察来看当时是一个低谷时期，但其中孕育了"海纳百川"的上海城市精神的最早萌芽。最后，我用八个字形容广富林文化和马桥文化的特点：承前启后，继往开来。

第二部分

2 000年：从楚风东渐到千帆之港控江连海

第三章
华亭鹤唳：从春秋战国到魏晋南北朝

春申君、陆机与陆云、袁崧等先贤塑造了上海的民本、博雅、英雄形象，构成多元城市文脉。

春申、华亭与沪渎

从崧泽文化到马桥文化等考古学文化被称为上海的"史前史"。今天无论上海叫"申"还是叫"沪",都是上海闪亮的文化符号,这个过程从距今2 200年前的春秋战国开始,从"春申"到"华亭""沪渎",都已具有非常正规、经典的文献记载,标志着上海正式进入有明确记录的文明史,具有深厚的文化认同。

一、一体化的双向奔赴:郎溪磨盘山遗址与春申君治理江东

我们先从两则考古新闻说起。

*安徽郎溪磨盘山遗址

2023年度全国十大考古新发现揭晓,安徽郎溪磨盘山遗

图 3-1　安徽郎溪磨盘山遗址出土的陶猪和杯形豆（引自安富建：《安徽磨盘山遗址：以 4 000 多年文化积淀，探问良渚的源头与边界》，文博时空）

址名列其中，该考古学文化延续了 4 000 年。这是磨盘山遗址的第三次发掘，在本次发掘出的 340 座墓葬中，崧泽文化时期的就有 320 座。崧泽文化的陶猪，在郎溪磨盘山也有类似的形象；拿盛肉的陶豆外形相比较，上海崧泽文化的更加奔放、豪放，而郎溪磨盘山的更加秀雅。显然，这是崧泽文化在安徽结出的文化果实。

* 安徽淮南武王墩墓主为楚考烈王

2024 年 5 月大热的安徽淮南武王墩墓与上海有何关联？

《史记》记载，熊完为楚考烈王，以黄歇为相，封号春申君，赐其封地淮北十二县。公元前 248 年，即楚考烈王十五年，楚相春申君改封至江东，就是包括上海在内的江南地区。

图3-2 最新出土的楚王铜簠及其铭文"楚王酓前作铸金簠以供岁尝"（张端摄）

这一年，可视为申城元年。春申君在吴国故都修建城堡作为自己的都邑。司马迁说他到楚地，看见春申君故城，感慨其建筑宏伟盛大。这一地域，司马迁称为"东楚"。这次出土的楚王铜簠（fǔ）刻画铭文"楚王酓前作铸金簠以供岁尝"，被视为考烈王墓主的证据。这也是上海地区作为楚文化辖区独立身份开始的重要证据。

那时上海地区由楚考烈王整体管辖，春申君直接治理。楚考烈王是一个诸侯王,春申君是一个封君,以春申君作为上海开城之主,比较符合上海的地域身份。

这两件事是长三角地区内的文化双向奔赴,一体化发展是这个地域的历史传统。

二、上海的文化形态和文化符号

研究文化形态的入口是一种多元路径,文化形态是由物象景观叙事、语言文字叙事、民俗行为叙事三种形态构成的立体叙事结构。任何文化缺少语言文字都很难存续,没有物象景观就没有证据印证语言文字的经典性,没有民俗行为就是过去时,无法找到通向现在和未来的活态之路。文化是奔涌的河流,民俗、神话就是源头活水,是民心民意,奔涌不息。

从方法论而言,我们从考古中寻找上海足迹,从文献中寻找上海形象,从民俗中发现上海符号,也是将这三者结合考察。标志性的文化符号是城市文脉的渊源。一个地域的标志性的文化符号,是地域代表人物、文化叙事(包含民俗神话传说)、代表性景观,以及在此基础上体现的文化精神的集合体。只有抓住标志性地域符号,才能找到文化传承的枢纽和中心,而城市形象与城市文脉,就是这种标志性的文化符号的传承与弘扬。

"春申""华亭"和"沪渎"构成了上海城市文化认同与文

化形象的符号结构与谱系。从战国到魏晋时期，上海文化以三个时期的著名人物形象，三个标志性地域景观，三种特有精神禀赋，构建了城市传统的基础。我们以文化谱系的观点透视上海文化，就会发现上海传统的整体一致性、多元复杂性，以及其开拓创造性特点。

三、开拓进取的传统：春申君造就上海地域形象

春申君是古代文献明确记载的上海地区第一位领袖。《史记·春申君列传》、中国早期经典地方志文献《越绝书》，以及明清以来大量的《松江府志》《上海县志》及相关乡镇志，一致认为江南与上海所在地就是春申君的封地。民间传说、儿歌、民俗传统一起塑造了春申君多彩的形象，民间信仰构建了相关仪式与景观图像。

✻ 春申君是政治家、军事家、外交家与文化领袖

如何评价春申君？

第一，优秀的政治家。春申君是楚顷襄王、楚考烈王时期两代重臣，被分封到江东，统一长三角地区的社会政治与经济生活。此前的吴王、越王在此相斗相杀，始终无法成为这一带

图 3-3　上海闵行春申公园内的春申君雕塑

的共同领袖。但春申君却能将长三角即现在的江、浙、沪、皖这一片长江下游辽阔的区域治理成一个和平发展之地，其政治贡献非常突出。

第二，杰出的军事家。一是"领兵救赵"，当时秦国进攻赵国，春申君率领楚兵解赵国之围。二是春申君任楚相八年后，北伐灭鲁，中兴楚国。三是合纵抗秦。这都不是一般的军事家能够做到的。

第三，出色的外交家。春申君所著的《上秦昭王书》充分体现出纵横家的敏捷和智慧。秦王令白起联合韩国、魏国意欲攻打楚国。春申君知道后立刻上书秦昭王，力陈秦国伐楚是

"两虎相斗",只会给韩国、魏国带来利益,于秦国无益。秦昭王表示赞同,秦楚形成联盟。

另一个事件是保熊完回国继承王位。《史记·春申君列传》记载,黄歇与太子熊完为质于秦数年。楚顷襄王病,太子不得归。春申君让熊完化装逃回楚国继承王位,自己则留在秦国顶罪。秦王知道后大怒,想杀掉春申君。但被春申君游说过的秦相应侯(范雎)劝说秦王,春申君是人臣,他替主子抵命,各为其主,并没有错,以后太子继位,一定会重用他的,所以,不如让春申君回去帮助楚太子,他会感激我们,这反而对秦国有利,最后,秦王采纳了应侯的规劝。这件事体现出春申君在外交活动中的大智大勇。

第四,卓越的文化领袖。《史记》有载"战国四公子":魏国信陵君魏无忌、齐国孟尝君田文、赵国平原君赵胜、楚国春申君黄歇。其中春申君门客最多,养士三千,其门下人才辈出。著名的思想家、教育家荀子在齐国为祭酒时遭人迫害,遂投于楚,得到春申君的庇护,春申君让荀子做了兰陵令,在春申君死后,荀子也就终老于此。这三千门客,将春申君的思想带到全国各地。国内有四川、湖北、湖南、河南、安徽、山东、江苏、浙江和上海等十多处地方称说是春申君的出生地或陵墓所在地,称说其城市为春申君所建;各地多有春申君传说。这在中国历史与民俗上是罕见的。

*在江南修建水利工程，同时设仓、建市、治民

春申君在水利工程方面也作出了巨大贡献。《越绝书·吴地传》记载，春申君首先在无锡历山以牛祭祀，立无锡塘。在芙蓉湖的东南、无锡东北面开挖"语昭渎"。春申君开垦了无锡北塘地区第一片圩围土地，开创了芙蓉湖垦殖治理的先河，整治了江南运河。原无锡市水利局副局长徐道清认为，黄歇使江南运河中段成为一条更为完整的河道。

春申君还兴建了很多设施，如兴建办公治所春申城，开设西仓和东仓（东仓即今太仓），建立市场，促进商品交易，设立监狱，建立楚门等地域景观，为江南工程建设作出了重要贡献。

图 3-4　清代画家秦仪的《芙蓉湖图卷》（局部），现藏无锡博物馆

*黄浦江开凿者传说、《申报》体现春申君文化号召力

春申君与上海的故事离不开黄浦江。宋代《宋会要辑稿》中就记载了黄浦塘，黄浦塘在华亭，显然是指黄浦江；明代《松江府志》记载，黄浦江由春申君开掘，故又称春申浦；清代多部《上海县志》明确提到，上海属于春申君的封地。

上海市松江区新桥镇有一个春申村，相传是春申君当年疏浚水道的"指挥所"，后人在此建立了纪念他的祠堂。当地民间还流传着一首脍炙人口的儿歌，描述的就是春申君带领百姓修水渠的场景，感动了一方民众。

图 3-5　坐落于上海松江新桥镇春申村的春申君祠

以上这些都是民间传说，民俗传说的真实性在于其情感的真实、愿望的真实、民心的真实。尊重民间传说，是尊重民意、民情、民心的一种基本态度。

其实，春申君治水的传说映射着近世可考的上海地区的民众对吴淞江的治理。历史上吴淞江下游一直水患频发，明朝永乐年间，水利专家叶宗行与户部尚书夏元吉提出"江浦合流"方案，得到永乐帝的肯定和支持，工程顺利实施。叶宗行、夏元吉等拓展传说中春申君的治水事业而不改河流名称，这体现出明清时期上海民众与知识者尊重创业者、尊重为民造福的英雄的高尚情操。

而在近代中国，《申报》于1872年创刊，是上海直到新中国成立以前影响最大的报纸。明确将这份报纸命名为"申"，使其成为上海文化身份最闪亮的标志。上海世博会申办成功的2002年，有位河南籍的人士还写了《告慰春申君》的歌词，这是上海城市不忘春申君的情怀。

而上海民间出现的"申城两千年"的叙事，除了黄浦江，还有春申君庙、春申塘、春申路、春申桥、黄渡、黄酒，等等，春申君是融入上海老百姓血液的文化英雄。申城具有2 270多年的文明史，传承有序，有路可循。

＊春申君作为上海文化独立代表，寄寓着申地治理精神

苏州有许多关于春申君的传说，苏州城隍庙的城隍是春申君，至今香火鼎盛。苏州下面有个春申埭和春申湖，还有一个黄埭镇，建有春申庙。无锡春申传说甚多，春申涧、春申墓是其中著名景点。春申墓在全国有十余处，可见其影响深远。安徽是春申君事业的主场。浙江湖州有座巨大的春申君雕塑。河南潢川是春申故国，被后世认为是其出生地，然而，湖南、湖北和四川的一些地方也都说自己是春申君的故乡。

图3-6 无锡的春申涧（陈奕潼摄）

很难找到第二个历史人物像春申君这样，在国内那么多地方有那么多传说叙事、那么多墓地、那么多庙宇。这简直可以说是一个奇迹。

虽全国十多城均有春申君纪念景点，但唯有上海把春申君视为文化地标、作为城市的名称，为什么？

因为春申君有崇高的精神境界和巨大的影响力，符合上海城市形象。他靠为民谋利益的水利工程建设、和平发展的治理措施整合了长三角地区，这对今天长三角一体化建设具有示范意义。上海选择春申君为标识，是尊重民俗民意，尊重开拓者，也是对上海6000年历史的一种尊重，是一种科学的人文选择。

春申君黄歇作为上海地域独立的文化代表，传说中他开掘的黄浦江作为上海地域的代表性景观，其开拓进取、为民造福、和平发展的申地治理精神，奠定了上海文化发展的精神基础。

四、文明博雅的传说："华亭"塑造上海文化之根脉

"华亭"是上海的又一古称，也是上海地域的著名地标之一。这一地标与三国时吴国政治家、军事家陆逊有关。

* **陆逊受封"华亭"**

两汉以来,江东有四大姓:顾、陆、朱、张。陆逊即出身于陆氏一族。东汉建安八年(203年),陆逊入孙权幕府,历任海昌屯田都尉、定威校尉、帐下右部督。他曾率兵击破丹阳山越首领费栈的军队,得精兵数万人,后娶孙权的大哥孙策次女为妻。在襄樊之战末期,东吴大将吕蒙和陆逊共同策划了针对关羽的"白衣渡江"奇袭,对三国鼎立的格局产生了深远影响。此战之后,蜀汉势力渐衰,东吴则巩固了在荆州地区的统治地位。陆逊因功领宜都(今属宜昌)太守,拜抚边将军,封华亭侯。这一年是东汉建安二十四年(219年),距今已有1 800余年了。《三国志·吴书·陆逊传》后有评曰:

> 刘备天下称雄,一世所惮,陆逊春秋方壮,戚名未著,摧而克之,罔不如志。予既奇逊之谋略,又叹权之识才,所以济大事也。

* **二陆在华亭潜心修学,奉召入洛阳,坚守理想蒙冤致死**

陆机是陆逊之孙、大司马陆抗第四子,与其弟陆云合称"二陆",又同顾荣、陆云并称"洛阳三俊"。在东吴时曾任牙门将,与其他几位兄弟,包括继承陆抗爵位的陆晏一起分领陆抗留下的军队。吴亡后,他和弟弟陆云带着一个年幼的弟弟回

图 3-7　坐落于小昆山上的二陆雕像

到了华亭,即今上海松江的昆冈乡。

二陆的文学创作活力、天才表现力,不仅是华亭精英、上海文化的代表,也是西晋文学的代表人物,更是中华文明的文学艺术的传统从不自觉走向自觉的标志性人物。

二陆在昆冈十年闭门勤学,后奉召西进北上至都城洛阳。虽然吴国因晋而灭,但为成就一番理想,兄弟两人毅然告别故乡前往洛阳赴任。这也体现了二陆的国家认同意识,抛弃了狭隘的地方观念。陆机文采、人品皆出众,《晋书》赞其"文章冠世,伏膺儒术,非礼不动",但在"八王之乱"中,"时成都王颖推功不居，劳谦下士。机既感全济之恩，又见朝廷屡有变难，谓颖必能康隆晋室，遂委身焉"，作了成都王司马颖的幕僚长，不幸卷入司马氏的内斗，在成都王司马颖同长沙王司马乂作战时，陆机受命统兵二十多万，进攻洛阳，结果败绩，又被人诬陷，成都王以为陆机要背叛他，就派人杀了他。陆机被害之前感慨道："华亭鹤唳，岂可复闻乎？"他最后念想的是江东的家乡华亭。史书记载，陆机死时"是日昏雾昼合，大风折木，平地尺雪，议者以为陆氏之冤"。陆机死后，连同他的忠诚之犬"黄耳"，归葬今上海松江。陆云之后也被杀害，葬在河南清河。

* 二陆文采斐然，书法突出，留下"云间"诗意之名

晋代文坛有"二陆入洛，三张减价"之说（"三张"指张载、张协和张亢，是当时文坛名人）。陆机是杰出的书法家，他的《平复帖》是我国古代存世最早的名人书法真迹，流丽婉转，飞动而不逾矩，是魏晋风度之江南风范。他是诗性的文学理论家，有不少优秀的作品，两汉以来，赋往往摹物抒情写景而已，陆机的文字则能情理交融，比如其《叹逝赋》中一段，情理交融，为历代文士击节赞叹：

川阅水以成川，水滔滔而日度。世阅人而为世，人冉冉而行暮。人何世而弗新，世何人之能故？野每春其必华，草无朝而遗露。经终古而常然，率品物其如素。譬日及之在条，恒虽尽而弗悟。

而其《文赋》则更名动天下，是中国文艺理论精彩的篇章。如"悲落叶于劲秋，喜柔条于芳春"，强调情感本色；"观古今于须臾，抚四海于一瞬"，强调想象力。他在《文赋》中说"论精微而朗畅"，"精微朗畅"四字正是对他的作品最合适的评价。

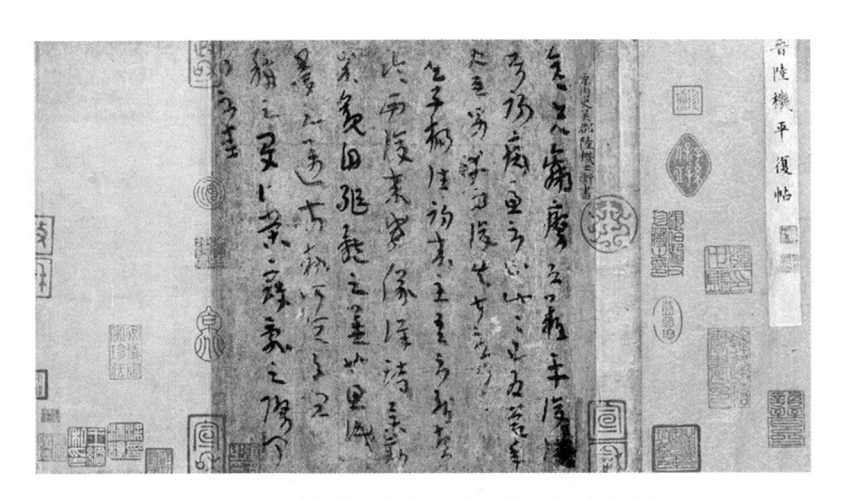

图3-8　陆机的《平复帖》，现藏故宫博物院

陆云还被认为是中国楹联文化的开创者，他与洛阳才子荀隐会面，陆云自称"云间陆士龙"，荀隐则称答"日下荀鸣鹤"。这副对联被称为中国对联文化的起源发脉之作。华亭又称云间，上海地区的第一部地方志是南宋的《云间志》，"云

图3-9 南宋《云间志》因为"云间陆士龙"而得名

图3-10 小昆山的"二陆读书台"遗迹,此地还建有"二陆草堂"

间"因"云间陆士龙"一语而得名,极富有诗情、浪漫情怀和创造力,可以说,一个对子成就了一个地域的形象。

二陆是上海博雅诗意文化的创造者。上海为纪念二陆,修建了多处机云亭,云间九峰中有机山云山,还修建了七宝寺的前身陆宝庵。

后世或有人评价,陆机不知道明哲保身,这才会在洛阳丢失性命。其评价有失公允。二陆单纯美好,为理想而奋斗,悲壮慨然,是值得礼赞、引以为豪的文化人的榜样。

"华亭"可视为上海的行政区前身,"华"是花样色彩,体现出对审美的一种追求。明代《上海县志》有上海为"华亭一旧镇"的说法。在唐代建立的华亭县,是规范的行政建制,一直延续到民国初年,华亭县改名为松江县。

从陆逊受封为华亭侯于上海地区,华亭走过了1 800多年的历史,让上海有了更为明确的地域名称,而云间二陆作为代表人物,以理想追求、艺术创造成就了上海地区博雅文化的精神禀赋,推进提升了上海地域文化的层次。

五、英雄主义的传统:"沪渎" 何以成为上海符号

上海的文明史,"申城"有2 270多年,"华亭"有1 800

多年,"沪渎"有1 700多年。"沪渎"为何后来居上?

* 沪是捕鱼工具,吴淞江下游即沪渎,沪渎叙事传至敦煌

"沪"据说是一种捕鱼的工具,也称"簖",即以竹片密密插于江上,拦截游鱼。这在唐代诗人陆龟蒙与皮日休的关于渔具的诗歌唱和中表述得很充分。陆龟蒙诗为《渔具诗·沪》,并明确说"吴人今谓之'簖'":

> 万植御洪波,森然倒林薄。
> 千颅咽云上,过半随潮落。
> 其间风信背,更值雷声恶。
> 天道亦衰多,吾将移海若。

皮日休则有唱和诗《奉和鲁望渔具十五咏·沪》:

> 波中植甚固,磔磔如虾须。
> 涛头倏尔过,数顷跳鲋鲈。
> 不是细罗密,自为朝夕驱。
> 空怜指鱼命,遣出海边租。

"沪渎"的名称则可见于南北朝时梁简文帝萧纲的《浮海

图 3-11 "沪"据说是一种捕鱼的工具,也称"簖"(引自吴贵芳主编:《上海风物志》,上海文化出版社 1985 年版,第 10 页)

石像碑铭》(又称《吴郡石像碑》),《碑铭》有载:

> 晋建兴元年(313 年)癸酉之岁,吴郡娄县界,淞江之下,号曰沪渎。此处有居人,以渔者为业。

吴淞江的下游就是沪渎,所以吴淞江即沪江,申江(黄浦江)、沪江(今称苏州河)都是上海的母亲河。萧纲的文章接着说,两尊石像从海上浮到沪渎,大家当作海神崇奉,但海上波澜还是不停,直到有人说可能是佛像,诵念佛经,立刻风平浪静。石像被迎到通玄寺安放。通玄寺,有人说是苏州的报恩寺,而

图 3-12　莫高窟 323 窟有壁画描述了两尊石像来到沪渎的情景

《云间志》明确说是静安寺，当时叫沪渎重玄寺。敦煌莫高窟 323 窟就有壁画描绘了此段故事，是上海早期历史的图像叙事。这也是佛教从海上传播的证据之一。

*"沪渎垒"是最早的上海军事堡垒，袁崧是守城英雄

"沪渎垒"对上海城市有突出意义。东晋咸和元年（326 年），吴国内史虞谭率兵修沪渎垒（今青浦区青龙镇附近）以防海盗。隆安四年（400年）吴郡太守袁崧率兵重修沪渎垒防止孙恩叛乱。沪渎垒被认为是上海城的重要前身。袁崧镇守军事重镇沪渎垒并于战斗中牺牲，是一位为保卫沪城而献身的英雄。崧泽文化命名来源的"崧泽"地名相传与袁崧有关系，虽无法考证真伪，但传说至少说明上海记住了她的英雄袁崧。

关于春申、华亭和沪渎，最初都由外地学人所著所言。南朝梁陈时期生活在今金山亭林的大学者，历史上著名的文学学家、地理学家顾野王，将春申、华亭和沪渎的叙事本土化，是他最早提出了"沪"为渔具的解释，他在《舆地志》中对

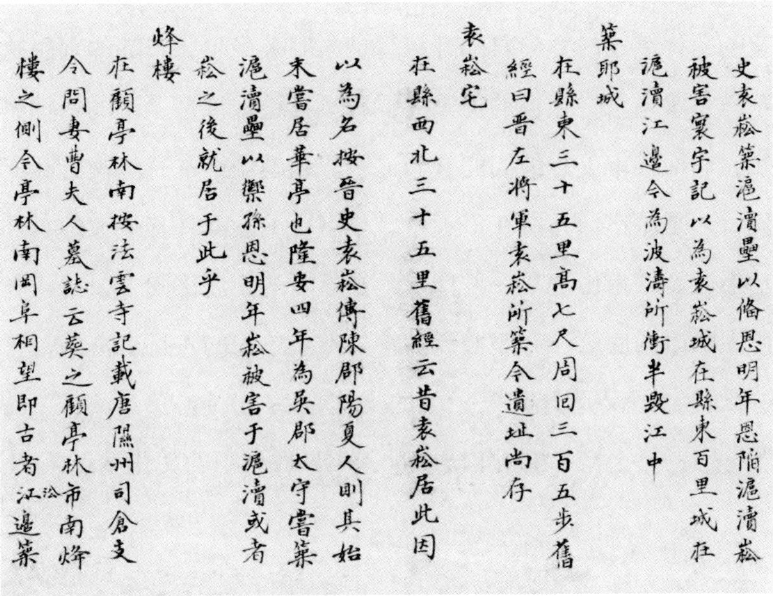

史袁崧纂遺讀墨以倫思明年恩陷沪瀆崧被害寰宇記以為袁崧城在縣東百里城在滬瀆江邊今為波濤所衝半毀江中

袁崧宅
在縣東三十五里高七尺周回三百五步舊經曰晉左將軍袁崧所築今遺址尚存

葉耶城
在縣西北三十五里舊經云昔袁崧居此因以為名按晉史袁崧傳陳郡陽夏人則具始末嘗居華亭也隆安四年為吳郡太守嘗築滬瀆壘以禦孫恩明年崧被害于滬瀆或者崧之後就居于此乎

烽樓
在顧亭林南按法雲寺記戴唐隰州司倉支今問妻曹夫人墓誌云葵之顧亭林市南烽樓之側今亭林南岡阜相望即古烽者江邊築

图3-13 《云间志》有关沪渎垒和袁崧宅的记录

"沪（滬）"作了细致的描述："插竹列海中，以绳编之，向岸张两翼，潮上而没，潮落而出，鱼蟹随潮碍竹不得去，名之曰扈。""扈"后来加上三点水就是"滬"，再简化就是现在的"沪"，成为上海的简称。顾野王的表述，是上海本土文化符号的源头叙事。

上海"沪"的历史叙事，立体而非单一。沪（渔具）、沪渎（江河）与沪渎垒（城镇）成为代表性景观，但更应该记住的是守城英雄袁崧，是城市的形象代表。其精神禀赋——开拓进取、奉献牺牲，成为上海城市宝贵的英雄主义传统。

城市形象是城市文脉的一种延续，连续性文明是城市文化的一种基础。春申君的开拓智慧与服务民生，二陆的理想执着与艺术追求，袁崧的英雄无畏和牺牲精神都是上海的精神禀赋，而博雅审美是他们的共同追求。超越城市本身的视野和能量，才是城市活力所在，春申、华亭、沪渎都具有强大的对外辐射力。城市传统是一种传承，在不断的积淀认同中，构建其博大深厚的底蕴。一座城市的符号不是单一的，是丰富的，有层次的，但又是具有统一性的文化谱系。"春申""华亭"与"沪渎"，是上海 6 000 年历史进程中形成标识的文化亮点。

田兆元

楚风东渐，吴楚一体

＊武王墩墓最新出土的礼器、食器、乐器彰显楚文化辉煌

田兆元：您是知名的史学学者，对长三角一体化文化颇有研究。春申君在安徽地区有怎样的历史轨迹？

翁飞：考烈王是春申君的君王，寿县武王墩墓最近一次的发掘，证明这处墓葬是至今级别最高的楚王墓。武王墩墓1981年确立为省文物保护单位。"武"在当地百姓口里就是"吾"，武王墩就是"我王的大墓"。楚国曾经7次迁都，最后4个王包括考烈王都定都于寿春，从公元前241年直到公元前223年秦国灭楚国，历时18年。

武王墩墓这次出土较多器物，共有4 000多件，大致可分为礼器、食器、乐器。礼器中最大的鼎比存放在安徽省博物馆的楚幽王（楚考烈王之子）墓的鼎（楚大鼎，又称铸客大鼎）更大。楚幽王墓的楚大鼎直径是87厘米，楚考烈王墓的大鼎直径初步测量为 88.9 厘米。大鼎首先是一种礼器，一般讲天子九鼎、诸侯七鼎、大夫五鼎、士三鼎或者一鼎，代表着王位、爵位的高低。整个椁室被分隔为九室，大鼎出土于其中。鼎的纹饰非常精美，刚出土时还保留着最初的吉金色，闪闪发光，所以一定是王室的礼器，代表着一个国家的权威。

楚庄王有"问鼎中原"的典故，也从中可见"鼎"的权威。对于楚大鼎，毛主席在参观安徽省博物馆时曾风趣地说：好大的一个鼎，可以煮一头牛了。事实上，它也确实是一个可以用作烹调饮食的工具，让人不禁想到"钟鸣鼎食"的成语。武王墩墓中九鼎八簋的形制也显示出墓葬的等级之高。

武王墩墓中这次也发现了文物中非常珍贵的漆器。其中盛放了很多东西，动物有黄牛、猪、狗、獐、雉等，还有青鱼、鲇鱼；除此之外还有梅子、李子、桃子、莲子等各种各样的水果，以及稻、藜、粟等早期谷物。

发掘出土的大量乐器中有弦乐，有编钟。两套编钟用古代五音"宫、商、角、徵、羽"试音，可以敲出《好一朵茉莉花》，如果说一个人不懂音乐，我们就会说这个人"五音不全"，就是指这五音。

墓葬中还出土了大量青铜器、金币和铜车马饰件，从以上考古发现可见，当时的楚国文化非常辉煌。

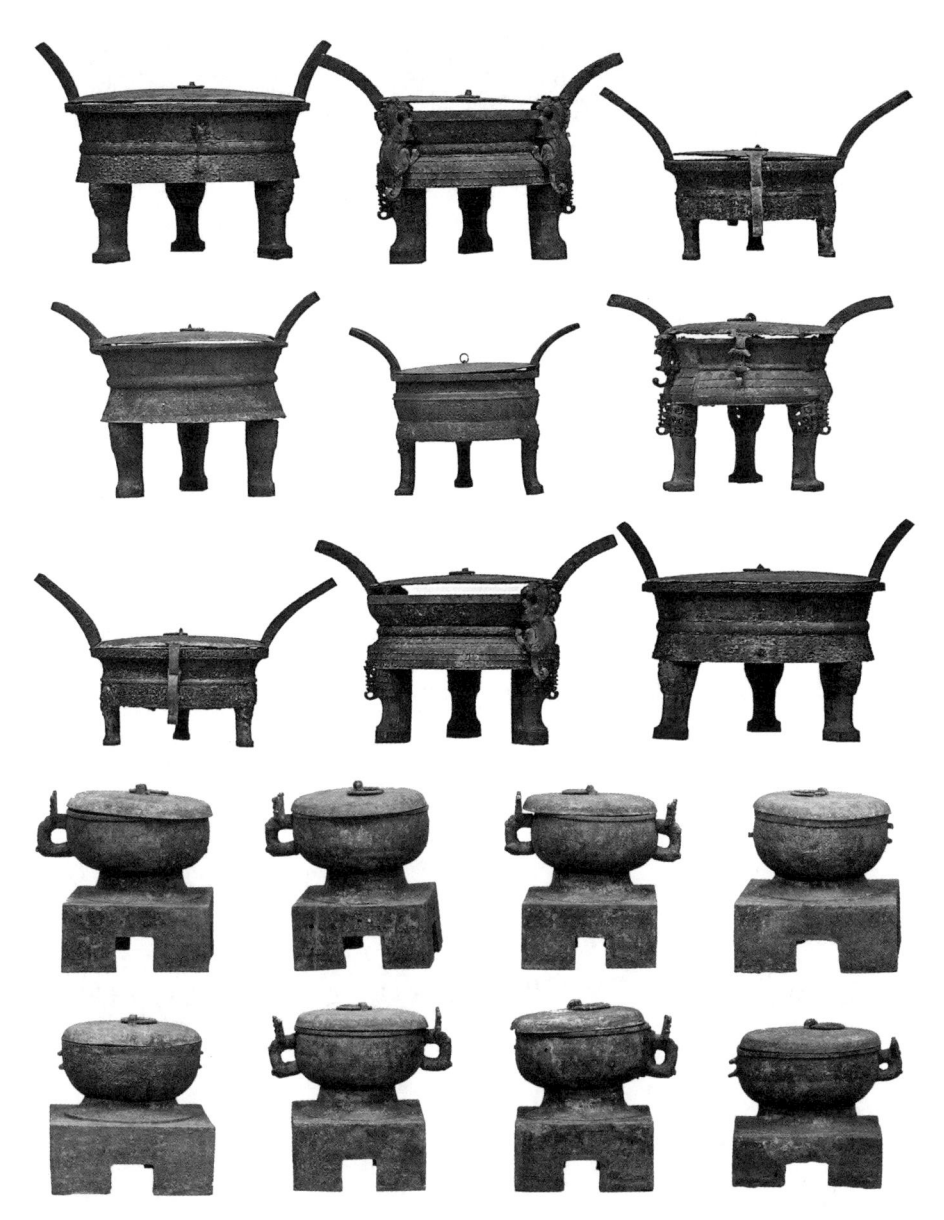

图 3-14　武王墩墓中九鼎八簋的形制显示出墓葬的等级之高（李凤翔摄）

图3-15 发掘出的编钟，可敲出《好一朵茉莉花》（引自《武王墩和它身后波澜壮阔的战国时代》，《新华每日电讯》2024年4月19日）

春申君黄歇和考烈王熊完关系非常亲近。考烈王任太子时，于公元前272年至前263年在秦国当了将近十年的质子，黄歇因能言善辩且聪明，深受顷襄王信任，所以被派去陪同。顷襄王病危，黄歇设计让太子逃回楚国继承王位，自己顶罪；后被释回国，春申君随即受命于考烈王为令尹（即后世的宰相），成为合纵攻秦的执行领袖，合纵攻秦了多次，公元前241年最后一次合纵攻秦失败后，考烈王迁都寿春城（今安徽淮南寿县）。

*吴楚一体：春申君对吴地的治理

田兆元：安徽寿春是春申君的事业起点。安徽和上海在今天纳入了一个共同的发展区域叫长三角。安徽在长三角一体化中有哪些优势？

翁飞：春申君到吴地后，带去他积累的财富和声望，更带去了楚人的治水经验。在中国农耕社会中治水是非常重要的执政本领，曾任楚庄王令尹的孙叔敖是春秋时的治水能手，就在寿春修建了芍陂，今天叫安丰塘，至今还在发挥水利功能。

从楚文化博物馆的地图上看到，今天的淮南市市区、凤台县、寿县一带，古代称为州来。因此，从大禹、孙叔敖到春申君，他们前仆后继治水，包括开河道，为长江中游的发展奠定了非常好的基础。而春申君进一步推进了吴楚一体化。

楚国八百年历史，四百年时推进到江淮一带。安徽境内长江中下游的不少城市因为地处楚国和吴国交界地而被称为"吴头楚尾"，春秋时，合肥和它北边相距80公里的寿春，就是当时"吴头楚尾"的核心城市。《史记》《汉书》等有记载，合肥和寿春都属于当时的九大经济都会。合肥往东南八九十公里就是含山，含山有个地方叫昭关，有典故"伍子胥过昭关，一夜愁白了头"。春秋年间，楚国人伍子胥，其父被楚平王冤杀，伍子胥一路逃跑，最终到达吴国，后助吴打败楚国，攻入郢都，以完成报复的心愿。可见当时吴楚两地关系之密切。

考烈王统治时期是战国末年，吴国已被越国所灭，越国又被楚国征服，春申君改封到江东吴墟（今苏州）。上海则是吴墟的辖地，墟字有废墟之意，当时属于偏僻之地，需要春申君重新开发建设。因此，楚国历代君臣积累的在长江中游的治理经验、经济手段，对进一步开发长江下游都是实践经验的借鉴。从楚风东渐到吴楚一体化，就意味着是现代意义上所说的长江经济带一体化、长三角一体化的前奏。

* 春申君精神属于世界，成功者需有天下之志
田兆元： 回到春申君，安徽有春申君墓园？

翁飞： 对。寿县的城门很有意思，南边是通淝门，东边是宾阳门，北边是靖淮门，西边是定湖门。南门就是春申君进来的门，那里有一个春申君广场，春申君驾着马车进了城门就被其信任的门客李园杀了，据说被斩下了头，投在了城门外面，整个家族也被屠戮殆尽，结局很不好。之前有门客朱英提醒过他，并愿为他解决危险，但春申君不相信，这和他早先游说应侯、秦王，帮楚太子出逃的明智行事有了天壤之别，让人非常感慨。在城瓮东墙上嵌着一块石刻，上面刻着一个作行刺状的石人，这就是"寿州内八景"之一的"门里人"。被刺杀的人就是春申君，而主谋正是李园。

对于李园杀春申君一事，还有各种说法，总之，我认为多半与权力之争有关系。对春申君这个人物而言，其死亡依然是一个谜，有待史学家们进一步考证，给出更丰富的实证。

《史记》里，司马迁对春申君有一个盖棺论定式的评价。司马迁所在的汉武帝时代距战国末年其实不远，百年而已，天

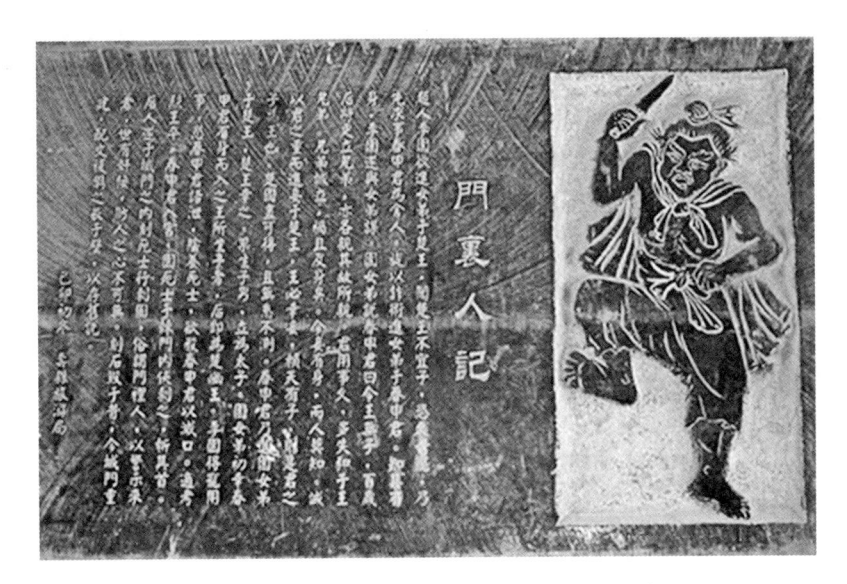

图 3-16 "寿州内八景"之一的"门里人"

下局势虽然已天翻地覆,但这段评价还是非常中肯的:

吾适楚,观春申君故城,宫室盛矣哉!初,春申君之说秦昭王,及出身遣楚太子归,何其智之明也!后制于李园,旄矣。语曰:"当断不断,反受其乱。"春申君失朱英之谓邪?

*长三角一体化的史前渊源:安徽郎溪磨盘山遗址打通了长江流域与太湖流域

田兆元:安徽地理位置在长三角一体化过程中也起着非常重要

的作用。长三角地区江浙沪皖，有哪些共同的文化元素可以挖掘？

翁飞：长三角一体化中各个城市要树立自己的形象和标志，在人文方面一定要有自己的城市标志与象征，正如田教授你们做的春申君、陆机、陆云，以及袁崧，都是关键且重要的人文象征。一体化的过程在各个历史时期源远流长、不断演进。比如安徽的十大考古发现郎溪磨盘山遗址，在2015年、2016年、2023年经过了三次发掘，目前在做第四次发掘。其中420多座墓葬中崧泽文化墓葬占多数，它与前期马家浜文化和后期良渚文化都是相呼应的。从遗址地理位置来看，磨盘山遗址与长江水系、环太湖水系联通，处于古代文化东传西递、南来北往

图 3-17　磨盘山遗址位置及环境（引自国家文物局网站）

的重要地理节点上。

*近现代，李鸿章、徽商、中国人民解放军三野入沪，沪皖相互支持

翁飞：无论是崧泽文化时期的史前遗存，还是有文献记载时期的春申君黄歇，"文化渗透"展现在方方面面。更不用说明清徽商对江南经济的贡献、近代安徽人李鸿章与上海的渊源、新中国建立初期沪皖在人才和工业建设上的相互支持，以及当下长三角的一体化。

明清徽商是一个很好的例子。徽州民俗"前世不修，生在徽州，十三四岁，往外一丢"应了胡适的评价"徽骆驼"，于是江南"无徽不成镇"。徽商以沪、浙为基地进行贸易，其商铺遍布长江三角洲。

近代上海1842年开埠后不久就进入太平天国运动阶段，李鸿章在1862年带着淮军进上海，改旧式武装为新法操练的洋枪洋炮；创办江南制造局、轮船招商局等近代企业，江南制造局就是今天的江南造船厂，招商局延续至今，布局上海、深圳蛇口、香港三地。李鸿章和他的淮系集团，在上海近代化进程中，创办了40多个第一，如电线、电报等。所以这也是非常好的中国近代文明发展的例子。

在中国人民解放军三野部队过江战上海的历史背景下，安

图 3-18 《申江胜景图》所绘的轮船招商局（上）和江南制造局（下）

徽也给上海输送了管理人才。当年第一代、第二代上海领导人，除了陈毅市长是四川人，陈国栋、汪道涵等人的老家也都在安徽。

上海也反哺安徽。20世纪50年代合肥进行建设时没有工业基础，时任安徽省委书记曾希圣到上海来（兼任华东局第二书记），一下子就从上海内迁了50多家工厂，这种关系真是水乳交融、来之不易的。

＊吴楚一体的当代回响：长三角一体化

翁飞：楚风东渐、吴楚一体，中华文明的连续性体现在当代，就是长三角一体化的现实，长三角地区随着经济、文化的交流、融合与提高，现在正在进行中国式现代化道路的探索。

看中国地图，沿海地区像是一张弓，弓的上端是京津唐、下端是珠三角，弓的弦口就是长三角，直向太平洋。长三角是中国式现代化的发力点。再看长江如一条巨龙，上游重庆是中心城区，这一段叫川江；中段武汉是中心城区，这一段叫楚江；从安庆小孤山到天门山，这一段在安徽境内，叫八百里皖江；再流到南京境内，叫扬子江。重庆、武汉、南京、上海，是4个超千万人口的特大城市，而皖江段800里内有5个中等城市：马鞍山、芜湖、铜陵、安庆、池州。这段江是东西斜向上流的，所以江两侧又叫江东、江西。安徽省会合肥在巢湖流域中心，而巢湖流域所有支流都汇入长江，因此20世纪90年代，安徽融入长三角的第一步就是"双核驱动"，合肥与芜湖作为双核，就像在巨龙的龙背上发力。到现在，合肥已成为长三角三大副中心之一。

*神话里的文化认同：长江流域也有两处黄帝祭祀

田兆元：目前有一种说法，称"黄山是黄帝之山"，请您做些介绍。

翁飞：目前由政府出面举办纪念黄帝的地方有4处：陕西的黄帝陵、河南新郑黄河岸边炎黄二帝巨型塑像广场、浙江丽水缙云县仙都山的黄帝祠宇、安徽黄山脚下黄帝炼丹飞升上天后留下的轩辕峰。

黄山原来叫黟山，唐玄宗信仰道教，想与杨贵妃一同前来朝拜，便在天宝六载（747年）下诏，改黟山为黄山，因安史之乱爆发，唐玄宗黄山之行未成，但名字就此留存。

安徽省的学术部门和黄山市黄山区（原太平县）从2011年恢复举行祭祀活动，在黄山轩辕峰下每年举办轩辕车会，现在已经成为安徽省非物质文化遗产。黄帝也称轩辕，被认定是车的发明者。远古时候，当地山越部族就以车会形式举行纪念活动，逐步成了大型的民俗活动。

图 3-19　在黄山轩辕峰下举办的轩辕车会活动（引自黄山市黄山区人民政府网）

黄山再往南就是长三角的浙江缙云了。与黄帝神话有关的祭祀地点会离开黄河流域，出现在长三角地区，说明炎黄民族共同体随着文化的交流也在走向一体化，缙云地区所讲神话故事与其他地方大同小异，从中华民族源流、创始、祖先崇拜的角度来说，也代表着一种文化认同和文化交流，并且它很早就开始了。

文化认同有一个典型例子。安徽的凌家滩文化、东北的红山文化、杭州的良渚文化，都是玉文化的典范，尤其凌家滩（距今 5 800—5 300 年）和良渚（距今 5 300—4 300 年），在年代上相隔将近 800 到 1 000 年，地理上相距也有 300 多公里，但是玉的形制是相似的，都有较高的文明程度和较强的文化认同感。在今天，我们要用更开阔的视野看待远古祖先在文化上的创造。

田兆元：由此可见，在历史与神话里，长三角的文化认同早就有共同的渊源，今天的长三角一体化战略是历史传统的创新性发展。

翁飞、田兆元

吴楚越大历史：
神话叙事中的上海六千年

中华文化博大精深，仅一个上海，历史就可从 700 多年前延续到今天城标可溯的 2 200 多年，直至此前的史前史所含的 6 000 多年。上溯 6 000 年是史前文明，上溯 2 200 年是文献可考之世，现在，我用"虚拟现实——神话中国大传统"这个视角将这两段漫长的传说、故事和历史串联起来。

一、21 世纪大历史观

带有"虚拟现实"的内容全在"神话中国"的大传统里，在这层意义上，中国人也生活在一万年来营造的"虚拟现实"传统之中。

21 世纪国际史学界最新的动向就是解构英雄史观、拓宽大历史观。《人类简史》被译成六七十种文字，作者赫拉利把文献史学放在一边，从物证的基因角度告诉我们，全人类 80 亿人同源同种，都是 7 万年前走出非洲的那一拨人群的后代。这种大历史和传统史学的差别在于，旧史学2000多年来都秉承英雄史观，突出帝王将相的历史作用，司马迁写《史记》就是本纪、世家和列传，以帝王将相为主。如果不是贵为楚国令尹，春申君能进入列传吗？旧史观认为是他们这些人创造了历史。但如今，新史学的大历史观完全不同：要突出物的叙事，还要揭示神话如何驱动历史。

历史叙事有三重：景观叙事、语言文字叙事、民俗叙事。我们文学人类学倡导四重证据法，把语言文字的证据再区分：传世的文字写在书本上进入图书馆，属于一重证据；地下新发现的甲骨文、青铜器铭文和竹简帛书，包括越王勾践剑上的铭文，都是二重证据。以一化二，这样就有四重证据，通过四重证据建构出来的历史叫大历史，它一定是从"虚拟现实"开始，即从神话讲述开始的。

二、与上海有关的历史：楚国八百年、越国两千年、吴国六百年

楚国的历史有800多年，追溯上海之根，只到楚国800多年的晚期和春申君这个人物，我认为还不够完整，还要看一下历史上的吴国和越国。吴国历史相对短一点，从公元前12世纪到公元前473年，600多年；而越国有将近2000年历史，比楚国史长一倍还多。今天的长三角文化溯源，首先要看越国，乃

至整个百越族群的分布。越国多次被灭，第一次被吴王夫差所灭，越王勾践"卧薪尝胆"，复国灭吴。之后被楚国所灭，《史记》记载的结局是，楚威王杀死越王无疆，夺得原吴国的全部土地，一直到钱塘江边，越国遂分崩离析，各族子争立，有的称王，有的称君，分散在江南沿海一带，臣服朝拜于楚国。入秦后，这些王号都被废了，但又借着秦末的天下大乱，复有闽越、东瓯，还有秦将赵佗，据岭南百越之地而称王，为南越。这些地方，直到汉武帝时，才被朝廷陆续收为郡县。

楚、吴、越，为何有这样三个国名？如果没有神话的解释，"所以然"问题就无法解决，这里涉及二重证据。新出土的各种文献提供了原版的神话历史叙事。

1965年，湖北荆州出土了越王勾践剑，剑上有用鸟虫篆体写的八个字"越王鸠浅，自作用剑"，表明这把剑是勾践亲自命人打造的。为破解这八个字，国家云集了全国的古文字专家来释读，郭沫若先生也在其中，最后由唐兰先生认定，并被广泛接受。

越王勾践剑被认定是"天下第一宝剑"，一剑砍下去20多层纸被全部斩断，出土时历经2 000多年并无锈迹。越国宝剑为何跑到湖北荆州？大概是因为越国为楚威王所灭，战利品被缴获后进入楚国高等贵族墓的随葬品之列。当然，也有人认为这是嫁妆，因为勾践曾将女儿嫁给楚昭王为姬。

以越王剑对照吴国的铜器，在吴国铜器铭文上，吴都叫

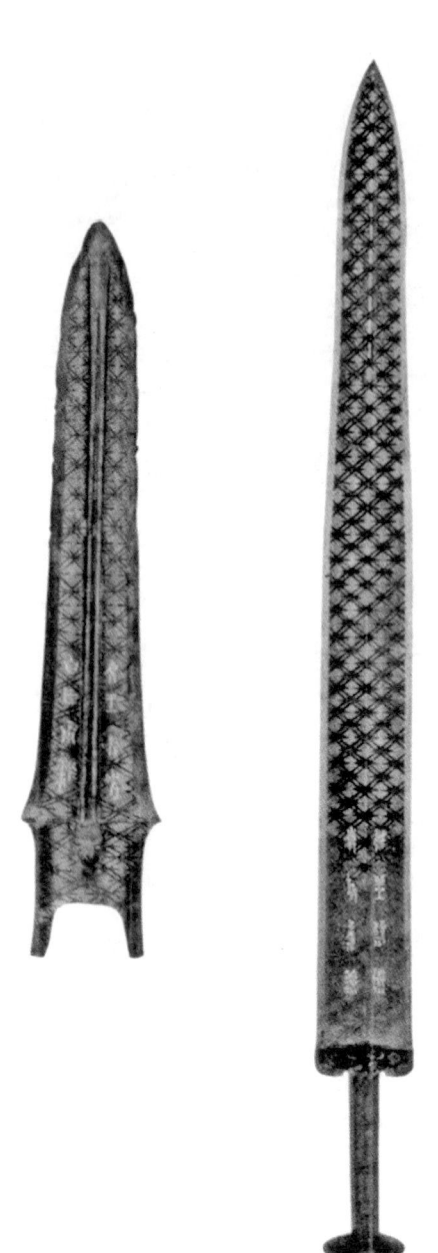

图 3-20 举世无双的越王剑,现藏湖北博物馆(引自《国宝档案》栏目组编著:《国宝档案 1:青铜器》,中国民主法制出版社 2009 年版,第 152 页)

"勾吴"。鸠和勾，古汉语音转的规律可以相通，这两个"勾"，都是鸠的意思，与鸟有关。所以越王鸠浅，代表越文化背后的崇鸟习俗，而良渚文化的陶罐常见鸟的形状，代表良渚统治阶层的玉器上也有鸟立神坛的徽章标志，这也是越文化与神鸟信仰渊源的上五千年例证。

同样，我用重建"神话中国"史的二重证据来解码楚-熊、越。

楚国为何叫楚国？《清华简·楚居》第二行写着：……破肋生丽季（熊丽）而亡，巫以楚（荆条）包伤口，"抵今曰楚人"。楚国先祖穴熊娶妻，生孩叫丽季，因难产，孩子从肋骨而出，巫师用荆条包裹母亲身体。这个异常出生的神话，带来了楚文化的命名，至今还在用"荆楚"大地来称呼湖北。

穴熊是什么意思？以"安大简"（安徽大学刚发布的楚国竹简）来解读。熊在冬季躲进洞穴，几个月不吃不喝，一直冬眠，直到春季走出洞穴，被认为是死而复活的神人下凡。这是天熊降临神话。《山海经》记载熊山有一个洞穴，叫熊之穴。古人把熊叫蛰兽，惊蛰时节万物复苏，冬天死去的各种生命全都会复活。熊是蛰兽之首，即死而复生的象征。

黄帝有熊为华夏共祖，能随便找个动物来做标志性符号吗？在长沙发现的写在丝绸上的《楚帛书》记载，比黄帝还早的三皇之首伏羲，叫"天熊伏羲"，指从天上来人间。天熊降临神话是典型的楚国版的《创世记》。

吴是鸟图腾神话，勾吴即鸠吴，已如前述。

越，把走字去掉，剩下的是戉。在斧上面钻一个孔，用绳子绑上木柲，就是戉（后来写作"钺"）。玉钺，自上五千年的良渚文化时期就是代表王权和军权的仪仗器。这是玉钺王权神话，属于长三角地区对中华文明的重要贡献。我在《玉文化先统一长三角》（叶舒宪主编，上海交通大学出版社2021年版）一书中揭示：是玉钺引领长三角玉礼器的体系化发展。马家浜文化石钺，到崧泽文化时进化为玉钺，距今六七千年。到距今五千年时的良渚玉钺，羽冠神徽雕刻到唯一一件玉钺（反山M12）之上，这便是史前越文化至高无上的符号。

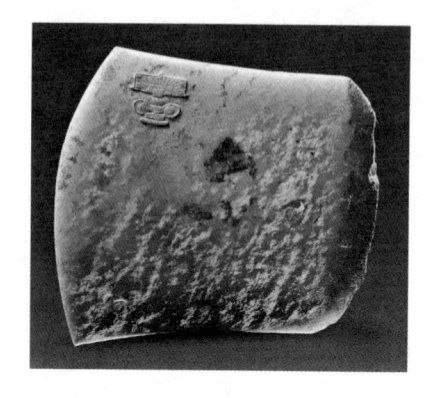

图3-21 反山M12出土的刻有羽冠神徽的玉钺

三、上五千年六大文化基因：粟、稻、玉、帛、熊龙、鸮凤

楚王族本姓"芈"，登基为王，都改称氏，叫熊某。从穴熊、鬻熊下来，共有三十多位熊某，包括考烈王熊完。熊，本是伏羲和黄帝的雅号，即中华第一神圣雅号。楚祖颛顼是黄帝之孙，楚

王要继承圣号"熊",理所当然。黄山的黄,若与黄帝有关,也是北方有熊国对南方的影响。神话不能当历史,但是神话的信仰却能代代相传。所以"神话历史"这个合成词,意味着要先理解神话,再理解历史。图像叙事帮助我们唤醒文物、唤醒历史想象。

中华文明的上五千年孕育出六大文化基因——粟、稻、玉、帛、熊龙、鸮凤,和江南水乡密切相关的有四个。先看"帛"基因:河姆渡文化距今 7 000 多年前就刻画出蚕的形象,说明当时已养蚕缫丝了。讲到鱼米之乡的"稻"基因,浙江浦江县上山文化遗址稻作文化超过 1 万年。2024 年 5 月 24 日国际刊物《科学》(*Science*)上刊登了中国科学院学者和浙江学者联名发表的最新成果,说明人工栽培稻为何能在万年前的上山文化时代得到量产。

"熊龙""鸮凤"基因,都来自旧石器时代的动物图腾崇拜。到商朝,猛兽图腾变成了猛禽图腾——鸮即猫头鹰,猫头鹰是夜间出击的。从二重证据看,上海博物馆藏的竹简书《容成氏》,讲述大禹治水成功后要建夏朝,八方人民来朝拜,为区分来者而制定五面旗帜,东边为太阳旗,西边月亮旗,北边鸟旗,南边蛇旗。中间的是夏王朝自己的旗帜,则为熊旗。二重证据给"黄帝有熊"说提供更多旁证。这也是"熊龙"作为文化基因的有利证据。后起的虚拟图腾龙,不是结合了此前的熊之头和蛇之躯体吗?

叶舒宪

互动现场：
上海的陆机、陆云、袁崧为何不广为人知

*楚幽王及其弟楚哀王在位时间短，安徽铸刻青铜器较少

自由职业者梁秀琴：1933年安徽李三孤堆墓即楚幽王墓首次大规模发掘时，出土了带有铭文的鼎（楚大鼎，又称铸客大鼎），91年过去了，我们还可以看到多少此类青铜器？

翁飞：从历史来看，楚国存在800多年，曾经有7次迁都，最早楚都丹阳位于鄂西枝江，再迁到郢都（今湖北荆州纪南城），然后是鄀都（今湖北襄阳）、鄢都（今湖北宜城），再到陈都（今河南淮阳）、巨阳（今安徽阜阳太和县宫集镇），最后到寿春（今安徽寿县）。带有"铸客"字样的青铜器在荆州、襄阳一带有所发现。楚考烈王的儿子楚幽王在位时间很短，其弟楚哀王在位更短，这个时期有"铸客"铭文的，安徽发现的较少。

*"二陆"塑造了上海博雅形象，本土文化名人还有子游等

松江区教师王改焕：很遗憾我们仅仅知道"二陆"的名字，关

图 3-22　楚幽王墓出土的鼎上刻有铭文"铸客"二字（引自《国家公祭鼎的原型！这件战国青铜大鼎重达 400 公斤》，央视新闻 2024 年 10 月 26 日）

于他们的历史介绍并不多。

田兆元：青浦是上海之源，有距今 6 000 年的崧泽文化命名地的崧泽遗址，有集合了良渚文化墓葬的福泉山遗址，时间上更为久远。而松江是上海之根，多见于文献记载。二陆是上海文艺及其文化的代言人，曾在松江生活。人们知之甚少的原因大体如下。

第一，二陆不是政治家，在政治上甚至有些失败，同时期许多江南吴地名人如张翰等为躲避政治动乱纷纷逃离洛阳，选择自保。只有二陆为了理想坚持留在洛阳，最后蒙冤而死。历史上对他俩的评价略有污名化。

第二，西晋太康时期文有"三张二陆"五位著名文学家，三张先于二陆成就事业，虽然"二陆入洛，三张减价"，但二陆的事业发生在洛阳，在上海本地传播不足。

第三，二陆在书法领域都颇有贡献，书法界皆知陆机创作的草隶书法经典作品《平复帖》，但缺少普通民众的广泛参与。还有，中文专业皆知陆机的文艺理论名著《文赋》，但文辞难懂，普通人很少阅读此文章。

*建立沪渎之城的袁崧，其英雄气概会敦促当代人朝前走

华东师范大学宝山实验学校初一学生叶准一：上海简称"申"，与春申君的关系较多，但与陆机、陆云的关系较少，这中间是否有什么历史缘故？

田兆元：关于"二陆"，我们传播得太少。我们更应该讲的还有东晋的上海英雄袁崧，他构筑了沪渎之城，是为这个城市牺牲的英雄和先烈，上海人民应该了解并弘扬他的精神。了解上海曾拥有的袁崧所具有的崇高、博大和为民牺牲的英雄情怀，这样就会敦促我们这代人往前走，提升上海民众的自豪感和责任感。

央视频听友"羽林"：沪渎垒有可能拍成电影吗？

田兆元：我们对袁崧的事迹传播远远不足。所以要是有可能拍电影，可以书写建设和保护沪渎垒的惊心动魄的故事。这会比芈月的故事更加悲壮、更加具有英雄主义气概。

* **吴淞江也是上海的母亲河，进入上海段称沪渎**

央视频听友"云中漫步"：上海的母亲河是吴淞江还是黄浦江？

田兆元：吴淞江和黄浦江都是上海的母亲河。吴淞江源头位于苏州吴江松陵镇，吴淞江在古时与东江、娄江共称"太湖三江"，南北朝时梁简文帝的《吴郡石像碑》所述"淞江之下，号曰沪渎"，把沪和江连接了起来，这就是沪江。两条河哪个是上海的代表？春申江（黄浦江）、沪江（吴淞江）都是上海的母亲河。

* **传播"上海六千年"，可先学习著名文化人物的家风家规家训**

中福会少年宫思辨营学员赖依柠（上海市甘泉外国语中学）：我也想成为"上海六千年"的传播者，想让更多同学了解上海，应该如何做好这件事情呢？

翁飞：以安徽为例。安徽历史文化研究中心设有"弘扬中华优秀传统文化专业委员会""家文化研究专业委员会",为此我们专门调研安徽当地著名家族的家训家风家规文化,例如桐城六尺巷张氏家族的家风家规家训(父子宰相张英、张廷玉)。我想上海肯定也有类似机构。

中华传统文化源远流长,包括山水、诗词、歌赋、书画以及家规家训等。树立良好的道德情操,首先可以学习著名文化人物与烈士的家风家规家训。要传播"上海六千年",也可以从细微处做起。

* **上海海纳百川,从豪迈转向优雅,具有多元的城市形象**
中福会少年宫思辨营学员杨安琪(杨浦区鞍山实验中学):郎溪磨盘山发掘出的装食物的陶豆与上海崧泽文化遗址出土品外形不同,上海的陶豆有一些北方的豪放之气,请问为何北方的豪放之气会传到江南,是否与古时上海海纳百川的思想有关?

田兆元:上海的海纳百川不仅吸纳长三角,上海是接受北方文化的一个入口。此外,上海也是接受南方文化、外部文化的一个入口。上海接受各种文化,通过吸纳逐渐形成江南文化特质。上海城市文化在江南化的过程中变得非常多元。

陶豆的大径口形态非常有趣,我认为有两个原因:一是上海地区先民过去食量较大，饭碗、面碗都特别大；二是上海先民干活非常辛苦，走路也非常快，需要较大的餐具。崧泽文化顺着长江流域往上游传播的过程中，变得有些秀雅。这种器物的演变是一个专业考古问题，有待考古专家提出更科学的答案。

总之，上海是一个优雅的城市，同时也是一个奔放的城市，一个非常有力量的城市。

* 长三角地区在文化根脉上一致，应当携手共建文化认同

上海国际集团徐俊：国家提出长三角一体化发展战略，是不是基于长三角的文化历史提出来的？春申君的版图是否可以扩展到长三角？

田兆元：长三角一体化发展战略规划，需要逐步实现，文化应该是其中题中应有之义。学者有义务为国家建设建言献策。今天，翁飞教授来自安徽，我们在上海，可将江苏、浙江等聚集在一起，形成一个共同的"春申君文化圈"。

翁飞：我们上海、浙江、江苏、安徽三省一市的政府参事室、文史研究馆，2019年就在一起举办过"长三角文化论坛"，2023年在安徽举办了第四届，并出版了论文集，2024在上海举办。三省一市的馆员都很积极参与，为政府出谋划策。

田兆元：上海、浙江、安徽等长三角地区的省市应当携手共同发展，特别是要理解携手发展的意义，构建区域团结形象。从文化根脉上，对包括春申君在内的重要人物进行挖掘，构建文化认同。

＊河南和各地多有春申君纪念遗址，其精神属于中国和世界
上海电子信息职业技术学院马克思主义学院副教授郭彦军：上海第一个文化符号是春申君，在河南潢川县也有春申君墓。这是否在一定意义上说明了长江文化与河南文化的同源性？

田兆元：春申君并不只属于长三角，春申君是中国的春申君。春申君在秦国陪太子熊完做人质，生活近十年，在领兵救赵、执行合纵连横外交战略时也曾到中原等地发展。河南潢川传说是他的老家，河南曾提出非常庞大的春申君弘扬计划，以后河南上海要合作发展春申君文化。2002年上海世博会申办成功后的庆典上演出了千人大合唱《告慰春申君》，是在上海的河南同胞写的歌词。除了河南，湖北、湖南、四川、山东等其他省份也有多处与春申君相关的文化遗迹。所以春申君是中国的春申君。

春申君的政治治理追求和谐和服务民生，这具有世界意义。如今中国突出构建人类命运共同体，是否也在做春申君的事业呢？春申君治理地方，突出修路、修水利的事业，正如中国现在也在援助"一带一路"共建国家修建铁路，是不是也在传承春申君精神？所以我们也可以说春申君精神属于全世界。

上海海纳百川。我是宜都人，但与上海非常紧密地连在一起了。中国的上海也是世界的上海，河南是中国的河南，也是世界的河南。河南周口是中华姓氏的发源地，"三皇之首"太昊伏羲氏的陵庙也位于河南。各地都有各自的荣耀，正如费孝通先生所讲"各美其美，美人之美，美美与共，天下大同"。所以春申君精神通行于长三角地区，在国内辽阔的区域影响深远，其优秀传统可用于人类命运共同体建设。

* 南北朝时期，南北文化融合互鉴，也推动上海文化发展

金融从业者谈佳隆： 魏晋南北朝时期，曾遇到北人南迁和世族势力的问题，二陆的陆姓也是较大的地方势力，这种政治形势、文化的传承，对当时的江南产生怎样的影响？魏晋南北朝的体制如何影响家族文气的形成？

田兆元： 魏晋南北朝有一个非常显著的特点是南北文化的交融。如北方草原文化向中原进击，中原文化南迁。陆氏是典型的南方世家大姓，北方文化来到南方之后，互相间产生冲突，但更多的是南北文化的融合和学习。中原的世家大族、文化精英把北方的优秀文化传播到南方，使得南方文化得到很好的发展。

北方优秀文化的南迁引发了一些重要问题，一是人才南下，二是技术南下。但是南方文化也影响北方文化，像二陆北上就是典型。西晋统治时间短暂，但仍有许多亮点。司马氏作为当时的统治者，能够招募曾经的南方敌对势力的精英分子建设国家，本身就是一种境界，体现了天下一家的胸怀，二陆北上，也是一种国家认同。实现天下之志需要舞台，二陆不像其他南方士人那样消极避世，明哲保身。二陆北上以实现理想的行为非常值得赞赏。

上海地区的几个重要人物经历很有意思：第一，春申君从湖北、湖南、河南、安徽再到上海，成为建设上海的领袖；第二，二陆的爷爷陆逊从华亭前往荆州，最后归葬华亭，而"二陆"从荆州回到华亭，又从华亭北上洛阳；第三，沪渎垒的创建者袁崧是中原人，为吴郡太守，为守卫沪城而牺牲。

这给我们一个启示，要想取得成功还得开阔眼界，走南闯北。走进来、奔出去，都为实现这个理想。所以魏晋南北朝的文化交融，就是上海的城市品质的养成。但凡要有所成就就不能拘泥于一时一地,要有胸怀天下的眼光和气度。

*长三角一体化是现代化道路探索中走出的中国模式

IT 行业从业者黄紫辰:长三角一体化对安徽有何影响?

翁飞:长三角一体化在安徽用的是"双核驱动",先用合肥、芜湖两个核心城市拉动,最后把安徽全省都纳入进去。

从历史上看,长三角一体化是很自然的过程。行省制度是元朝时才出现的(过去唐代分建尚书、中书、门下三省,是中央官署),安徽、江苏、上海、浙江这一带,唐时分属淮南道和江南东道。到了元朝,分属河南江北行省与江浙行省,所谓行省,即中央派人管理,行中书省令,所以叫行省(全国分为中书省直辖区[腹里]、宣政院辖地,以及 10 个行中书省)。明朝时期,这一带乃龙兴之地,被设为南直隶,到了清朝就不能称为南直隶了,改为江南省。康熙年间,江南省被划成江苏、安徽两个省。江苏由江宁(今南京)和苏州两个府的首字组成,所以叫江苏;安徽由安庆和徽州两个府的首字组成,所以叫安徽。

清代管理这一地区还设了一个两江总督,"两江"就指江南和江西,管理安徽、江苏、江西。之后,浙江由于长三角的天然联系而进入,江西则往后退。从历史上看,长三角一体化是在原来江南省的基础上进行构建的。上海从近代开埠后，地位超越苏、浙、皖三省，工业文明和农业文明程度较高。上海经过近代化的发展，奠定雄厚的基础，又反哺后面几个省，这种辐射是顺理成章的。今天看长三角的龙头一定是上海，所以有"一个中心、三个副中心"之说。这说明中国在现代化道路探索中，初步探索出了自己的模式。

＊活态文化的相通：跳萨满、跳傩、日本阿依努熊图腾等

科技研发工作者何东明：《易经》的乾卦说，群龙无首为吉，为何不是您说的天熊？

叶舒宪：我们讲文化大传统，就是要透过文字书写传统的遮蔽，找回更古老的传统。熊不退下去，龙就起不来，猫头鹰不退下去，凤就起不来。这叫"熊退龙起，鸮退凤起"。新老圣物此消彼长的过程，唯有饮水思源和寻根问祖到史前文化中，才能找出头绪和真相。我们生活在西周以来的龙凤传统中，早已经遗忘更早的神圣对象。这里涉及第三重证据（民间文化）和第四重证据（文物）的互鉴作用。民俗叙事对于重建失落的文化文本具有唤醒作用：北方跳神叫跳萨满，南方叫跳傩。傩字右半边又是鸟，代表神降临人间（可以参照原来仅有口传的藏族大史诗《格萨尔王传》开场：天神化为一只鸟降临人间，即为英雄主人公格萨尔王)。你看这北方萨满,身披熊皮,代表天神降临人间,手上拿的鼓,腰间全是铃铛,自己就是乐队。什么叫天神降临,看看日本的原住民族阿依努人祭熊祖、朝鲜半岛上演的檀君开国神话剧(第一位国君为熊母亲所生),都表达了绵延千万年的熊图腾神话。

三重证据是活态的文化,非常重要。东北的鄂伦春族、鄂温克族、赫哲族等至今都在讲述熊祖图腾神话。非物质遗产要从中小学就开始学习。这里再用华夏传统的保健医术"五禽戏"为例。相传"五禽戏"为华佗所创,其中有"熊戏",每一个动作都在模仿熊的姿态,我们叫神话仿生学。即便是在龙凤双双崛起之后的时代,天熊的文化记忆也没有完全断裂,而是若隐若现传承着。看《封神演义》就会明白,没有姜子牙就没有灭商兴周的历史革命。姜子牙雅号飞熊,隐喻的是带有翅膀的熊,那不是"天熊"又是什么?比《周易》"飞龙在天"更早的神话信仰,是天熊可以没有羽翅,凭借神龙为坐骑而上天入地。熊与龙的原始关系,就是主人与骑乘工具的关系。如屈原《天问》所问:"焉有虬龙,负熊以游?"

* 神话是长了翅膀的民族精神,与历史同样重要

中职教师熊明秋:非常荣幸作为今天唯一的熊姓听众获得"天熊神降"的知识。记得小时候去武汉老家,他们一直在说九头鸟,是不是猫头鹰呢?它是否与天熊神话是一类?

叶舒宪: 这不一样。猫头鹰和熊都是现实的动物,而九头鸟是"虚拟现实"。熊代表冬眠后的死而再生。猫头鹰是今天被人误会最多的,因为汉代以后的文学都说猫头鹰是恶鸟,夜猫子叫不吉利等。商代妇好墓出土的顶级青铜器文物鸮尊共两件,一件上调国家博物馆,一件收在河南博物院。鸮,即猫头鹰,代表神的超自然能力,猫头鹰的夜视能力,代表超自然智力,成为古希腊文明的神灵雅典娜即智慧女神的象征。

没有一则神话是胡思乱想的,全都有神话的逻辑。中国如今有熊姓人口400多万,以江西豫章熊氏为大宗,因为楚国灭亡后有大量王族后代留在南方。不过,远古之神圣如今还没有唤醒。希望借助上海六千年文化寻根,将楚国八百年的穴熊族和华夏"黄帝有熊"的圣号找回来。

图3-23 妇好墓出土的鸮尊,现藏中国国家博物馆

田兆元: 文化形态研究有三种入口,语言叙事、景观叙事和民俗行

为叙事，而神话是民俗的精髓之一。曾经有人说神话、民俗都不是真的，这种偏见逐渐被击破了——神话和历史同样是叙事，甚至是更重要的叙事。神话是长了翅膀的民族精神。文学人类学是专门研究神话历史的，往上追溯到远古的起源。而民俗行为叙事中的神话研究是往下走的，走到民俗的行为当下。这两种路径的神话研究在学术上能够对得起上海神话学前贤的开拓，对得起文明探源、上海文化建设事业。

第四章 从青龙镇到上海港：古代中国的盛与衰

唐宋以来，青龙港崛起，元明至近代开埠，上海港兴盛，上海以港兴市，铸就开放、创新、包容的城市品格。

以港兴市：从青龙镇到上海港

在论述上海城市符号春申、华亭、沪渎时，论及沪渎即为吴淞江（苏州河），它和黄浦江都是上海的母亲河。在地理上，它们都是长江水系太湖流域的一部分。长江水系哺育的烟雨江南，自唐宋明清以来，不但是中国的财富渊薮之地，也渐成东亚和世界贸易的枢轴所在。万方流通则有千帆之港，货通天下必成通衢巨津，随着长江水系太湖流域的变化和历史的发展，江南地区的核心港口城市也经历了巨大而深刻的演变，上海遂于近代三千年未有大变局之际骤然兴起。

一、长江水系如何塑造上海

从上海历史成陆的地图可以看到，上海北枕长江，东临大海，地理位置十分优越。长江泥沙含量较小，但因径流量较大导致每年泥沙携带量还是非常大。20 世纪 80 年代以前，长江口年输沙量约 5 亿多吨。21 世纪后,输沙量逐渐减少,因为中上游修建了大量水库,导致泥沙在那里沉积,使得长江口携带泥沙量降到 1 亿吨以下。

　　三万年前整个上海还未成陆,约六千年前上海因潮汐作用而成的"冈身"以西成为宜居的陆地,开始有人类在此定居。上海考古对上海成陆历史问题的解决起到重要作用。上海新石器遗址位于最早的冈身西边,随着土地逐渐向东推移成陆,遗

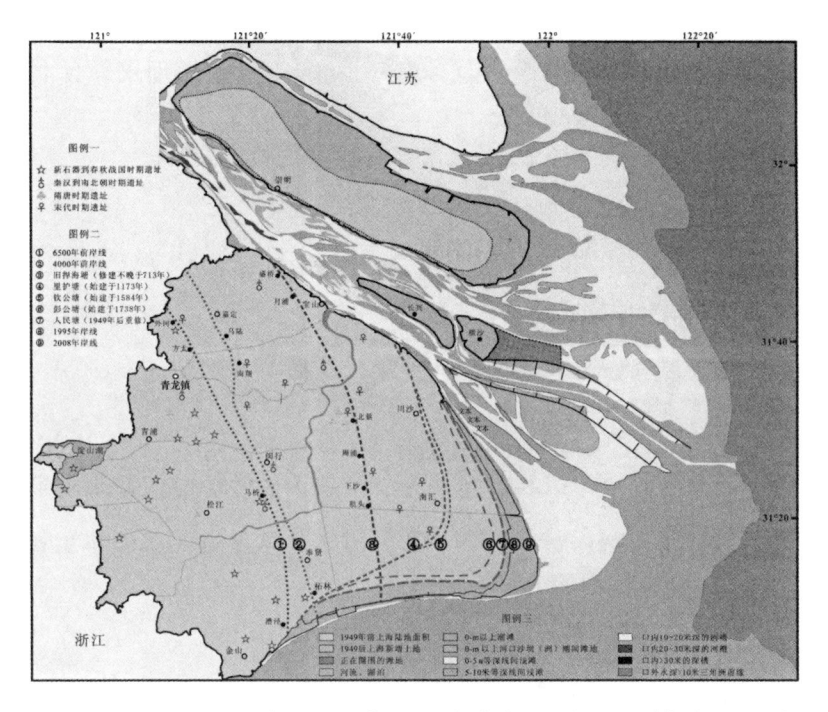

图 4-1　上海历史上的海岸线图(左侧各条虚线显示新石器时代的 6500 年前至 2008 年的 9 条海岸线)(引自范代读:《上海的海陆变迁简史》,载上海博物馆编:《上海市民考古手册》,北京大学出版社 2014 年版,第 9 页)

址分布大体是越向东年代越晚。可以说，是长江水系塑造了上海这块热土。

二、青龙镇：上海最早外贸港所在

青龙镇是上海最早的外贸港口所在地，兴盛于唐宋，是上海地区最早设立的市镇。它位于6 000多年前上海岸线的西面。

成书于北宋元丰年间（1078—1085年）的地理书籍《吴郡图经续记》有云：

> 今观松江正流下吴江县，过甫里，经华亭，入青龙镇，海商之所凑集也。《图经》云：松江东泻海曰沪渎，亦曰沪海。今青龙镇旁有沪渎村是也。

虽说青龙镇建镇的时间并无一个确定的说法，但是至少到了北宋时期，"海商之所凑集也"，说明它已经是上海地区非常繁荣的市镇了。

＊青龙港选址：以华亭县和太湖流域为腹地

唐代中期以前太湖东边有三条江，北边是娄江，中间是松江，南边是东江。公元 9 世纪后，北边的娄江与南边的东江几乎都淤塞了，松江成为太湖主要的泄水通道，同时也是物质与文化交流的渠道。当时松江非常宽阔，北宋诗人梅尧臣作诗《青龙海上观潮》云：

> 百川倒蹙水欲立，不久却回如鼻吸。
> 老鱼无守随上下，阁向沧洲空怨泣。
> 推鳞伐肉走千艘，骨节专车无大及。
> 几年养此膏血躯，一旦翻为渔者给。
> 无情之水谁可凭，将作寻常自轻入。
> 何时更看弄潮儿，头戴火盆来就湿。

"百川倒蹙水欲立，不久却回如鼻吸"就是描绘其大潮。如果一条河有较大的潮水，说明下游入海处是非常宽阔的喇叭口，这样涨潮才能形成潮水，就像现在的钱塘江。

据文献记载，青龙港控江连海，北边是吴淞江支流叫青龙江，南边还有一条河叫顾会浦，一直通到南边的华亭县。青龙港的位置只能选在两条河交汇的地方，因为东边尽管成陆较早但几乎临海，土地并不宜居，人类定居较少。青龙镇沿吴淞江可以上溯到太湖流域，该区域自唐代以后就是南方最富裕之地，所以青龙港的兴起是以华亭县及整个太湖流域作为经济腹

图 4-2　青龙镇遗址位置图，改绘自谭其骧主编《中国历史地图集》

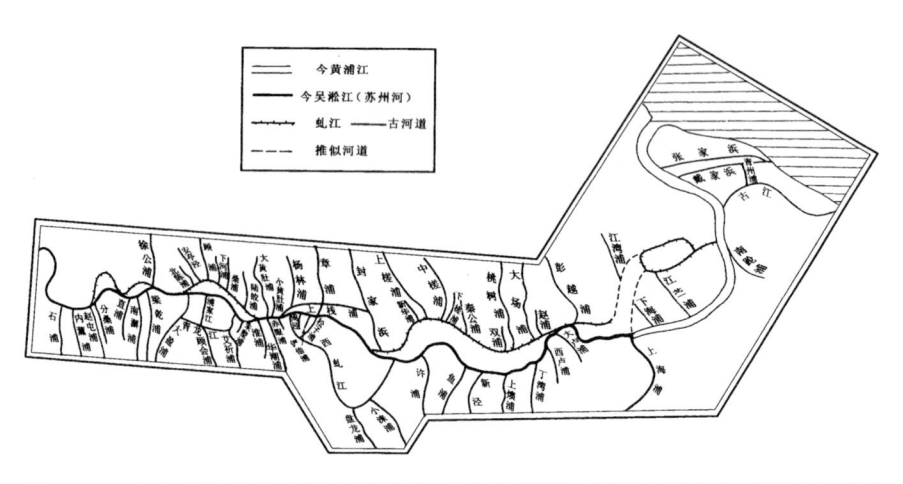

图 4-3　古青龙镇选址（引自傅林祥：《宋代吴淞江两岸大浦考》，《历史地理》2006 年）

地的，太湖流域则以青龙镇作为外港。

∗ 青龙镇的地理景观：江南圩田

太湖流域的河流有一个说法叫"横塘纵浦"，东西向的河一般叫"塘"，南北向的叫"浦"。宋代吴淞江北岸大约有五十多条大浦，南岸四十多条，文献里最有名的有五大浦，其中邻近青龙镇的是大盈浦、顾会浦。从1969年这一带的卫星照片可以看到规律分布的横塘纵浦，及其后演化的泾浜体系，这是典型的圩田景观。

什么是圩田？即沿江滨海滨湖地区筑堤围垦成的农田。青龙镇地势较低，海拔仅四五米，容易发生洪灾，所以自五代北

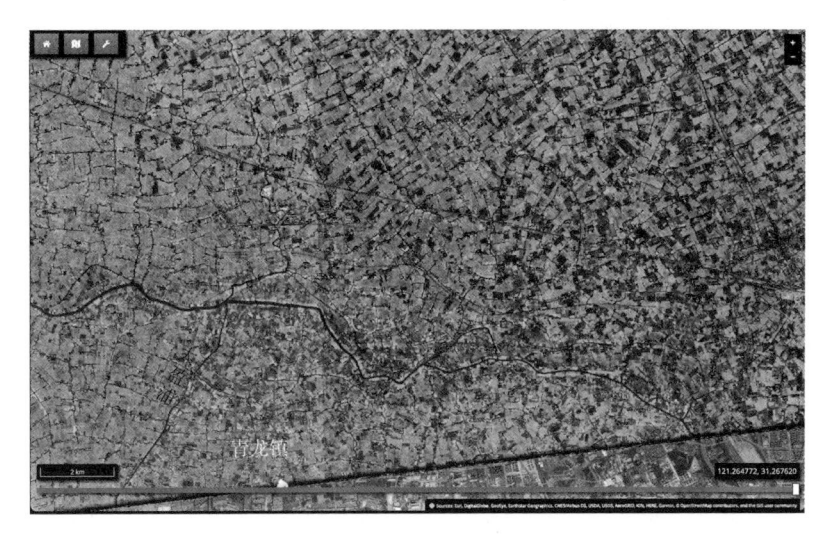

图 4-4　从1969年的卫星照片可以看到典型的圩田景观

宋以来，当地居民将自然形成并经人工改造的塘、浦堤岸加固，中间围成农田，雨季时将中间的水排掉，旱季时用这些塘浦中的水灌溉农田。青龙镇就是这样沿着顾会浦发展起来的，聚落村庄沿着河道两侧分布。

明清时期，江南市镇非常发达，尤其是太湖流域、杭嘉湖平原。青龙镇是有文献记载的江南地区比较早的市镇，可追溯到唐代。江南市镇的演化阶序是怎样的？根据学者钟翀的研究，江南市镇的聚落形态演化可分为四个阶序：列状水路村、列状水路市镇、交叉状的水路市镇、复合型水路城镇。我们可以将多个市镇不同的演化阶段，看成同一个市镇的一个完整的演化序列。将青龙镇置于这个演化序列中观察，可以更清晰地界定其所处的发展阶段，并探讨其在江南市镇发展过程中的价值。

由于水文地理位置的不同，各个市镇有不同的发展阶段，有的市镇发展成大的列状水路市镇，但有的村庄就一直都是村庄，青龙镇则发展为江南市镇的最复杂阶段——复合型水路城镇，即嘉靖二十一年（1542年）青浦县的设立，但因河道淤塞，交通不畅，青浦县的存在只是昙花一现，嘉靖三十二年（1553年）旋即废弃，直到万历元年（1573年）复置，但县治由青龙镇移至唐行镇。

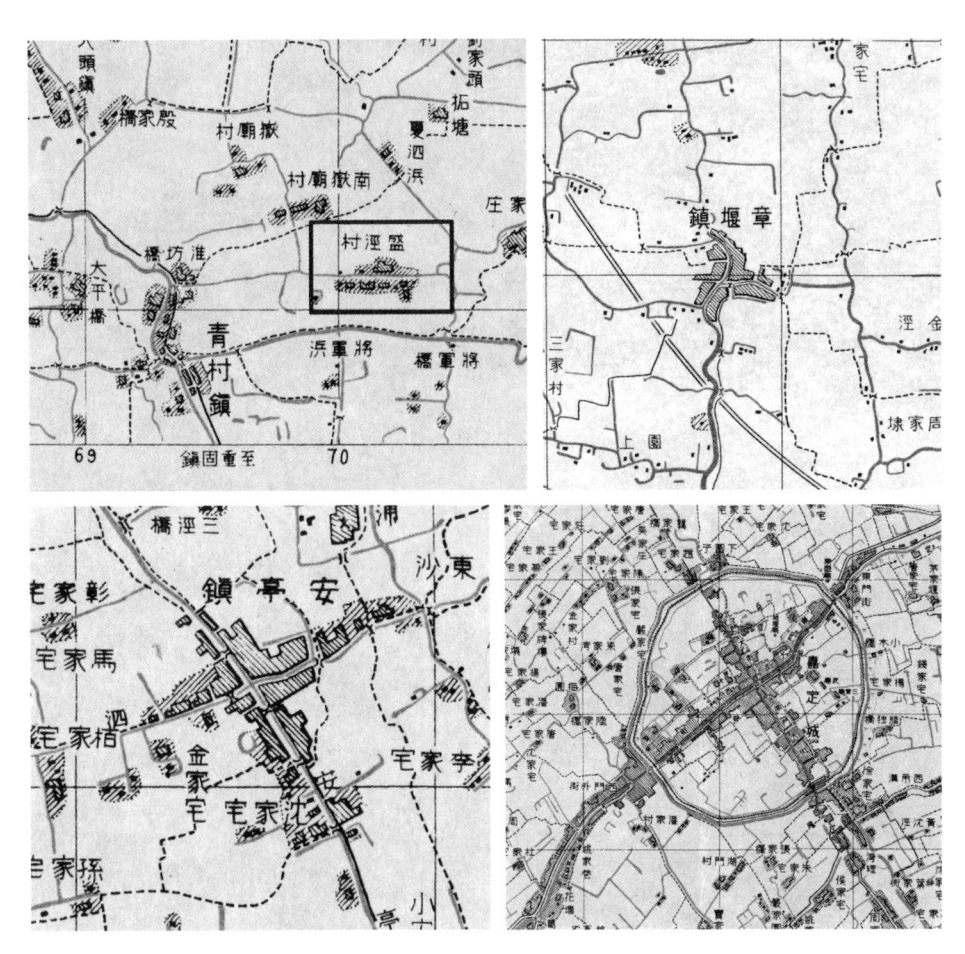

图 4-5　江南市镇聚落形态四阶序（引自钟翀编著：《江南近代城镇地图萃编》，上海书店出版社 2023 年版）

＊北宋因海外贸易而设市舶务

青龙镇的兴起与发展，很大程度上与贸易的发展有着密切关系。安史之乱后至北宋年间，陆上丝绸之路被阻断，伴随着中国经济重心的南移,海上丝绸之路成为中国对外交往与贸易的重要渠道。青龙镇地处南北海路要冲,又有吴淞江、长江沟通内陆,因此成为中外贸易商贩的聚集之地。

北宋政和三年(1113年),朝廷在青龙镇所属的秀州华亭县设置管理对外贸易的市舶务,为设置在杭州的两浙市舶司属下的分支机构。市舶务主要职责是抽解与博买,可以看作实物形式的商业税。

南宋建炎四年(1130年),史载华亭县市舶务移青龙镇。绍兴三年(1133年),青龙镇单独设立市舶场,隶属于两浙市舶司,并立的还有临安府、明州、温州、秀州华亭四务。一时之间,番舶云集,海商辐辏,文物繁盛,楼宇绮丽。南宋迪功郎应熙作有《青龙赋》,描绘了当时的盛况,述及番舶云集、海商辐辏的盛景,有"市廛杂夷夏之人,宝货富东南之物",述及文物繁盛、楼宇绮丽的繁华,则有"宝塔悬螭,亭台驾霓。台殿光如蓬府,园林宛若桃溪。俪梵宫于南北,丽琳宇于东西",且"佛阁为天下之雄"。在光绪《青浦县志》中,称青龙镇为"小杭州"。

唐代青龙镇核心区域位于市镇南部。五代宋初,整个市镇规模迅速扩张,且主要转移到市镇的北部。这个区域发现有废弃酒瓶堆积的酒瓶山,在20世纪60年代平整土地时被推平。酒瓶山的西面还有酒坊桥,所以推断该地是宋代的酒坊。宋代的酒税长期占据国家财政收入的重要位置，州府县城及大的市镇都会设置专营专卖的酒坊，收取的酒税作为地方财政的重要来源。

*隆平寺塔：青龙港航标塔，佛教弘扬地

宋代梅尧臣《青龙杂志》中记载青龙镇有"三亭、七塔、十三寺、二十二桥、三十六坊"，梅尧臣的"十三寺"里，隆福寺、隆平寺和胜果寺是最著名的三座。胜果寺在顾会浦西侧；隆福寺，又称"南寺"，其寺塔至今依然屹立，俗称"青龙塔"；隆平寺被称为"北寺"，其寺塔是这座古镇鼎盛时期

图4-6 青龙塔也是国内外商船进入青龙港的主要航标塔

的象征。北宋时期,陈林撰写的《隆平寺经藏记》和米芾手书的《隆平寺宝塔铭》都详细描述了隆平寺的风采。这座塔不仅是佛教的弘扬之地,也是国内外商船进入青龙港的主要航标塔。

2015年至2016年,我们对隆平寺塔基及其地宫进行考古发掘,荣获2016年全国十大考古新发现。隆平寺塔基始建于北宋天圣年间(1023—1032年)。当时发掘面积2 500平方米,

图4-7 隆平寺塔基及其地宫考古发掘现场

发掘三个地点。其中非常幸运地找到了文献记载的隆平寺塔，塔的地面以上部分已经废弃，只残留塔基部分。发掘塔基，不仅能确定青龙镇遗址北部的关键地标，还有助于研究塔基的工艺结构。隆平寺塔位于河边，推测总高度约50多米，塔身较重，对地基的压强极大，且是软土地基，所以对塔基进行考古发掘就是想研究塔基的地基营造工艺。

在塔基发掘时发现了保存完整的地宫。地宫中间放置一个木函，左右各放一座阿育王塔，下面铺满一万余枚钱币。当时将木函整体打包运回实验室进行文物保护，做CT检测。之后才打开木函，向内依次为铁函、木贴金椁、银棺。银棺底部放有感应舍利，上置一尊释迦牟尼涅槃像。这些文物大部分在上海博物馆东馆四楼的"考古·上海"展厅展出。

《隆平寺宝塔铭》记载了当时因何缘故造塔，被收录于《松江府志》流传下来。铭文序篇有云："此镇西临大江，与海相接，茫然无辨，近无标准，远何繇知，故大舟迅风直过海口，百无一二而能入者。"所以要造一座塔作为航标塔，以便指引船舶入港。《隆平寺宝塔铭》中还提到"中藏舍利""永镇江圻"，说明此时的塔不仅具有弘扬佛教的作用，还具备航标塔、镇江镇水的功能，宋代以来江南很多塔都建于河口、海边，除了弘扬佛教，往往兼具航标塔的功能。《隆平寺宝塔铭》的铭文最后很清楚地说明了这个情况：

图 4-8　隆平寺塔地宫中发现的木函及部分出土文物，中左为贴金卧佛像，中右为阿育王塔，下左为水晶念珠，下右为舍利与铜瓶

……民乐太平，起塔魏巍……中藏舍利，四众焉依，庄严国界，佛日增辉。厥初未建，市井人稀，潮涨海通，商今归来。异货盈衢，人无馁饥。刻石为铭，以赞幽微，亿万斯年，永填江圻。

*青龙镇的整体布局：江南市镇的典型代表

江南市镇的整体布局一般是有一条河或者是十字河，河道两边各有一排或两排建筑。如果有一排建筑，一般临河会有一条道路；如果是两排建筑，第一排建筑紧邻河道，中间是一条道路，路的另一边还有一排建筑，紧邻河道的建筑隔几栋房子，留下一个公共码头供第二排房子使用。江南市镇的主干道是水路，两排建筑中间的路主要用于人行。江南水网密布，交通往来以行船为主，所谓"南船北马"中的"南船"即指此。

2016年以后，考古工作主要选择在市镇北部展开，目的是探寻市镇北部的布局。在老通波塘与青龙江交汇处的东岸，发现一条道路及两侧连续叠压的多期建筑遗迹，该道路平行于老通波塘，从五代北宋早期开始修建，经多次层累叠压修筑，位置基本相同，一直沿用至南宋末期、元代早期。

同时发现临河一侧也通过木板、木桩加固对河道进行改造和利用，河道经过六次加固，不停地向西推移，侵占河道。下图中可以看到木桩的孔，侧面有木板加固，右上角的木板

图 4-9　隆平寺北的临河建筑，可以看出对河道的改造和利用

已经朽烂，但是可以看到木板的痕迹。从中可以看出，在北宋早期，遗址北部即经过整体的规划，市镇发展为较为复杂的列状水路布局，即河道一侧有两排建筑、中间为一条道路的布局。

这样的布局已经超出草创市镇的形态，走向成熟市镇的演化阶序，也标志着青龙镇作为港口正在走向繁荣阶段，其在海上丝绸之路上的价值更加彰显。

*自古以来的中国制造之一：青龙镇的铁器

文献记载，青龙镇主要沿着顾会浦这条河流分布。晚唐时期的青龙镇在市镇地表还有留有建筑遗迹，比如南边的青龙塔。青龙寺始建于唐天宝二载（743 年），青龙塔始建于唐长庆元年（821 年），北边的隆平寺则始建于长庆年间（821—824 年）。唐代这条河东侧有两座寺院，镇南发现许多唐代遗存。

青龙寺的西侧发现了大约 9 世纪中期的遗迹，包括铸铁作坊、瓷片堆和出土三面铜镜的水井，是市镇最早兴起的区域。相似的铜镜在印度尼西亚井里汶沉船、日本三德寺等地几乎都有完全相同的发现，可以窥见当时贸易全球化的浪潮。顾会浦西侧发现有铸铁作坊，生产出来的铁鼎、铁锅这类物品在唐宋时期的许多沉船中均有发现，包括在南宋中期失事沉没的"南海一号"古船上也有发现。

由于东南亚和东北亚许多地方无法生产铁器，青龙镇又远离铁矿产地，本地消费能力有限，在临海港口布局铸铁作坊，生产的铁器可能主要用于海外市场。

*自古以来的中国制造之二：青龙镇的瓷器

青龙镇历年考古发掘出大量的瓷器，因为瓷器较容易保存，其他贸易往来的香料、丝织品等不易保存。至今我们已发掘 6 300 平方米左右，总共发现陶瓷片超过 6 000 多盒，总量超过数百万片，这些瓷器大多没有使用痕迹，都是成片成堆丢弃在垃圾堆里，显然是贸易过程中的损耗品、废弃品。假定损耗率为10%到20%，其余80%到90%被转运到其他地方，由此可以想见当时的贸易规模非常之大。

图4-10 青龙镇出土的大量陶瓷器残片，总量有数百万片之多

青龙镇发现的这些陶瓷器主要来自南方，包括福建、浙江、江西、湖南等地，北方较少，可忽略不计。晚唐五代主要是德清窑、长沙窑、越窑三组合，还有较多的陶器。宋代时，青龙镇贸易陶瓷格局面貌大为改变，主要为福建闽江流域产品，包括闽清窑、建窑及其他黑釉类产品、连江浦口青釉产品等；浙江的越窑、龙泉窑青瓷；江西景德镇窑青白瓷；等等。其中福建陶瓷数量巨大，据抽样统计，可以占据一半以上。

图 4-11 青龙镇出土的晚唐五代瓷器

图 4-12 青龙镇出土的两宋瓷器

这些地方的瓷器运输到相对产地来说靠北的青龙港，由于内陆地区很少发现福建陶瓷，所以推测大部分是继续向北运输。特别是福建的瓷器，仿烧浙江、江西瓷，总体质量较差，但因闽地便利、性价比高，除了本地少量消费，大部分销往海外市场。目前在青龙镇以北的沿海及内陆的广大地区，除了少量福建产的黑釉盏，很少发现福建产的其他种类的瓷器。

根据当时的航路推测，销往东南亚的瓷器在福州港直接装运即可，没有必要绕道北方，因而运到青龙镇的闽瓷主要是销往东北亚的高丽和日本的。前文提及的《隆平寺宝塔铭》在铭序中记载："遂于隆平精舍建塔七层，高耸云霄。自杭、苏、湖、常等州月日而至，福、建、漳、泉、明、越、温、台等州

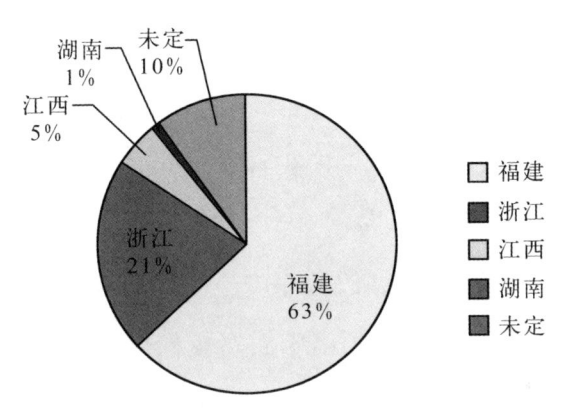

图 4-13 青龙镇陶瓷器主要来自南方，其中福建陶瓷占一半以上

岁二三至，广南、日本、新罗岁或一至。"结合文献和考古发现，可以认为青龙港主要是以太湖流域作为经济腹地，控江连海，沟通南北，面向东北亚，兼具国际贸易职能的港口。正应了《青龙赋》开篇所言："粤有巨镇，其名青龙。控江而淮浙辐辏，连海而闽楚交通。"

经过考古工作者数十年的发掘，在日本博多港及各地都发现大量的贸易陶瓷，其中大宗瓷器为福建陶瓷。通过比对日本博多港、韩国马岛海域的出土（水）陶瓷的年代与组合，发现与青龙港非常相似，可证明这几个港口之间的贸易往来比较频繁。正因为有着巨大的对外贸易，根据《宋会要辑稿·食货》记载，北宋熙宁十年（1077年）青龙镇的商税额为 15 879 贯 403 文，在两浙路各镇中居首，是华亭县的 1.5 倍、昆山县的 2.13 倍，可见当时青龙镇对外贸易发达情况。

三、志丹苑遗址：元代水闸见证吴淞江治理

唐时，"吴淞古江，故道深广，可敌千浦"。但到北宋时期吴淞江不停地淤积，到南宋淤塞更加厉害，包括盘龙汇，迂回四里，直线距离只有一里，曲率可以达到四。到元代早期，青龙港因吴淞江淤塞，基本废弃。因为浙东地区是国家

非常重要的财赋来源，赋税物资需要通过运河源源不断向北方输送，宋元时期非常重视浙东地区的水利治理。这当中非常有名的是元朝主持浙东水利治理的青龙镇人任仁发。2001年，在普陀区志丹路和延长西路交界处发现志丹苑水闸，现在学界基本认为志丹苑水闸是任仁发《水利集》里提到的赵浦闸。任仁发家族墓在青龙镇南，即现在青浦区重固镇新丰村，总共有六座体量巨大的石板墓，为上海地区罕见的元代墓葬形式，1952年被盗掘。因上海本地石材缺乏，这些单块重达数吨的石板应该是从太湖南岸的山区运至的，这可能与他本人是水利工程专家有关。

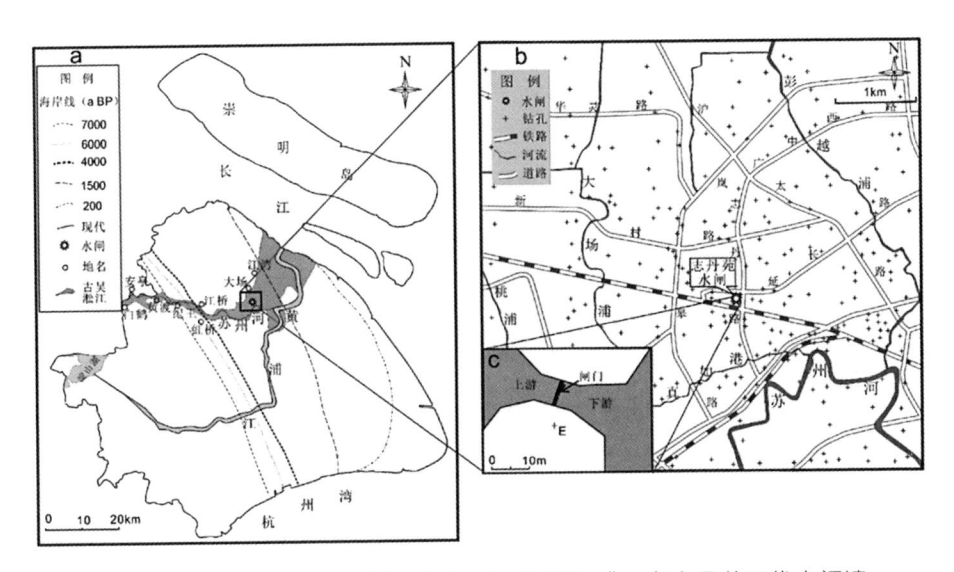

图 4-14　元代水闸遗址位置图（引自战庆等：《上海志丹苑元代水闸遗址古水系恢复》，《上海国土资源》2019 年第 2 期，第 80—85 页）

第四章　从青龙镇到上海港：古代中国的盛与衰 ｜ 195

志丹苑水闸使用二十多年后就被废弃了，说明吴淞江治理已经人力不可为，依靠局部的治水无法解决吴淞江水患。元代中期，由于吴淞江淤塞厉害，泄水不畅通，太湖水一部分向北走，通过致和塘流到刘家港（今江苏太仓），于是刘家港在元代中期变成元朝最重要的港口；一部分水通过淀山湖东南流入大曹港、柘泽塘、东西横泖，泄于新泾并上海浦，注江达海。这是吴淞江水系向黄浦江水系转变过程中的一个过渡阶段。

图 4-15　志丹苑水闸遗址（上海元代水闸遗址博物馆供图）

四、上海镇：黄浦江成主流后，上海港走向繁华

随着吴淞江逐渐淤塞，黄浦江水系开始走上历史舞台。明永乐元年（1403年），户部尚书夏原吉在华亭县人叶宗行的倡议下，疏通范家浜，黄浦江水系变成太湖主要泄水通道，吴淞江变成黄浦江支流，史称"江浦合流"。此前黄浦江是吴淞江支流，现在反过来，吴淞江变成黄浦江支流，上海镇在黄浦江边上，发展速度加快。南宋末年开始在上海镇置市舶分司（相当于海关），元至元十四年（1277年）升为市舶司，到了至元二十九年（1292年），上海正式设县，大德二年（1298年）撤市舶司，移到现在的县衙所在地。

老县城东边就是十六铺，临河是码头，从元代、明代到近代开埠以前，这个地方一直是上海港的核心之地。明代中期后，上海县城非常繁华，直到嘉靖三十二年（1553年）因倭寇侵扰，上海县城筑城墙，原先住在城外的地主因安全原因开始搬到城里，称为"在城地主"。当时上海城里除了水系两边有定居点，中间还有许多空地。随着人口增加，城区的建成面积也在扩大。世家大族开始在老城厢里买地修筑园林，比较有名的有豫园、露香园、日涉园等，至清朝末年，历时350余

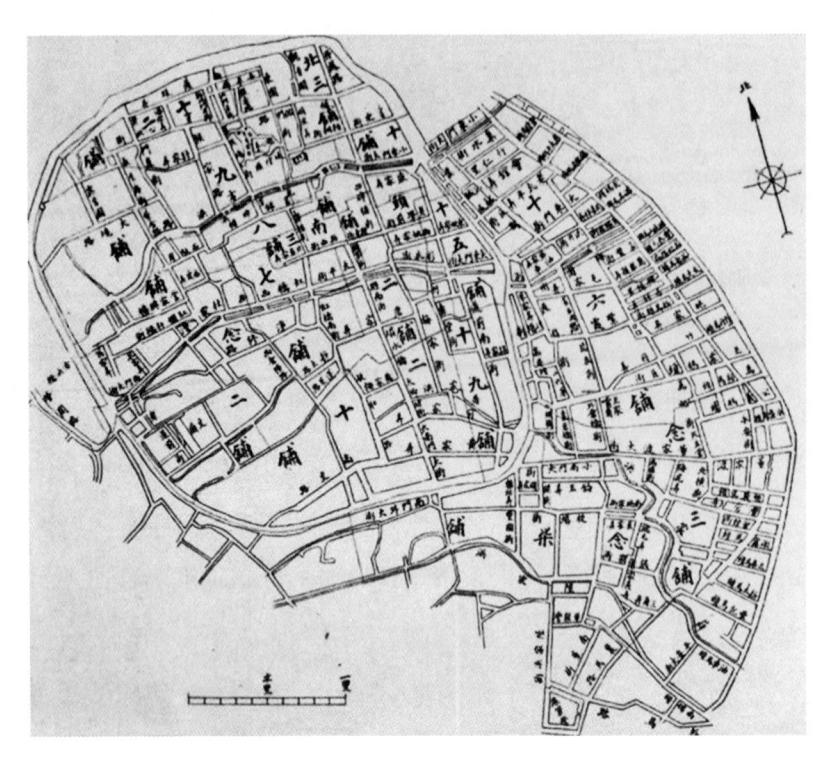

图 4-16　1918 年《上海县续志》卷 1 "舆图"所载城厢分铺图

年，老城厢共建造公私园林 30 多座。

顾、陆、朱、张是江南地区的世家大族，陆姓家族墓地就在陆家嘴附近，陆家嘴的名称也与陆家有关。顾从礼倡导筑城墙，陆氏夫人响应号召，出资筑了小东门。顾氏家族与徐阶家、潘恩家则有姻亲关系。从 20 世纪 60 年代上海城市改造建设以来，这些家族墓地多有发现，大部分在城墙外。如今，这些文物多在上海博物馆东馆展出。

图 4-17　顾氏家族墓地位于肇嘉浜路打浦桥附近

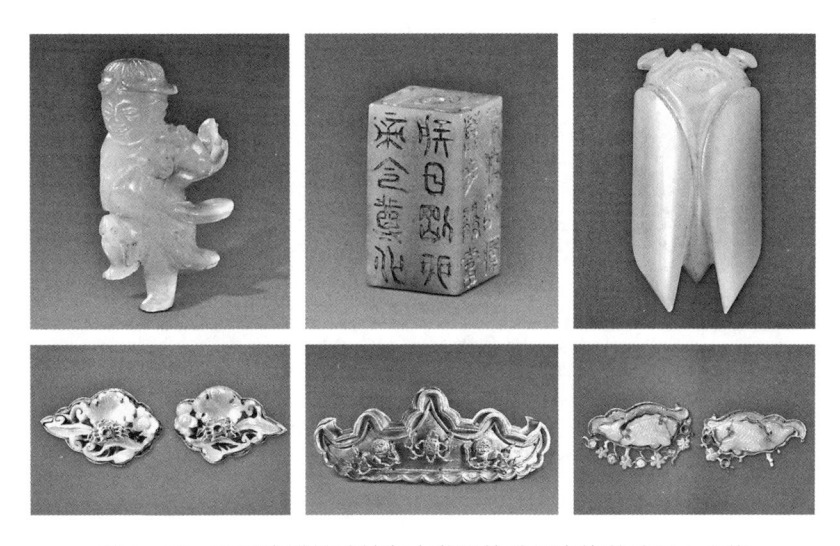

图 4-18　在陆家嘴轮渡站东南发现的陆氏家族墓地出土文物

第四章　从青龙镇到上海港：古代中国的盛与衰 | 199

五、何以上海：中唐后"以港兴市"，海洋文化勃兴

中唐以来，中国经济重心逐渐南移，许多北方人从中原地区迁徙到江淮地区，海洋文化勃兴，青龙港成为以太湖流域为腹地的区域性港口。到两宋时期，青龙港进一步发展为沟通南北、辐射范围更广、兼具国际贸易功能的港口。元代中后期，由于东太湖水系变化，上海地区的港口从青龙镇转移到上海镇，直至近代开埠以来，只用十余年便超过广州，跃升为国内第一大港。

上海以港兴市的文化基因由来已久，源远流长，铸就开放、创新、包容的城市品格。

王建文

航运江南

＊江南治水特殊处：促成航运发展

顾宇辉：对于唐宋元的上海水治，我更多从航运角度思考。

江南水网密布，河道纵横，历代王朝都非常重视这一区域的治水工作。因为江南在唐宋以来逐渐成为全国的经济重心，也是国家的赋税征缴重地。治水自然与农业生产的关系极为密切。一般意义上的水利工程，包含防洪、防潮（海潮）、灌溉、水资源调配等功能。航运在一般意义的治水活动中不是首要追求的目标，但江南地区比较特殊，发展航运是治水活动诸多目标中重要的内容。

江南地区的治水活动与航运的发展关系密切。历史上，黄浦江、吴淞江及娄江的疏浚有力地促进了江南航运业的发展。同时，航运业发展促进了明清江南市镇的发展。据我了解，志丹苑水闸遗址在发掘过程中，除了发现水闸相关的遗址遗物外，在水闸所在河道里也发掘出一些青瓷片，还有 50 米左右的石驳岸。石驳岸一般与该地区的港口、埠头及航运活动有关。

* 志丹苑水闸主要用于冲沙治水，不具备航道功能

请教一下，志丹苑遗址的石驳岸在发掘时有没有用于船舶靠岸系缆的石孔洞？

王建文：据我所知，没有发现系船或者系绳的孔。根据文献记载，当时水闸建在赵浦，但赵浦是南北向的，而考古发现的水闸是东西向的。复旦大学历史地理研究中心的傅林祥先生认为志丹苑水闸是建在吴淞江的分叉河道虬江上。水闸闸门宽度只有 6.8 米，非常小，主要作用是冲沙，涨潮时关闭闸门，潮水就无法上溯造成河道淤塞，等清水来时再掀起闸门，利用清水冲沙。由于水闸较小，可能不具备通航的功能。

* 青龙港：宋代江南内外贸易重要商港

顾宇辉：唐代中国重要的外贸港口，南方是广州，东部是扬州。宋初，随着长江河沙淤积，扬州已经不具备海港功能。这一时期，青龙镇在江南的口岸中逐渐显现。唐代大中年间（847—860 年）已有日本、新罗海船抵达青龙镇的记载。北宋嘉祐七年（1062 年），镇上隆平寺所造七层宝塔，成为进出港船只的导航航标。如前文引述，该年所立《隆平寺宝塔铭》记载当时往来该镇的贸易海船"自杭、苏、湖、常等州月日而至;福、建、漳、泉、明、越、温、台等州岁二、三至;广南、日本、新罗岁或一至"。

伴随内外贸易的发达,朝廷于北宋政和三年(1113年)在青龙镇设立税务监官,对商船货物征税。当时镇上寺院、街衢、廛肆鳞次栉比,烟火万家。我们从青龙镇的出土瓷器中似乎也能得到佐证,这些瓷器不但来自长江以南的多个窑口,还有小部分来自北方窑口。可以看出,此时的青龙镇尽管只属于华亭县的一个镇,实际上已经不是一个州县范围内的市镇聚落,它应该是具有一定经济腹地的区域性内外贸易商港。

唐宋时期上海还未成镇,青龙镇是当时江南重要的商贸口岸。南宋后期,伴随长江泥沙的不断堆积,长江三角洲入海口不断东移,位于吴淞江中游的青龙港航道不断淤积,通航条件变差,港口逐渐衰落。

* 刘家港:元明"天下第一码头"

元明时期,江南口岸重要的港口位于娄江下游(娄江在太仓以下即刘河)的刘家港。据明代陈伸所撰《太仓事迹考》和弘治《太仓州志》记载,刘家港为"天下第一码头""六国码头"。这主要得益于元明两朝官方推动的以太仓为始发港的大规模海运活动。元代朝廷从刘家港把江南漕粮运到大都,明洪

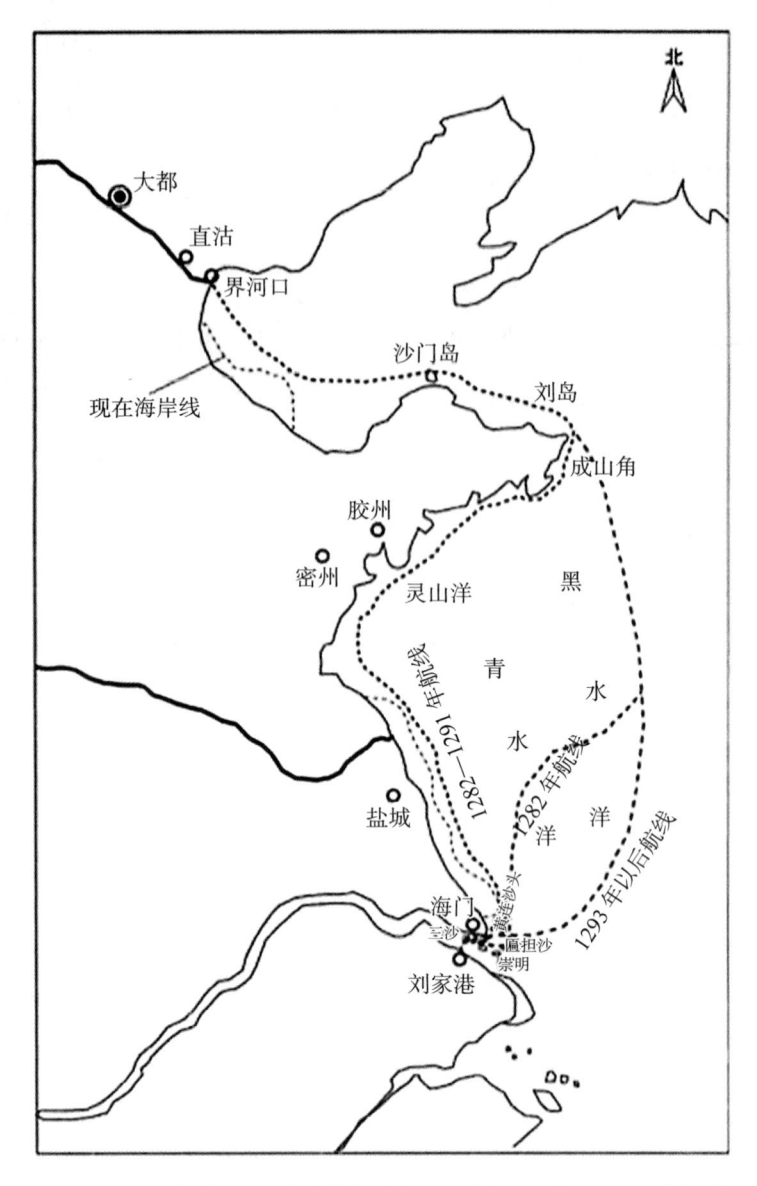

图 4-19　元朝的海运图（引自钟行明：《经理运河——大运河管理制度及其建筑》，东南大学出版社 2019 年版，第 32 页）

武年间，朝廷从刘家港把江南漕粮运到辽东以供军需；明代郑和七下西洋，均以太仓为起锚地。这种由官方推动的大规模海运活动，有力地促进了刘家港的发展。除官方推动的航海活动外，此时刘家港的国内国外商品贸易也非常繁荣。

＊上海港：江海大关奠定发展根基

上海港在宋元时期已经出现雏形。北宋时期，它尚未成镇，地位不能与青龙港相比。元代，它夹在刘河（民国后改为浏河）和澉浦之间，港口功能发挥受到限制。明代，上海港的地位远不如北方的刘家港，和南边的乍浦、宁波及双屿等一众港口也无法比拟。从整个江南口岸功能来看，当时上海港地位还是有限的，仅作为全国商品集散中心的苏州的下游转运港，承担部分沿海贸易职能。当时，江南地区有多个市镇被称为"小苏州"，如盛泽、南翔等，上海不过其中之一。

上海港在整个江南口岸中迅速崛起是在康熙二十三年（1684年）开放海禁之后。1685年，清廷在沿海设置闽、粤、江、浙四个海关。上海县城所在的江海大关，统辖长江口南北600余里海岸线，下设24个大小分关。在海关行政建制上确认了上海港在江南口岸中的地位。道光初年，运河淤塞，江南漕粮北运由运河改走海运，上海成为江南漕粮北运的交兑港。大规模的漕粮海运促进了上海航运的发达和港口的繁荣。

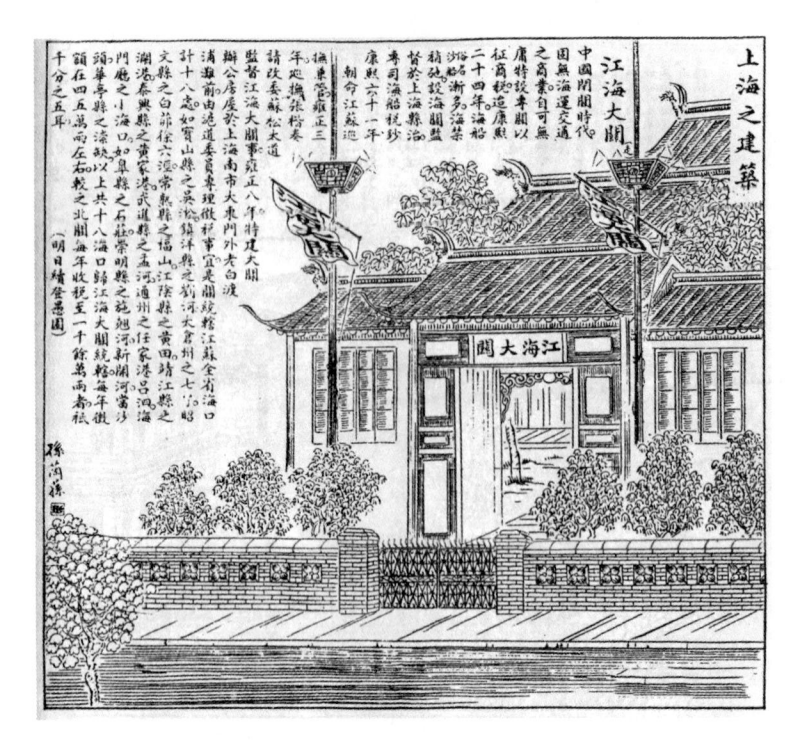

图 4-20　清末《图画日报》根据老照片画的江海大关

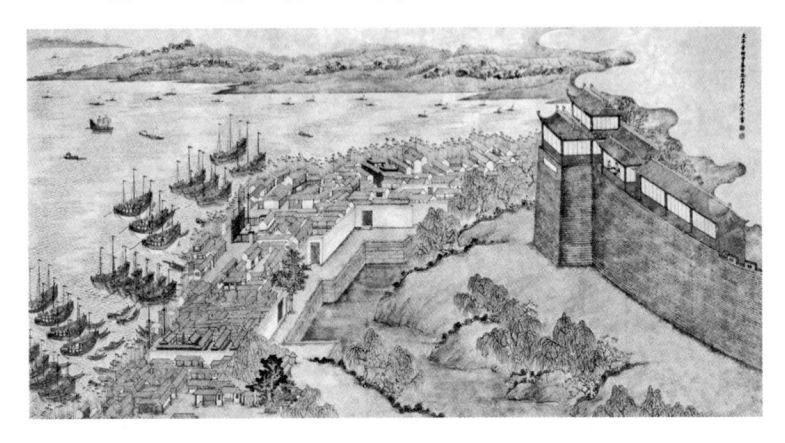

图 4-21　清代画师曹树李绘制的界画《凤楼远眺图》展现了这一时期上海县城东门外黄浦江沿岸上海港的繁荣景象，现藏于上海历史博物馆

此外，同期的刘家港，在乾隆末年到嘉庆初年，水文条件出现很重要的变化。此时的刘家港外的长江口出现了拦门沙（咸淡水交汇形成河口环流，造成泥沙蓄积，形成数十公里的水下浅滩），严重阻碍航道使用，由北洋来的大型商船进入港内日益困难。原来清政府规定，北洋的沙船到刘河收泊、闽广的海船到上海收泊。随着拦门沙的出现，这一规定商民自然难以遵行。到嘉庆年间，官府听由"商民自便"，原来停泊刘河的大型商船逐渐转移到上海。这无疑是上海港口崛起的一个重要外部加持因素。随后，上海港在江南口岸中逐渐取得一枝独秀的地位。

* 国际航运中心助推：从河港转向海港

上海开埠后，港口的发展经历了从帆船港向轮船港的过渡。特别是西方帝国主义列强主导中国港口管理之后，港口所进行的各类基础设施建设，更多地适应轮船航运业的发展，为列强在华开展各类商务服务。同时，我们也应看到为适应轮船港的发展，列强在黄浦江沿岸设立了以洋行为代表的各类航运企业，修建了许多船舶修造工场、仓储设施，并进行航道疏浚，这在客观上促进了上海港口的近代转型，对新式民族航运企业、港口装卸企业、造船工业的兴起和发展起到了一定的刺激和示范效应。

至 20 世纪 30 年代，上海港成为东亚最大的国际海港之一。这个时期，港口的发展带有明显的半殖民地半封建社会性质，它是以航权主权的丧失为代价实现的。当时的海关长期由洋人主导，负责港口管理的港务长长期为外国人担任。港口的引航员也长期由外籍人员充任。到 30 年代末，港口发展最繁荣的时候，航运业 90% 以上的远洋航线长期被英美日德意等外国大型航运公司垄断。

新中国建立后，港口回到了人民手中，上海港在不同历史时期的国家经济建设中发挥了重要的作用。特别是 21 世纪以后，经历持续投入和建设，至 2020 年基本建成上海国际航运中心，港口在枢纽能级提升、集疏运体系优化、航运服务功能

图 4-22　开埠早期的上海港

图 4-23　1873 年 1 月，伊敦轮从上海首航香港，开辟了中国第一条近海商业航线，图为中国航海博物馆收藏的伊敦轮船模

完善、发展软环境营造等方面均取得了积极的成效。

　　经过多年的发展，为适应上海城市经济社会的发展需求，上海港口布局和功能也发生显著变化。黄浦江上游、中游港区，宝山作业区为适应城市发展需要，港口运输功能逐渐向外移动。为适应长江沿线经济的快速发展，长江口外高桥港区和外海洋山港等港区迅速崛起，以服务长江经济带，承接黄浦江港区功能的转移。上海港空间发展重点逐步"由江入海"，空间格局不断优化。同时以"一江一河"为代表的老港区也发生了功能转型。截至目前，黄浦江沿岸基本实现了由工业生产、港口装卸、仓储为主的生产性功能向金融商贸、航运服务、文化旅游、创新创意、居住生活等综合性功能的转变。

回顾江南口岸的演变和上海港的发展历程，我们可以得到一个重要的启示，自然地理环境变迁是不以人的意志为转移的，包括上海港在内的江南各个港口在不同历史时期的此消彼长即是重要例证；同时，在看到自然地理环境变迁的同时，我们也应看到人类改造自然、利用自然的力量。历史上针对黄浦江、吴淞江、娄江及长江口等水道的治理，还有通过这些治水活动所实现的港口发展变化正是这一力量的体现。

* **港口兴盛秘诀：经济腹地与航运条件**

王建文：您讲得非常准确。8世纪中叶之前的长江入海口在镇江、扬州之间，李白在天宝十四载（755年）创作的《送当涂赵少府赴长芦》中这样描绘：

> 我来扬都市，送客回轻舠。
> 因夸楚太子，便睹广陵涛。
> 仙尉赵家玉，英风凌四豪。
> 维舟至长芦，目送烟云高。
> 摇扇对酒楼，持袂把蟹螯。
> 前途倘相思，登岳一长谣。

此时在扬州还能看到广陵（扬州的古称之一）潮，说明当时的长江扬州段以下还是非常宽阔的喇叭口，才能形成潮水上溯到扬州。以后长江入海口淤塞速度很快，诗人李绅作于唐大和九年（835年）的《入扬州郭》诗序云："潮水旧通扬州郭内。大历已后，潮信不通，李颀诗：'鸬鹚山头片雨晴，扬州郭里见潮生。'此可以验。"说明迟至唐大历年间（766—779年），在扬州已经看不到潮水了。

扬州是唐代非常重要的港口，之后由于水文条件的变化，加上黄巢起义对扬州的破坏，扬州港口被废弃。与此同时在太湖流域、江北有很多小的港口兴起，现在考古可以证实，像黄泗浦、青龙镇、江北东台辞郎村、宁波和义路码头等，基本都是中晚唐以后才开始兴起的。

江南兴起一连串的港口，一方面取决于航运条件，另一方面取决于所依托的经济腹地，两个条件都具备时，港口一般发展较好。青龙港到元代早期，因航道不畅，海船无法入港，逐渐废弃。元代任仁发主持的吴淞江治理，已经很难改变吴淞江淤塞的命运。至明永乐元年（1403年），户部尚书夏元吉在叶宗行的建议下，开凿拓宽范家浜（今苏州河口至复兴岛北端），向南接通今苏州河口至龙华的上海浦和今龙华到闸港的老黄浦，让淀山湖和吴淞江上游的水通过黄浦入海，黄浦江水系取代了吴淞江水系，吴淞江成为黄浦江支流，史称"江浦合流"。

上海地区的水系也逐渐从吴淞江水系变为黄浦江水系。与之相应的是，青龙港的功能一部分移到太仓，一部分移到上海镇。

上海港自开埠后，很快成为国内最大的对外贸易港口。特别是进入 21 世纪以来，上海港成为闻名世界的国际性大港，创建了多项纪录。2024 年 12 月 22 日上海港第 5 000 万标准箱（TEU）装卸成功完成，创下全球港口集装箱运输史上的最高纪录，连续 15 年蝉联全球第一。2025 年 2 月 10 日，洋山港三期码头，随着首个集装箱被缓缓吊装上"爱玛马士基"轮，全球航运业迎来里程碑事件——由丹麦马士基与德国赫伯罗特联合组建的"双子星"航运联盟在上海港正式运营，通过港口与航商的"数据共享、标准共建"，推动全球航运从"规模竞争"转向"效率竞争"。这一合作模式将进一步巩固上海港作为全球核心枢纽港的地位，为上海国际航运中心建设注入强劲动能。

我们综合考古发掘与文献史料，目的就是追寻上海港的前世今生，探索上海港的时空变迁，助益上海港的健康发展。

顾宇辉、王建文

上海的前世今生：
黄浦江、苏州河水系与长江

一、考古成果实证"上海六千年"

新中国成立以来，通过上海考古学者的辛勤工作，福泉山、广富林、崧泽、马桥、青龙镇、青龙港、志丹苑元代水闸、上海港等遗址相继得到了深入的发掘研究，实证了"上海六千年"的历史。这些考古成果揭示了上海从形成聚落到发展为"上海镇"，再到"上海县"的过程。上海的历史不仅限于城市本身，还包括六千平方千米范围内的文化遗址。考古工作揭示了上海六千年的历史，尽管许多遗址因人口稠密和基建限制都属于抢救性发掘，但成果依然丰硕，价值相当巨大，如志丹苑元代水闸等的发现，就为我们了解上海历史提供了双重确认，不仅有文献记载还有考古实证。实用的、科学的、重要的考古证据，常常可望不可即、可遇不可求，香料、茶叶、丝绸、土木建筑这些远古的实物在江南水乡早就消解湮没了，只有陶瓷、金属、夯土、石材等还有可能存在于地下。

二、对上海影响最大的是黄浦江、苏州河水系

水，是上海这片土地的灵魂。太湖、长江、娄江、东江、吴淞江等水系交织成网，构成了上海独特的地理格局。其中，黄浦江与苏州河（吴淞江）尤为关键，堪称上海的母亲河。早在《禹贡》中便有"三江既入，震泽底定"的记载，震泽即今日之太湖。东晋以降，关于三江的记载逐渐明晰。唐代张守节在《史记正义》中详细描述了太湖流域的三江："一江西南上七十里至太湖，名曰松江，古笠泽江；一江东南上七十里曰蚬湖，名曰上江，亦曰东江；一江东北下三百余里入海，名曰下江，亦曰娄江。于其分处，号曰三江口。"三江口以东，便是吴淞江（大致即今苏州河）。

上海地处长江入海口，东海潮汐的涨落使得泥沙在此沉淀，日积月累，上海的土地不断向东海延伸。如今的上海，由冈身东西两部分构成。冈身，即松江、青浦、嘉定一带的一道天然土冈，据考古发现，冈身以西的土地至少形成于七千年前，而冈身以东则是近两千年间逐渐淤积而成的。吴淞江和以后形成的黄浦江与苏州河，共同滋养着这片土地。

吴淞江又称松江，是太湖水入海的主要水道。上海开埠

后，西方人因其可直通苏州而称之为"苏州河"，在测绘地图时标了这一名称，流传后取代了原名。明代以降，吴淞江水患频发，历代官员如海瑞等皆致力于治理。治理之法，无非筑坝疏浚，但因周边良田遍布，拓宽河道已无可能。吴淞江在唐代有二十里宽，慢慢淤塞至三五里，元代中期无奈放弃，但在被动中于下游另辟南北向出海口，明代永乐时终把大黄浦和范家浜打通，形成了新的入海水道，并且水道畅通，使得吴淞江老河道最终湮没。

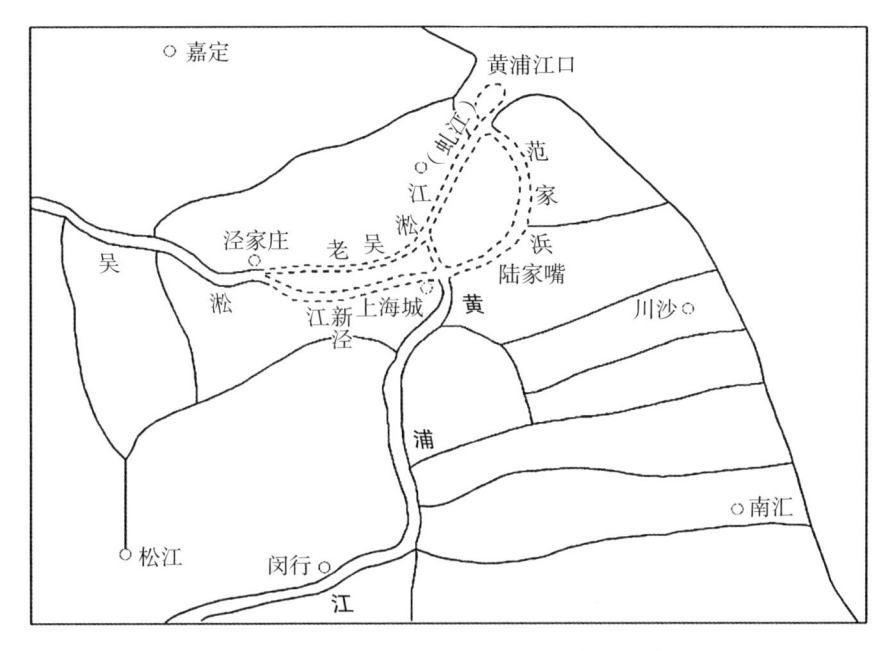

图 4-24 把大黄浦和范家浜打通，形成了新的入海水道（引自何建兵、王建革等编：《太湖流域治水历史及其方略概要》，中国水利水电出版社 2020 年版，第 50 页）

第四章 从青龙镇到上海港：古代中国的盛与衰 | 215

黄浦江与苏州河对上海影响深远。上海虽濒临东海,却以河港闻名。直至洋山港与外高桥港区兴建,上海才真正成为海港。昔日的码头多集中在黄浦江与苏州河畔,少受海水台风影响。通过黄浦江、苏州河水系,上海与长三角和江南水乡紧密相连,形成便捷的交通网络。在有公路、铁路前,这是最重要的甚至是唯一的交通网,即使有了公路、铁路,利用水网进行运输依然是最便宜有效的途径。直到今天,江浙输往上海的水泥、黄沙、石子等建筑材料还是通过内河水运的。1956年,笔者初次抵沪,便是从故乡浙江吴兴县南浔镇码头乘船,经运河、黄浦江、苏州河,一夜后抵达上海。这段水路之旅,至今记忆犹新。

"上海"之名,源于黄浦江支流"上海浦"。古时,上海一带称河为"浦",上海浦畔的居民点逐渐壮大,遂得名"上海"。尽管附近有"下海浦",至今下海庙犹存,但"下海"似乎成不了地名,"上海"之名最终流传至今。

可以说,没有黄浦江与苏州河,便没有今日之上海。这两条河流,不仅是上海地理的标志,更是上海文化的象征。上海的历史与未来,正如黄浦江水,永不停息,奔流向前。

三、上海:江海之会,南北之中

黄浦江和苏州河水系造就了上海,加上长江水系,就带给上海巨大的区位优势，这个优势不但在中国，在世界上也是独一无二的，可称为"江（长江）海（东海）之会，南北之中"。因为港口需要大的经济腹地，历史上，长江把它的上中下游都变成了长江口的腹地。上游四川盆地在秦朝时就得到了开发，从中游往下唐宋以来一直是中国经济发达地区，可以说，整个长江流域都是上海重要的腹地。这在中国其他地方和世界其他地方都没有！虽然上海本身不在长江口，但黄浦江使上海和长江口相连。上海通过黄浦江，成为离长江口最近且比海港更优越的河港，黄浦江沿岸有很多码头，万吨轮乘潮都能驶入。如果没有黄浦江，开埠后西方商船贸易或许得找南通做港口了。

同时，上海又处在中国海岸线的南北之中，与国际的联系地位适中。在北方，重要的港口有大连、天津，但到了冬天，港口往往结冰。往南，广州、香港等地台风、暴雨较多。相对而言，上海作为港口的自然条件也最有利。

开埠以后，上海成了中国最大的外贸口岸，一些商品也从内贸转为外贸，价值大大提高。当时从上海出口的大宗货物里，有两样东西在世界上具有重要地位：一个是桐油，另一个是猪鬃。桐油是油桐树结的籽榨出的油，当时还没有化学人工合成的涂料，全世界船上防腐蚀的涂料主要是用中国产的桐油来制造的。中国的桐油几乎全部从上海出口，尽管产地是长江流域的山区，但通过长江水系都汇集到了上海。历史上有桐油借款，跟外国人借钱拿什么作担保？就拿桐油，因为出口的桐油就是硬通货。另一个猪鬃，就是猪脖子上的毛，用这个做刷子。当时还没有人造毛，高级的刷子都少不了中国的猪鬃。猪鬃是四川、湖南这些地方产的，四川是猪鬃的大产地，最早的猪鬃大王都在四川，而出口也全聚集到上海来了。

因此，今天看上海发展起来的原因，两点最关键：第一，靠海，以港兴城；第二，上海地区的历代民众比较好地处理了人与自然的关系。人与自然相处很难达到绝对和谐，既要顺其自然，也要恰到好处地人为干预，比如苏州河的改道使得上海通过吴淞江水系、黄浦江水系连通了长江，又比如志丹苑那个元代修建的水闸，曾避免了吴淞江过快淤塞。

四、余　　论

在古代，上海与整个中国一样，在官方层面往往没有真正的、自觉的对外开放。就外贸而言，主要是外面上门来做买卖，而不是自己走出去推销或采购。像青龙港的外贸主要是外商、外船过来，而不是中国人、中国的船出去。即使在比较开放的阶段，也只是允许外国人来做买卖，政府从中抽税。宋朝允许百姓从事海上贸易，但不许与日本、高丽、女真（金）贸易，实际上这只是沿海内贸。只有在元朝，情况发生了变化，朝廷鼓励对外贸易。主要原因还是蒙古人在元朝以外建了四大汗国，海上交通和外贸是相互间联系交换的有效途径。为了支持鼓励外贸，民间商人还可向政府贷款，借了钱到国外做生意。然后得到的利润一起分成。但是这个开放的阶段很短，明朝、清朝官方都是禁止国人经营外贸生意的，有的只是民间的走私，甚至武装走私。乾隆年间，皇帝把本来的4个通商口岸都关闭了，只剩下广州口岸，并且规定所有的贸易活动都在城外指定地方开展，而且规定不能跟中国人直接贸易，而要通过13家商行进行贸易。

相反，外国人在中国做生意的人很多，比如唐朝后期在广州定居的阿拉伯、波斯商贾有好几万人。唐宋时，在泉州的阿拉伯人、波斯商人已经形成了自己的社区。对这些历史上具体的情况，我们要有清醒的认识，由此更能看到当代中国伟大的发展和进步。

葛剑雄

互动现场：
青龙港有外国遗存否，衣冠南渡影响如何

* 上海水治促成了上海人的契约精神、消费观念

中国航空工业集团石小雨： 上海是逐水路发展而来，水治也需要较大规模的社会组织，那么，您觉得是地缘影响文化，还是文化影响地缘？

顾宇辉： 我理解地缘和文化是双向塑造。一个地区的地缘特点塑造了这个地区特有的文化特征，反过来，一旦这种文化特征形成和固化之后，它又能强化和影响地缘。以江南为例，水网纵横，航运活动频繁，这种由流动性的水所带来的各类航运活动，使人与人之间商业类型的交往自然增多，特别是在一些重要的商业节点和枢纽性的港埠市镇表现得更为突出。与频繁的商业活动相适应的是人与人之间的契约精神、商业信用、消费思想等不可避免地带有这一区域地缘和文化交互影响的印记。

＊港口建设中，自然因素和人文因素相互交织

科技研发工作者何东明：迟至 8 世纪，扬州城上已经看不到潮水了。在上海港建设过程中，人为因素、自然环境变化对港口兴衰影响如何？

葛剑雄：这里确实有许多复杂因素。从自然因素而言，有长江口本身所带泥沙量大小和海岸线两个因素。长江本身携带的泥沙量大小，还取决于海上潮汐对它的顶托作用。如果河流弯曲，迎水面就不容易淤塞；如果这个阶段潮汐力量较大，就会把泥沙顶托在江口。比如，扬州在西汉时有广陵潮，离海较近，潮水进来能看见；杭州湾的钱塘江也一样，正好处在喇叭口，水面比较宽阔，能看到潮水的作用。但如果这段长江比较狭窄，或者处于背水面就看不到。因此，这两个因素有时是叠加的。比如 20 世纪 50 年代以来，南通港正好在迎水面，镇江港正好在淤积面，后者需要 24 小时疏浚，最后镇江港还是废了。

从人为因素而言，崇明岛在明朝时还是 4 个沙洲，以后才连成一个岛。岛的西面受江水冲刷不停地塌，东面泥沙淤积不停地涨。现在有技术在崇明岛西面建筑非常坚固的堤坝，西面不塌了，但东面还在不停地涨，形成新的土地。人类要善于利用自然条件。比如今天选择港口地址，要找到迎水点，不断冲刷，水深流阔。如果找了淤积面，不久就淤没了，欧洲有些港口因为选址不当，建成之日就成了"纪念碑"。当然还要考虑与腹地转运的条件和成本，各种因素的合力决定是否建造港口，建多大规模。没有十全十美的方案，人类利用自然条件时只能扬长避短，才能取得人与自然的相对和谐，绝对和谐很难办到。

*青龙镇经济腹地为太湖流域，贸易多向浙闽粤和东北亚

出版社听友：请问青龙镇和海上丝绸之路的关系？

王建文：丝绸之路这个概念是19世纪德国地理学家和地质学家李希霍芬首先提出来的。关于青龙镇置镇年代，有一条文献记载始建于天宝五载（746年），但学界也有争议。从现在的考古发现来看，可以确定的是青龙镇从唐代中期开始就是贸易集散地，出土大量陶瓷器，除满足本地消费外，大量货物由此转运他地。

从货物的种类看，晚唐后南北方窑口像雨后春笋般出现，说明市场经济得到大幅发展。青龙镇遗址晚唐五代出土的瓷器主要是长沙窑、德清窑、越窑三组合，这一时期青龙港的瓷器主要辐射范围为太湖流域，船只沿吴淞江、长江顺流而下，在此集散后再往北或往南，像德清窑向北沿着运河可至宿州、淮北、东台，直到盐城等地。

到两宋后，青龙镇遗址出土陶瓷的组合和年代，与海内外的许多遗址都有相似性。由于每个港口背靠腹地不同，货物来源一定不同。通过对比各港口货物的组成与年代，进而将生产地、中转地、消费地这三者间的贸易链条串联起来，以此来研究各港口之间的贸易关系与辐射范围。结合文献，推定青龙镇主要是以太湖流域作为经济腹地，辐射范围包括东南沿海的浙闽粤地区，北至朝鲜半岛、日本列岛。

* 目前考古实证和文献，无法判断"黑石号"沉船制造国

研究生高靖涵：从航海史的视角，宋代应是本土船只远洋航行大爆发的时代。而在唐末五代，福船、广船尚未成型，沙船也不适合远洋航行，迄今在我国沿海也尚未发现唐末五代的沉船实例。而"黑石号"等沉船都是典型的阿拉伯船只。文献上也支持阿拉伯船只在海上丝绸之路的主力地位。因此，唐末五代时期来往中外的船只，是否存在成规模的本土船只？如果存在，在缺乏相关考古资料的情况下，应如何研究船只形制？

顾宇辉：您提了一个很好的专业问题。唐末五代，被后世船史学者津津乐道的广船、福船、沙船等古代中国航海船型均没有成型。以沙船为例，它在宋代被称为"平底船"，至明代才被普遍称为"沙船"。现在的水下考古尚未发现唐末五代中国的航海沉船,因此也无法实现对当时大型航海船舶具体形制的研究。但据文献记载,唐代中国的造船业和航海业均非常发达,日本学者桑原骘藏在《蒲寿庚考》中认为,在唐代五代时期,阿拉伯商人东航者皆乘中国海船。这里的中国海船是在国内制造的还是在东南亚等地制造的尚无文献证明。

＊青龙港尚未发现域外货物遗存,或因香料等无法保存

工会工作者瞿红：青龙镇作为唐宋主要的国际贸易港口,在考古中发现过国外遗留的历史存物吗?

王建文：至今没有发现来自域外的物品遗存。海外尤其从东南亚来的大部分商品是香料,这种有机质的货物昂贵且不易保存,不会随便丢弃。而陶瓷在装卸、运输过程中易碎易弃,但不易腐蚀,故保存至今。

主持人李念：有无国外的文献提到运至江南的货物品种?

王建文：有文献提到海外的商船到青龙港,但未具体记载这些船装载的货物种类。常被征引的青龙镇《隆平寺宝塔铭》铭序中的文字"……自杭、苏、湖、常等州月日而至,福、建、漳、泉、明、越、温、台等州岁二三至,广南、日本、新罗岁或一至",载于正德《松江府志》卷二十"寺观下"中,所记为北宋天圣年间(1023—1032年)事。文献记载的这些与青龙镇有贸易关系的城市,经过考古发掘,发现来自这些地区的窑口所生产的瓷器占了大多数。

* 历史上载入史册的多是水利主管,如夏元吉、任仁发等

学生魏喆: 志丹苑元代水闸遗址,由上海的任仁发主持修建,他同时也为元大都修建作出贡献,上海博物馆也能看到许多他本人和家族的遗物,可否介绍一下上海历史上比较著名的水利工程、治水事件和水利官员?

王建文: 我对任仁发相对比较熟悉,也写过相关的论文。他正好是青龙镇人。他在南宋末年考中举人,不久南宋灭亡,失去仕进途径。之后汉人将军游显带兵打到苏州,他抓住机会,袖一刺拜见游显,后被纳入幕府,负责文书管理等工作,成为技术官僚。之后随军一直打到海南岛。同时他自己也专研治水、绘画等,成为元代著名的画家、水利专家。

元朝从1260年立国一直到延祐元年(1314年)才恢复科举,期间五十多年未举行科举考试,南方人几乎没有仕进途

图 4-25　任仁发不仅专研治水,还是元代著名的画家,图为其画作《秋水凫鹥图轴》

径，但元代朝廷对工匠、医疗、水利等技术行业比较重视，南方人想找出路就需要在这些方面下功夫，任仁发不仅是画马名家，他的几个儿子也多从事绘画、医学、水利等技术行业。他的家族墓被盗掘后，总共发现六座墓七块墓志，出土大量精美文物，其中很多在上海博物馆东馆展出。

顾宇辉：江南治水在明代有夏元吉，是位水利主管，不是治水专家，叶宗行提出过"江浦合流"，应该是具体的水利专家。

葛剑雄：海瑞曾疏浚过吴淞江。封建时代能留名史册的一般是主持水利工程的官员，真正的具体工匠是名不见经传的。

* 古代的外贸往来，有可能它国只购买商品无物品出口

华东师范大学宝山实验学校初一学生叶准一：考古发现的古代海上贸易的"遗物"能否体现当时上海乃至全国的贸易情况？

葛剑雄：考古的发掘很重要，但它也有局限。以"南海一号"沉船为例，就船本身而言所含信息还是有限。年代鉴定属于宋朝，船的形制只能根据已有认识，推测或是泉州船，或是阿拉伯商人的船。如果是阿拉伯船，是不是阿拉伯人到这里制作的？现在上海建造的最大的全球集装箱船，就是海外国家订购的。

目前我们利用文献时容易"先入为主",用资料来证明我们的概念。很多人说泉州是外贸港口,《诸蕃志》明确记载,有六七十个地区到泉州进行贸易,所以这是成立的。但青龙港,文献记载有贸易往来的国内外城市,但没有记载具体的货物种类,只能看到这些东西是准备运出去,至于运到哪里,信息不足。

至于有无进口贸易,存在两种可能:一种是商品进来了但没有留下实物,比如香料;另一种是没有商品进口,这完全可能,不要用今天的概念认为一个港口一定要有进有出,在古代不一定,货物的交流不是对等的,有些地方就喜欢中国的东西,它带来的不是物品而可能是钱。

*古代精确人口数量无从得知,从建制可窥见总体趋势

主持人李念: 从人口研究角度,青龙港在贸易兴盛的唐宋元,会有何变化?

葛剑雄: 古代精确的人口数记录没有留下来,现在看到的只有户口数,户口数不等于人口数。在宋元明清,朝廷花时间、金钱、精力调查户口的目的是什么?大多为了收税、征发劳役兵役,所以调查的重点往往就不是全部人口。比如资料显示宋朝每户最多 2.55 口,最少 1.45 口,现实中不可能,这是指每一

户纳税、承担赋役的人口。现在要确切地厘清当时有多少人口,已不可能。明朝时上海留下的户口数,从明朝初年以后越来越少,每户的规模也越来越小,明初平均每户五点几口,到万历年间每户两点几口,这可能吗?

但总的趋势是可以看出的。元朝时上海一带人口增加比较快,一个重要证据是宋朝时上海归嘉兴(秀州)管辖,秀州的华亭县(今松江)到元朝时升格为府,肯定是因为人口增加了;上海镇在南宋末年建立,到元朝时建县,肯定也是因为人口增加了。比如上海最早是很小的聚落,宋朝"务"的资料里发现上海有个专门收酒税的衙门,至少说明上海是酒的集散地,因为是苏州河和上海浦交界,这里收的酒税特别多,总的来说明朝是发展较快的阶段,上海升格为县,松江是府,明朝、清朝基本持续这一趋势。

*跨越农业社会、工业社会,航运最终目的是提升人的精神生活

理工科毕业换岗者黄烁:同一主题随着时代的发展也会有变化,水治曾促进农业文明发展,在商业文明时代,航运可以向哪些方向更纵深地发展?

葛剑雄:人类文明的发展,不同的阶段点、关注点或生长点都是不同的。具体的文化和文明手段不同,条件也不同,但目的都是一样的。比如今天的人工智能、新能源、工业化、后现代化，前提是什么？前提是我们已经基本解决了生存问题。

水利最早有两个目标：灌溉和防洪。人类经过一次次的试错，最后找到了生存空间，即离水不要太远但又保持一定距离，这样既便于灌溉也能够规避洪水。后期农业发达了，江南在宋朝开始引进双季稻，对水的要求是水量足以用于灌溉。受潮水影响，杭州湾这一带直到秦汉开始修建海塘，农业才渐有保障。水治往什么方向发展，主要取决于人口基本的需求。

到了工业社会，上海农业比例已经很低，农业灌溉已经完全可以控制。上海的难题是排水，上海平均海拔只有4米，下雨时积水无法自然排出，需要人工排水，但在今天已经不是难题，更不是经济的主要增长点。现在上海一部分先导产业的目标是芯片，不受自然环境影响，但这些都需要大量的电力。

不同的阶段、不同的发展方向以及形势是完全不同的，但有一点可以肯定——人类社会越发达，物质需求的比例越降低，人类发展需求中的精神生活需求占比越高。如果人工智能高速发展的结果是让人类从生下来就按照程序规定来存活，那生命何来意义？恐怕到时候，我们会主动关掉一些自动化程序，改为"我自己来"。

* 衣冠南渡在江南尤其上海最发达，因为有本土化发展

文旅企业主王守东：从魏晋开始衣冠南渡，主要促进中原文化交流，对上海地区人民的具体影响有哪些？

葛剑雄：信息化时代之前，人是传播文化的唯一手段，文化都是靠人在传播。即便在信息发达的今天，人还是占据主动性的。

人口的南迁是从相对发达的地区到相对不发达的地区，作为群体来说，他们的作用是不可替代的。魏晋时的衣冠南渡是这几次大南迁中比较主要的，其实民众平时一直在迁徙。迁到南方来，一方面带来先进的儒家文化、道家文化、农耕文化；另一方面，中原的衣冠到了江南地理环境下也会产生新的变化。比如看到浙江的山水写出山水诗；比如北宋末年流行"苏常熟，天下足"之说，意思是苏州府、常州府丰收了，全国的商品粮就有保证，到了明代、清代，粮食生产的中心转移了，苏州精细的手工业发展了，儒家文化到了江南和南方，更加重视民生经济，到王阳明时，更把商贾列为重要事项，已经不限于一定要做儒。

为什么南渡后江南文化最发达？中原带来的无论是物质、文化、精神，到江南自然人文环境中都达到新的发展高度，上海是有代表性的。当年黄道婆从海南岛带来纺织技术，明朝松江"衣被天下",靠的是什么？松江有能工巧匠,有很好的劳动力和商业机制,在这里能形成纺织品的集散地。西方把早期中国进口布叫南京布,南京就是江南。为什么"南京布"在英国影响大？肯定是性价比高尤其质量高。中原的确带来了比较发达的文化,但在江南又进一步本土化,进一步丰富了文化的内涵和外延。

* "进一步改革开放"会加固上海国际航运中心的地位

企业财务工作人员曾娟：在可预见的将来,是否会有大的变化影响到目前上海国际航运中心的地位,比如地缘政治、人口等？

葛剑雄：上海真正成为全国的航运中心是在 1843 年上海开埠后,因为自然条件本身早已具备,上海的地理位置是江海之汇,中国海岸线的南北之中,在对外贸易上优势特别明显。自身的条件还需要人文因素的加持,特别是改革开放后,我们上海水深不够就借力洋山深水港,国家建设长江经济带,因此建设国际航运中心就是水到渠成的。目前,国家正在推进"深层次改革,高水平开放",我相信,这就是最有利的人文条件。

第三部分

400 年：从晚明到三千年未有之大变局

第五章 徐光启：上海 400 年间科技与生产力探索

"会通以求超胜"——具有以西学"补儒"思想的徐光启以实践开启了中国近代科学之光。

"会通以求超胜",徐光启提出的科学观

在上海走向国际科创中心的今天来看徐光启,他可以说是"开启近代科学之光的上海人"。因为在中国还未进入近代时,徐光启的思想中就已经产生近代科学的萌芽了。

一、上海近代文明的精神根底

对上海来说,徐光启奠定了近代文明的精神根底。"徐上海"之称始自明末,特别是清代西方传教士都这样称呼徐光启,他们把徐光启看成上海的代表。在徐光启之前,徐家已四代定居上海,是地道的上海人。他的墓地在徐家汇,徐家汇的地名也和他的

图 5-1 徐光启像,【明】佚名(引自胡光华主编《海外藏中国历代名画》第 6 卷,湖南美术出版社 1998 年版,第 218 页)

后代聚居于此有关。他的名言"会通以求超胜"奠定了上海近代文明的精神基础——在会通中西的基础上,做出独特的创新,既不固守传统,又不照搬西方。所谓海派文化就是在此精神基础上形成的。

* 因徐光启而有格致荟萃的徐家汇文化圈

徐光启作为"徐上海"的具体呈现,使徐家汇成为上海近代文明的第一个文化圈。历史学家朱维铮曾说过,因为出了徐光启,由人杰而地灵,徐家汇也越来越成为近代中西文化交流过程的首个空间中心。

就中小学来说,1850年就有了徐汇公学,1867年建立圣德女中,1904年建立启明女中,1914年建立类思小学,1920年建立徐汇师范中学。就大学来说,1896年建立南洋公学,这是中国人最早创办的大学之一,是上海交通大学的前身。1903年建立震旦学院,这是中国第一所私立大学。复旦大学在搬到江湾之前,校址是徐家汇附近的李公祠。

1847年建立徐家汇藏书楼,徐光启第12代孙徐宗泽曾担任过藏书楼的主任。1864年,西方传教士原来设在青浦横塘的孤儿院迁入现在徐家汇书院所在地,后来发展为土山湾孤儿工艺院,对一些中国孤儿进行职业教育,是近代上海职业教育的先导。1867年建立中国最早的博物院——徐家汇博物院。

图5-2 徐汇公学旧貌

图5-3 南洋公学旧址

1872年建立徐家汇观象台。1869年建立土山湾印刷所，先后出版《益闻录》《格致益闻汇报》等。

晚清时期，徐家汇文化圈为国内外人士所关注，成为人们观

图 5-4　1866 年的土山湾孤儿工艺院全景

图 5-5　徐家汇博物院

摩学习的"打卡"地，时人称赞这个文化圈是"格致群言萃，研求一理通"。"格致"是当时对西方"科学"的称呼。徐光启的科学理想 200 年后在徐家汇的文化圈得到了一定程度上的实现。

图 5-6　徐家汇观象台是上海天文事业的开端

*石牌对联言功绩:"治历明农、奋武揆文"

嘉靖四十一年（1562年）徐光启出生于南直隶松江府上海县城，字子先，号玄扈。崇祯六年（1633年）于北京去世。现在光启公园内矗立着徐光启的墓，墓前立有石碑、石人、石马、华表、石牌坊等，石牌坊镌有对联，上联"治历明农百世师经天纬地"，下联"出将入相一个臣奋武揆文"，较准确地概括了徐光启的生平以及主要功绩。

以"光启"为名，带有开启前路的含义，以"子先"为

图 5-7 徐光启墓园石碑坊

图 5-8 徐光启墓茔

字,进一步彰显了这层含义。《战国策·楚策一》中有"吾为子先行"之句,意思是我在你前面领路。他自号"玄扈"则表达了"明农"的指向。"玄扈"原指一种与农时季节有关的灰色雀类。相传少皞氏以鸟名官,将管理农业生产的官称为"九扈"。所以,以"玄扈"为号,意在将"农"与"政"并轨思考,其著作命名为《农政全书》正表达了此意,由此显示出它与以往就农而言农的"农书"的最大不同。

"治历"是指他以组织修订天文历法书《崇祯历书》为主的天文学研究。"经天纬地"一语双关,既对应"治历""明农",也指成就非凡;而"百世师"指他是后人的开启者、先行者,既和他的名字相吻合,也符合史实。由徐光启而有科技荟萃的徐家汇,在一定意义上,是历史对"百世师"的回应。

"出将入相"是指徐光启官至礼部尚书兼文渊阁大学士,礼部几乎掌管了所有文化教育方面的事宜,所以说"揆文"。徐光启43岁考中进士,此后直至去世,一直沉浮于仕途宦海。为了回避朝廷激烈的派系党争,他曾经"五进四退",每逢党争兴起,总是想办法置身其外。这也决定了他在政治上平淡无奇,很难有所作为。

"奋武"指他在强军方面的作为。当时明王朝面临后金军事进攻,形势严峻。对如何强军,徐光启提出了"正兵"和

"器胜"两策。"正兵"指提高军队指挥员和士兵的素质，皇帝几次委派他练兵，但由于受到多方掣肘，没有太大效果。"器胜"则是要提高武器装备的水平，历史学家黄一农认为，正是在徐光启和他的弟子孙元化主导下，明朝采用当时西方先进技术，铸造出了亚洲最先进的火炮。

二、跋涉科举之路而思考人才培养

徐光启走的是传统儒生"学而优则仕"的老路，他七十一年的生命历程，大半艰难跋涉于科举之路。这促进了他关于如何培养科技人才的思考，显示出改革传统教育的近代科学先驱的视野。

*科举之路三试三败，为中举而成"移民考生"

据有关史书记载，徐光启从小聪慧，志向远大，但20岁才登上科举的第一个台阶——秀才。明末文学家张岱有文曰，江南"后生小子，无不读书，及至二十无成，然后习为手艺"。就是说，到20岁还不是秀才，一般就会放弃，另谋生路。可见，徐光启考取秀才的年龄是偏大的。此后三次参加举人考试，均落榜告终。第二次赴太平府（现安徽当涂）应试，身淋瓢泼秋雨，肩担沉重行李，蹒跚于烂泥羊肠道，时有失足坠入湖塘之险，令他感慨万分。后来，徐光启把科举称为"烂路"，恐怕与这次经历有关。

第二个台阶是走了"移民考生"之路才实现的。他在万历二十四年（1596年）同意去同乡广西浔州知府赵凤宇处教家馆。在明代，北京顺天府的乡试名额比其他地区要多，且不论籍贯，只要是国子监的学生都可以应试，所以一般比在原籍尤其是经济文化发达、科举竞争激烈的江南地区容易考中。明末通行卖官鬻爵，有钱人常常为子弟捐个监生以取得京城参试资格。徐光启自然无钱"捐监"，于是以赵家出资为其"捐监"作为远赴广西家教的条件，以北京"移民考生"的身份提高中举概率。

他在担任家庭教师的第二年就考上了举人。戏剧性的是，原本他的卷子已被弃置于落榜栏中，在发榜前两天，主考官焦竑看到徐光启的试卷"击节赞叹"，把他定为顺天府中举的第一名，也就是"解元"，于是徐光启名声大振。但此时他已36岁。七年后的万历三十二年（1604年），他终于在43岁的时候考上了进士。

由秀才而举人而进士，在科举之路上耗费了23年。在考上进士的15年后，他在指导儿子科举的家信中，自嘲自己的科举生涯为"我辈爬了一生的烂路，甚可笑也"。这也反映出他意识到培养科技人才须另觅新路。

*如何培养科技人才？"时文无用"，须建新体制机制

崇祯皇帝授徐光启为文渊阁大学士（相当于副宰相），询问其如何培养、选拔人才，他直截了当地回答："若今之时文，直是无用。"所谓时文，就是以诠释四书为中心的八股文。他认为培养科技人才，需要建立新的体制机制，改革某些与此不相适应的制度。

他希望设立进行科学教育的专门学校以传习科学知识、培养人才，如西方之"大学"。徐光启引用利玛窦的话，指出"西士之精于历，无他谬巧也，千百为辈传习讲求者三千年，其青于蓝而寒于水者，时时有之"。而中国对于天文历法，像何承天、祖冲之这样的人才，"越百载一人焉，或二三百载一人焉"。因此，必须设立像西方"大学"那样的专门学校。他特别指出

图 5-9　徐光启（右）在南京遇到利玛窦后与其亦师亦友，向其学习西学较多

第五章　徐光启：上海 400 年间科技与生产力探索　｜　245

西方"大学"以知晓《几何原本》为接受科技教育的基础。

徐光启还认为科学研究需要形成学术群体,"非一人之心思智力"所能,应有一个学术群体相互切磋,分工协作,以事半功倍。徐光启提出了"度数旁通十事",就是以数学为基础,展开天文历法、水利工程、音律、兵器兵法及军事工程、会计理财、建筑工程、机械制造、舆地测量等方向的研究。这些方向实际上是他对中国科学发展的战略性构想,同时表现出在此分工研究基础上形成一个学术团体的意图。

还有某些法律需要修改。他说:"私习天文,律有明禁,而监官不知律意,往往以此沮人,是以世多不习,或习之而不肯自言耳。"他在主持历法修订工作时就遇到了天文学人才匮缺的窘境。

这些想法,显然与他吸取传教士关于西方教育制度和科技发展的介绍有关。西方近代科学的诞生就是以15世纪末在欧洲建立的众多大学为基础的。晚明时期在欧洲出现了很多科学社团,这些社团在西方近代科学发展中起到了很大的推动作用。同时,徐光启的上述思考还体现了从教育、科技体制机制的创新改革来推动科技人才培养的可贵见解。然而在风雨飘摇、天崩地坼的晚明,徐光启的上述设想是无法实现的。

徐光启既从科举旧路上走来,又探求培养科技人才新路。

三、思想家视域中的科学观

徐光启也是思想家,其科学观有思想土壤支撑。明清之际是中国思想史上相对独立的阶段,其实质是理学之后的思想世界的重建。徐光启提供了有别于同时代三大思想家(顾炎武、黄宗羲、王夫之)的重建蓝图:从西学"补儒",走向会通超胜。这张蓝图有两个部分:以天主教"补儒易佛"为核心的信仰价值层面,以汲取西学科技为基础的知识思维层面。两者又统一于"会通以求超胜",既"超胜"中国原有传统,又"超胜"传教士输入的西学。知识思维层面的"补儒"和超胜,是徐光启科学观的基础。

*科学观之一:从翻译而"会通",实现后来居上

徐光启的科学观,首先是回答如何对待中国传统科学与西方科学之间的关系。他的答案以"欲求超胜,必须会通,会通之前,先须翻译"作为指导原则,"先须翻译"就是先认真学习西方的东西,之后再将其与中国的东西会通,会通的目的是在此基础上有所推进。他认为如果对于西方科技"虚心扬榷",那么,对其已有的成果,"我岁月间拱受其成",表达了在不长时间内后来居上的民族自信。

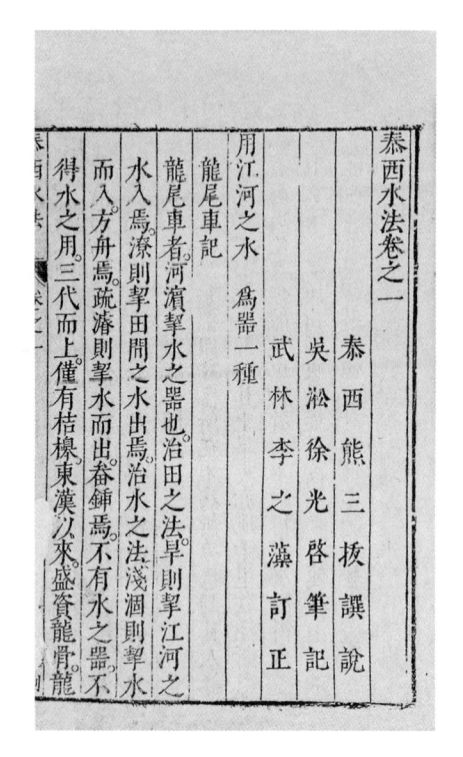

图 5-10　徐光启主持引进的《泰西水法》

*科学观之二：用"格物致知"称呼科学，突出其实证性

什么是科学？这是徐光启科学观要回答的第二方面。他将出自《大学》的"格物致知"转化为称呼西方"科学"的本土化标识。这一方面使科学借重儒家经典而获得重要价值，另一方面说明西方科学与中国传统之间具有契合性。这就成为两者会通的前提。

宋明以来，格物致知是哲学讨论的重要话题，本土科学家把他们对于科学的研究叫作格物致知，比如宋代沈括把自己的科学实验活动称为"格术"，元代医学家朱震亨以《格致余论》来命名自己的著作，在数学家朱世杰《四元玉鉴》的序中，写序者称"为古人格物致知之学"，明代李时珍说《本草纲目》"实吾儒格物之学"。

徐光启进一步以"格物致知"作为涵盖中西科学的普遍概念，赋予中西科学的会通以本土历史传统的底蕴。同时，他以实证性来阐释格物致知，使其内涵有了近代科学的品格。他指出作为"科学"的格物致知，"其言道言理，既皆返本跖实，绝去一切虚玄幻妄之说"。因此，格物致知应当重实践、重验证、重器械和仪器的制造。这在他的"明农"和"治历"领域中都有充分的反映。

＊科学观之三：由数达理的思维方法，把"金针"度与人

什么是中国科学走向近代需要的思维方法？这是徐光启要回答的第三个问题，他认识到"由数达理"的思维方法，是西方科技在形成系统理论上优于中国科学的关键。《几何原本》则集中体现了"由数达理"的形式逻辑思维方法，形式逻辑思维方法在中国自《墨经》之后被冷落一边，因此，徐光启把翻译《几何原本》作为推动中国科学进步的战略需求。

徐光启在译完《几何原本》后，讲过一段意味深长的话：

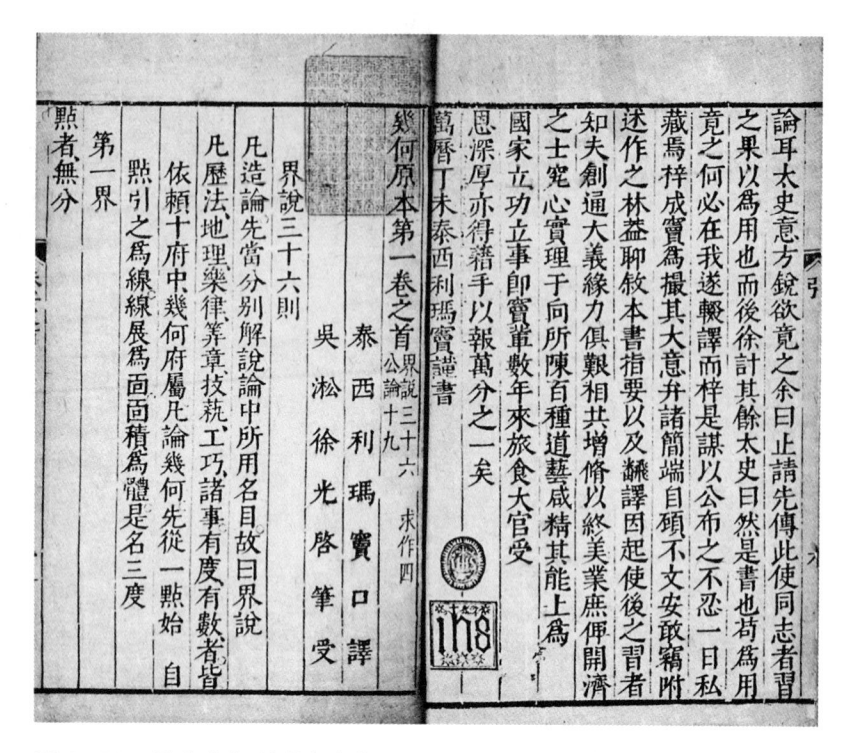

图5-11 徐光启与利玛窦合作翻译了欧几里得的《几何原本》前六卷，此为《几何原本》中内容

昔人云："鸳鸯绣出从君看，不把金针度与人。"吾辈言几何之学，正与此异。因反其语曰："金针度去从君用，未把鸳鸯绣与人。"……其要欲使人人真能自绣鸳鸯而已。

就是说，翻译《几何原本》，是要将其蕴涵的形式逻辑思维方法作为"金针"度与中国人，从而使中国人自己绣出类似西方科技那样的"鸳鸯"。

应当说徐光启倡导"由数达理"的形式逻辑思维方式的努力是有成效的。从李之藻的"缘数寻理，载在几何"和王徵的"先考度数之学""而后可以穷物之理"，到王锡阐的"因数可以悟理"，再到梅文鼎的"几何原本为西算之根本"，"由数达理"的形式逻辑思维方法在一些明清之际的科学家那里成为群体性的运思方式。徐光启把"由数达理"的思维方法视为发展科学的"金针"，与西方近代科学强调数学方法的普遍运用是十分相似的。

徐光启的科学观集中显示了近代科学的萌芽。

四、"会通以求超胜"的科学实践

从徐光启和同处明末的数学家李之藻、火器制造家焦勖、科学家和机械学家王徵到清初的天文学和数学家薛凤祚、历算学家王锡阐、天文学和数学家梅文鼎，"会通以求超胜"被他们付诸科学实践。

这在徐光启的科学实践中有充分的表现。他的《测量法义》《测量异同》《勾股义》是三部中西合璧的数学著作。这三部书依据《几何原本》的公理，结合《周髀算经》《九章算术》"推求异同"，做到了存中国数学之"法"而系之以《几何原本》之"义"。他主持修订的《崇祯历书》，既采用了具有计算精确优点的第谷天体运动体系和几何计算系统，又兼备《大统历》中中国古代历法之优点，被誉为"正朔闰月，从中不从西，完气整度，从西不从中"，使得中国天文学纳入了世界天文学轨道。

"会通以求超胜"不仅贯彻在徐光启的科学实践中，也影响了与他同时期的科学家以及后继者们的实践。与徐光启同时期的李之藻，对中西算法加以比较，他编译的《同文算指》就是将中西算法的优点加以融合而成，徐光启在该书的序中赞誉"振之因取旧术斟酌去取，用所译西术骈附"。梁启超指出，徐光启"所谓'会通以求超胜'，盖有俟于后起，而毅然以此自任者，则王寅旭、梅定九其人也"。他们继承发扬了徐光启会通以求超胜的科学事业。如王锡阐（即王寅旭）说自己的《晓庵新法》"兼采中西，去其疵颣"。又如梅文鼎（即梅定九）分析中西之历算的异同，要求"务集众长以观其会通，毋拘名相而取其精粹"，自我期许"以学问之道求其通"，其历算著作被评价为"见中西之会通，而补古今之缺略"。

李约瑟曾说："到明朝末年的1644年，中国与欧洲的数学、天文学和物理学已经没有显著差异，它们已经完全融洽，浑然一体了。"也许这个说法有点夸大，但说明"会通以求超胜"在明清之际的科学实践中取得了相当的成果。

上海今天正在为建设科创中心而奋斗，回首四百年前的徐

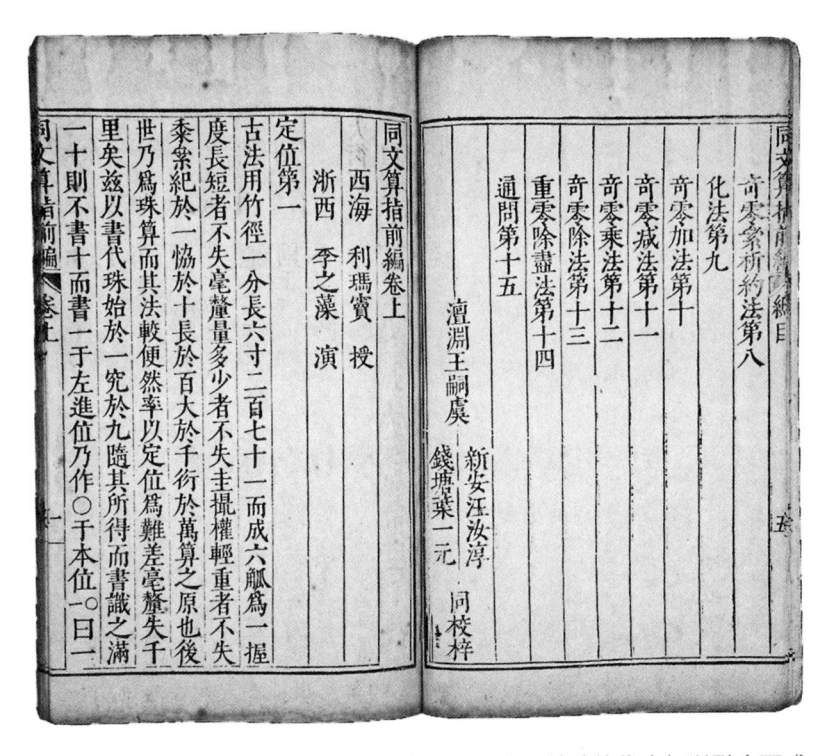

图 5-12 李之藻编译的《同文算指》就是将中西算法的优点加以融合而成

光启提出的"会通以求超胜",我们不能不钦佩这位上海先贤的前瞻性思想,因为如何会通,如何超胜,依然是今天需要面对的问题。

陈卫平

中国科技史中的徐光启

＊农政上，编撰书籍试验番薯，对人口繁衍有贡献

主持人： 江老师，您是科技史专家，又是中国第一位天文学史博士且在天文台工作十余年，如何从科技史上评价徐光启的贡献，这个话题对您来说是信手拈来，几十年前、几年前都曾发表过高见，而且始终未变。今天，请给我们分享一下您的"科班"评价。

江晓原： 从科技史的角度来看徐光启留下的四大事功，毫无争议的是编撰《农政全书》，把历代历朝的农学知识加以总结归纳。不仅如此，在实践中，徐光启还在上海试验了番薯（甘薯、山芋）种植。番薯易种能替代传统粮食养活许多人，一直有说法称从美洲引进的番薯支撑了中国人口的繁衍，比如从明末的五千万人口到了清朝后来的数亿人口。这个说法，我个人认为还需要社会学的数据，目前没有专人研究。但我们可以相

图 5-13 从科技史的角度来看徐光启留下的四大事功，毫无争议的是编撰《农政全书》

图 5-14 《桑园种植》版画讲述了徐光启丁忧期间在家乡上海试验甘薯种植的事迹

信,特别是在荒年,番薯充饥的作用明显。因此,徐光启在农业方面的贡献广为认可。

* 领导修历书,引入西方最高精度,但目的并未改变

稍微有点争议的是他主持编撰《崇祯历书》一事,争议点是在对历书的评价上。

徐光启的行政职务是礼部尚书,从崇祯二年(1629 年)开始主持编撰《崇祯历书》,他的角色是历书编撰总负责,主要编撰者是四个来华耶稣会会士和中国助手,徐光启起到领导作用。仅从作品来看,我们可以推测,徐光启本人对天文并不太了解。崇祯六年(1633 年)徐光启去世后,由历法学家李天经接手修撰一年后才完成。

起先徐光启奉崇祯皇帝旨,在钦天监开设西局,又于崇祯二年(1629)至七年(1634)由徐光启、李之藻、李天经先后以西法督修历法。其间任用汤若望(德)、罗雅谷(意)、龙华民(意)、邓玉函(德)等修成《崇祯历书》共 46 种 137 卷。《崇祯历书》不仅仅是一部历书。更确切地说,这是一部在以崇祯皇帝为首的明朝政府支持下修纂的、引进西方数学天文知识的大型丛书,它引入球面三角学和平面三角学,还引入两种计算工具,堪称当时西方天文学的百科全书。

《崇祯历书》里面大量引用了哥白尼《天体运行论》中的

章节，还引用了很多图。哥白尼的体系，从精度上来说可能是当时几个竞争者中最差的，而第谷是一个极其优秀的观测者，他关于仪器的刻度、误差方面在当时欧洲是做得最好的。在当时，哥白尼体系在理论上、实测上都还不很成功。我们今天熟知的地球绕太阳转的证据，是到了 18 世纪才最终被发现的。所以《崇祯历书》采用了第谷的体系。李约瑟曾评价，引进西方新历法，使得中国与欧洲的天文学已经没有"显著差异"了。这从远距离来看或许成立，实际上仍有差距。主要体现在两个方面。第一，中国人修历法是为了描绘太阳、月亮和五大行星的运行规律，从这个标准来看，需要把这七个天体算得更准确一点。《崇祯历书》里使用的欧洲的第谷体系是世界上精度最高的，但这不过是工具性质的事，就像计算器算出来小数点多两位就显得比算盘先进，仅此而已。

第二，更大的差距在于我们拿天文学的工具来干什么。清朝的钦天监有两个监政，其中一个监政是耶稣会士，负责业务，另一个由朝廷派人担任。无论耶稣会士的天文学教育程度如何，他做的还是传统钦天监编皇历的工作，清朝称时宪书，只不过编时宪书的天文学工具改成了欧洲的第谷系统，从工具上变得先进了，但目的还是一样。从这个角度来说，性质相同。

所以，如何看待徐光启主持修编《崇祯历书》的历史功绩，取决于对当时钦天监所从事的工作性质的把握，以及用何

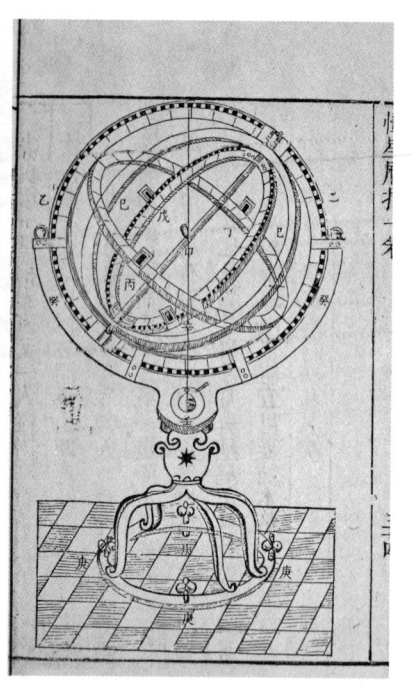

图 5-15 《崇祯历书》借鉴了当时欧洲的天文学工具

种标准来评价先进和落后。比如，一定说探索自然才先进，那编历书就是落后的，这完全是现代人的观念，在当时很难说。从工具层面来说，可以肯定的是，引进的第谷系统的精确度比原来更高。

* 亲自练兵数千，理论具备，条件欠缺未能成功

练兵是徐光启的第三大事功。他编了《选练条格》（士兵操典），具体列出了训练士兵和下级军官的条例。他向朝廷提出亲自练兵，原计划训练 10 万新军，但因朝廷各部并不支持导致装备、费用等不到位，操练很辛苦，最后仅成军 4 655 人，又因为明朝急需队伍以外防后金，内防李自成、张献忠，士兵未完成训练被提前匆忙拉到前线，像炮灰一样填进去。所以，徐光启在练兵一事上是不了了之的。

* 成功引入欧洲最新炮兵，因吴桥兵变成为清朝精锐

从技术上看，徐光启造炮极有成就，这是他的第四大事功。明朝之前，中国的火炮技术均领先于周边国家，但到明朝时，欧洲的炮兵在技术上有所突破，中西最大的差别是西方已经掌握了弹道学，原理就是我们中学课程里常见的一道题目——一个斜角往上射，在重力作用下炮弹将会呈现怎样的轨迹。所以，西方能非常准确地计算出大炮打出后的落点。因此，徐光启和晚明部分士大夫主张从欧洲引进炮兵。徐光启组织了很多力量设法引进西式炮兵，不仅引进造炮技术，还花重金聘请欧洲炮兵军官。建这支炮兵队伍时，朝廷拨款经费不足，很多大臣都捐钱捐俸。史料记载，捐俸者中甚至有后来叛变降清的吴三桂。最后新式炮兵练成，主要由徐光启的学生登莱巡抚孙元化主导。孙元化是明朝的军事技术家、火炮专家。

今天看来，登莱巡抚的设置其实是非常奇特的。山东原来仅设一个巡抚即山东巡抚，明天启元年（1621 年）又从山东地面上特别划出登州和莱州两个府，增设登莱巡抚，为的是能从山东经过海上支援辽东战场，也防备后金从海上的进攻。孙元化的主要军队就是这支新式炮兵，起初，在明与后金的战争中，孙元化帮助当时的关外军队负责人袁崇焕设计了 11 门新式大炮，把皇太极的父亲努尔哈赤打成重伤而死，明军赢得了历史上著名的宁远大捷，炮兵在战斗中的作用毋庸置疑。袁崇焕被崇祯皇帝冤杀后，孙元化继续固守宁远，借助大炮，团结将士，守住了驻防的城与堡。此后，孙元化被任命为登莱巡抚，是年崇祯三年（1630 年）。

但随后就发生了悲剧的一幕——吴桥兵变。孙元化的部下因为给养问题与当地官民发生冲突，竟哗变叛乱，不仅攻陷城池，还把孙元化俘虏，后念孙元化平日的恩泽放了他。但朝廷大怒要镇压叛乱，叛军变本加厉直接投降后金。现在留下来的叛军头领献给后金的降书里记载"本帅现有甲兵数万，轻舟百余，大炮、火器俱全……"，他们是带着炮兵和舰队成建制投降的。于是，这支炮兵队伍就变成了清朝进攻明朝的精锐。吴桥兵变中领头的孔有德，后来成为三藩的尚可喜、耿仲明，当年都曾是孙元化的部下。此事对明朝的伤害自然极大，他们的投降让后金得到了急需的先进武器鸟铳、火炮等，使双方实力此消彼长。后来朝廷怒斩孙元化，徐光启与朝中一些大臣竭力拯救均无效。

孙元化被杀第二年，徐光启病逝。此事肯定对徐光启打击极大，因为造炮救国的梦想破灭了。造炮本来是要救国家，结果却事与愿违。

＊徐光启重农，可看作晚明的"三农专家"

陈卫平：孙元化的部下叛变，不能归罪于徐光启造炮。在徐光启和孙元化的主导下，朝廷聘请了一些欧洲炮兵军官，使得中国当时火炮技术处于亚洲最先进地位，这是可加以肯定的。叛变的问题有很多偶然的因素。顺便说一句，孙元化也是上海人，家乡在今天浦东新区高桥镇，高桥在明代称江东，属南直隶苏州府嘉定县，我们也可说他是上海嘉定人。

另外，徐光启引进甘薯的意义是比较大的。它易种高产，对于当时人口增长较快的中国来说，满足了最大的口粮刚需，李天纲撰文认为，以此贡献，徐光启堪称"晚明袁隆平"。在增加粮食产量上，徐光启还有一个功劳，他在天津试验水稻种植，水稻产量高于小麦，成功后开始引入北方。从修编《农政全书》到这些探索实践，可以肯定徐光启应该是当时的"三农专家"，他当时还提出了屯垦边疆的方案，以解决耕地不足的问题。

江晓原：他在农学方面取得很大成就的原因是遇到的阻力较小。关于孙元化还值得补充几句。孙元化是那个时候真正掌握

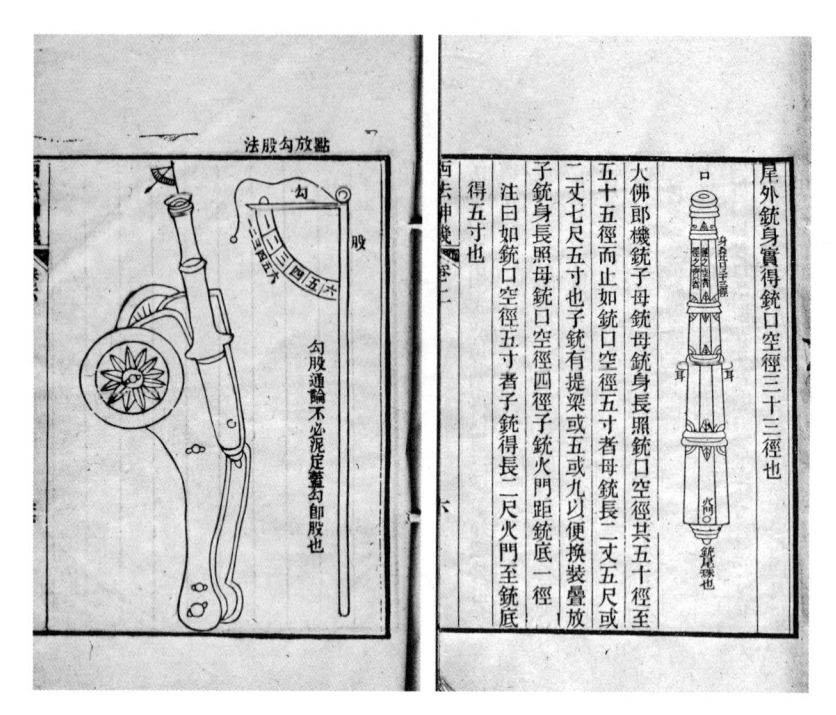

图 5-16　孙元化所著《西法神机》

造炮技术的人,是个够格的炮兵总工程师,现在还留存着他撰写的关于造炮技术的著作《西法神机》,但他驭下无方也是事实。不过,孔有德这些人本来就是毛文龙手下的军队,袁崇焕杀了毛文龙后,这些人才被孙元化收入麾下。对技术专家来说,可能统驭那些骄兵悍将是有些困难的。

＊晚明已放松修历禁令,朝廷内有多股力量研究天文

主持人：请教江老师,有些普及读物中曾说,中国天文学历代发展都不错，到明朝禁止民间研习历法，历法变得不准，崇祯二年时日食没有预告准确，崇祯皇帝很生气，下令徐光启重修天历。是这样吗？

江晓原：这涉及比较专业的内容。具体来说，历朝历代都严禁民间私习天文，主动放松私习天文的禁令是从明朝后期几个皇帝开始的，而崇祯已是最后一任皇帝。徐光启负责修历时，朝廷有多支搞天文学的队伍，一支队伍是钦天监，另一支队伍是徐光启，还有一个布衣魏文魁上书朝廷说自己有一套体系，朝廷居然也支持他。钦天监又分两摊，一摊是讲中国传统历法的；一摊是回回科，就是明朝建立时接收的元代的回回司天台，讲的是伊斯兰天文学。月食日食报不准是具体的天文学原因，与皇帝允不允许民间修习没有直接关系。

*"西学中源"思潮成掣肘，使得明清中国科学未能发展

主持人：此前江老师有个评价，说徐光启"是个悲剧人物，一生贫苦、困苦、劳苦、愁苦、痛苦"，陈老师的主讲中也点出了他的时代的局限性。今天称徐光启是"中西会通第一人"丝毫不过，但徐光启做了那么多贡献，最后从传播链上来说并没有如他所愿，从他的时代出发，以其所取得的成绩和反响来看，可以得到什么启发？

陈卫平：徐光启科学观的三个方面即"从翻译而'会通'，实现后来居上""用'格物致知'称呼科学，突出其实证性""由数达理的思维方法，把'金针'度与人"，确实开启了中国的近代科学之光。近代的科学在西方来说体现在科学方法和科学体系两个方面。从科学方法来说是实验的方法和数学的方法；从科学体系来说是学者传统和工匠传统的结合，从我刚才的讲述中不难看到这两个方面徐光启集于一身。但是，徐光启开启的近代科学之光没有发展为近代科学的满天朝霞，这是很令人惋惜的。

这是什么原因呢？根本原因是当时中国社会还没有产生代表新的生产力的社会力量。同时，还在于徐光启之后，"会通以求超胜"和"西学中源说"纠缠在一起，把"会通以求超胜"扭曲为证明西学的科技在中国传统中都早就存在了。以数学为例，当时一些学者用大量精力来整理古代数学典籍，如《算经十书》等，这对于挖掘古代数学著作当然是有益的，但整个研究的导向是向后看，完全看不到数学方法对于近代科学的意义。这就不可能推动中国传统科技向近代的转型，就是说，"会通以求超胜"走入了"西学中源"的歧途。这是后来中国科学并未在徐光启等人的基础上继续向近代科学发展的思想上的重要原因。

"会通以求超胜"，在中国"体"内超越西方并非不可能

江晓原：我和陈老师的意见比较一致。明末清初时有一些人对徐光启不满，说你当初许诺要"会通以求超胜"，"熔彼方之材质，入大统之型模"，但你最后并没有完成超胜，只不过引进了西方新内容。实际上，超胜是愿景、是理想，具体怎么超胜？比如算得比欧洲多一位小数点，这能叫超胜吗？这样机械地看并没有什么意义。

我们可以认为徐光启提出来的"会通以求超胜"是他个人的愿景。另外，"中学为体，西学为用"的说法虽是清末才提出的，常被人批评，但纵观中国整个历史，我们一直接受外界各种各样的新东西，有天文等比较专业的东西，也包括各种日常用具、食物。在我们"体"里把西方好的东西拿过来"用"，直到今天我们仍然在这样做。事实证明这是成功的。从这个大的历史背景来看，徐光启超胜的愿景并无任何问题——在我们自己的"体"内超过西方，也完全可以做到。

陈卫平：对于"中学为体，西学为用"的说法，历史学家陈旭麓的评价最恰当，他说"中学为体，西学为用"是同历史的前进呈反比的，历史越往前发展，保守性愈加显示出来。最初提出"中学为体，西学为用"目的是让西学找到落脚之地，所以是有推动人们突破自身传统局限性的前进的作用，但越到后来，前进性的作用越小。回到明清之际，"会通以求超胜"与后来的"西学中源"混同起来了。这在《四库全书》中天文算学类的提要里有充分的反映。

为什么会发展成这样？其中一个缘由，就是江晓原教授说的，有一种舆论认为徐光启学习西方有点过头，所谓"薄古法不足观"，奉西学为圭臬，这就会丧失超胜的民族自信心。为了遏制这样的偏向，就去把证明"中国本有此物"作为会通的中心和努力方向，这就导致了"向后看"，极大地阻碍了中国科学迈向近代的脚步。这段历史给我们留下的启示是如何正确认识学习外来文明和坚守民族文化主体性的关系。

主持人：今天的对话非常有价值，因为两位都是具体领域的专家，江老师给我们讲造炮知识、历法精度，纠正了一些错误想法甚至人文学者的推断；陈老师研究思想史，从具体的时代思潮分析因与果。江老师给我们更多的是"走进去"看为何不能过于夸大徐光启的科技贡献作用，陈老师给我们更多的是"走出来"看为何徐光启对开启近代科学之光依然很重要。

江晓原、陈卫平

光启开会通，我辈当超胜

我们可以从三个角度、三种关系去评价徐光启的功绩。

一、播种者：徐光启奠定了首个科学文化圈的地位

第一，站在中国历史的角度看，徐光启是首个科学文化圈的奠基者。

2024 年是徐光启诞辰 462 周年，他去世后没多久，明朝就灭亡了。尽管他个人没有拯救大明的国运，学术也没有如愿被当时代的后人继承，但他所点燃的火焰，在穿越了 200 多年后依然燃烧着科学的微光。为何历史会选择徐家汇？徐光启功不可没。19 世纪的上海有很多郊区空间可以选择，但是法国传教士选择了徐家汇，除了此地有信仰天主教的传统，主要还是因为徐光启让她存在科学的曙光，尽管过了 200 多年，依然

在闪烁。

今天的徐家汇书院是全中国第一家博物馆——徐家汇博物院所在地，也是上海自然博物馆的前身，所以，上海自然博物馆也是全中国第一家博物馆。徐家汇博物院、天主教堂、土山湾博物院、徐汇中学、交通大学都是从这里发展起来的，成为中国首个科学文化圈。这对上海海派文化的形成具有重大的功绩。

因此，从文化魅力与时空选择的关系而言，徐光启是穿越时代的播种者。

二、点火者：徐光启让中国看到了世界的文明之光

第二，站在世界的角度看，徐光启是伟大的科技工作者。

徐光启对世界的贡献也非常巨大。在徐光启的时代，欧洲刚刚掀起中国热，并且持续了两三百年。徐光启的《农政全书》出版后被清朝列为禁书，但对国外如俄国和欧洲许多国家而言如获至宝，吸引了许多人来研究农业。而且甘薯的种植等技术不仅让中国人口从五千万变成一个亿，也养活了世界上更多的人口，因为有了稳定的食物来源，人们才有力量开始研究科学、发展工业，这是非常重要的贡献。

徐光启是不是科学家？我认为不是。但他是伟大的科技工作者，因为他的《农政全书》和《崇祯历书》，以及火炮等武器都是总结前人的成就或者学习西方所得，他并不是科学创新者，而是开启中国科学之光的人，是他打开了大门引入了西方的科学之"光"。徐光启生于1562年，与其同时代的有生于1564年的意大利现代科学之父伽利略，伽利略是点燃实验科学火焰的创新者。德国传教士汤若望于1620年从澳门进入内地，为中国带来了第一架由伽利略发明的天文望远镜。伽利略用望远镜观测到了月球的环形山、木星的4颗卫星，徐光启则是通过"望远镜"看到了科学的力量，他是一个科技实践者，如果说伽利略让我们看到了全新的宇宙和自然世界，那么徐光启让我们看到了世界的科技文明。

因此，从思想解放与科技实践的关系而言，徐光启是思想解放的点火者。

三、在晚明清初，教育制度使得中西拉开科学差距

第三，站在面向未来的角度看，徐光启完成了"会通"，留给了我们"超胜"的使命。

"上海六千年"曾拥有辉煌和高峰，未来上海将往哪里走？

从徐光启那里可以得到什么精神力量？徐光启、伽利略的时代，是中西科技发展拉开差距的起始，清朝晚期我国的GDP还占到世界1/3以上。拉开这个差距的核心原因是教育。英国人培根生于1561年，他也开发出了一整套实验科学的思想方法，也就是说没有伽利略，也会有其他人登上西方科学的高峰。

教育的差距在哪里？我们从隋唐开始科举考试，在最初显示出选拔人才的制度优势后，到了明朝逐渐形成了八股文的模式，这个教育考试选拔体系逐步演变为对思想的禁锢过程。而西方的教育在彼时发生重大改变，变成面向大众的思想启蒙，伽利略、达·芬奇、哥白尼都是普通人，通过西方的大众教育成为伟大的创新者改变了这个世界。约翰·古腾堡发明了铅活字印刷术，逐渐使得当时欧洲的普通家庭都能有一本《圣经》，而印刷字看多了导致近视眼激增，催生磨镜片行业。有人偶然将两块眼镜片叠在一起，发现这样可以看清远处的人物，因此发明了望远镜。又有人偶然把两块眼镜片叠在一起，发现可以看清很小的东西，因此发明了显微镜。

四、激励者：徐光启开启"会通"，我辈当完成"超胜"

教育是我们面向未来的关键。新科技日新月异的时代，教育正面临着一次和徐光启时代一样的机会。改革开放四十多年来，我们国家的教育逻辑就是"会通"，会通是指融会贯通，就是模仿追赶西方发达国家。教育的特点是让孩子们好好读书，考出高分送至大学，挑出最会学习的人让他们实现会通，实践证明这个逻辑在追赶模仿阶段非常成功。但是现在我们的任务是要"超胜"，尤其要建成具有世界影响力的国际科创中心，超胜完全不同于会通，超胜要依靠所有人的创新。对创新而言，考试满分或许意义不大，更需要充满想象力的创新精神。这是教育在此阶段非常关键的一点。

"上海六千年"中，马家浜、崧泽、广富林、马桥文化等代表了上海人从无到有的开拓精神。上海的古海岸线"冈身"上留存着厚厚的贝壳层，有研究者猜想四千年前上海就有原始货币的金融中心，在古冈身采集的贝币被运到中原地区成为交易货币。上海史前先人充满了开拓精神；徐光启四百多年前开启了海派文化，又让上海文化拥有了开放、包容和务实的风格；而我们这代人的责任是开启蓝海文化——基于会通的超胜即创新文化，我们应该有这样的信心。因此，从会通与超胜的关系而言，徐光启是当代使命的激励者。

倪闽景

互动现场：
徐光启的"会通"有何影响，
明清科技为何没有发展

*《崇祯历书》体现中外会通，《农政全书》是古今会通

教师李晓芸： 徐光启提出的"会通超胜"是融合中西科学，用西学补儒，最后超过西方。中国古代有过科学技术非常辉煌的时期，比如宋朝。我们今天讲对中华传统文化进行创造性发展、创新性传承，徐光启提出的"会通超胜"里，有没有会通融合明朝这个时代的古今科学的含义？

江晓原： 我给你几个例证。明朝的耶稣会士来华传教，此前都没有成功。他们一直在摸索用何种策略才能打动中国社会的上层，最后他们穿戴儒士衣服、儒士头巾，包装成读书人阶层在中国士人群体里寻找目标。明朝三个有代表性的高官入教，徐光启就是其中一个。传教士的策略是，先给你看诸多西洋科学事物如欧洲的天文学、数学等学问的一些成果，用这些东西证明他们的文明"高级"，由此推断他们的宗教也更加"高级"，从而打动你入教。徐光启入了教，显然认同了欧洲天文学是"先进"的，也觉得《几何原本》是"先进"的。他在历局负责编修《崇祯历书》时让传教士参与编撰，这个工作本身就是会通，这是横向的会通；古今维度上也有会通，他的《农政全书》里，很多东西来自前朝传统。

＊晚明时期，无论炮兵部队还是历局均有外籍人士

牙医朱联国：明朝造大炮的军官和士兵是怎么引进的？数量是多少？

江晓原：数量可以估计。在孙元化的炮兵队伍里，外国炮兵军官数量应该比较多。史书记载，在吴桥兵变之后，叛军攻陷了登莱巡抚所在的登州时，城里西方的炮兵军官死了几十人。由此可见炮兵队伍里外籍军官数量并不少，那些军官很多是葡萄牙籍的。

在徐光启的历局里，主要的业务骨干是四个耶稣会士，名头最大的是汤若望，汤若望墓地在现在的北京行政学院里，那个院子里有利玛窦、汤若望、南怀仁三个耶稣会士的墓。他们也招聘了一些中国人作为助手，历局里仍然是中国人占多数。

等到明朝灭亡了，李自成、清朝的军队先后成了北京城主人时，明朝的残余势力在中国南方建立南明，南明的政权里也有一部分来华的传教士，他们选择和南明政权合作。有的传教

图 5-17　上面三人从左至右分别是：利玛窦、汤若望和南怀仁（引自杜赫德主编：《中华帝国全志》）

士甚至想出这样的主意，让南明的皇帝写信给教皇，让他出兵来支持南明政权，这当然是一厢情愿，教皇根本没有这样的能力。这两个事例可以提供一些线索。

陈卫平：补充一点，如果你要了解天主教传教士在明末至清代的作用，方豪写过《中国天主教史人物传》上中下三册，详细记叙了明清重要的天主教人物，中外教徒都有传记，包括江晓原老师讲的写给罗马教皇请求援助的信件也有记载。

＊佛教本土化给中国人自信：结合各方长处对待外来事物
自由职业徐蓉晖：钱学森先生研究原子弹是自成体系研究出来

的，和西方方法不一样，是否也是一种"超胜"的实践活动？

陈卫平：从晚明开始一直到近代，中国人一直有这个主张：中国面对西方科学、文化、思想时，不能盲目自大，也不能崇洋自卑，应该看到两者各有长处，把两者结合起来。这来自中国应对佛教的经验，佛教传进来以后，中国也是采取这个办法，佛教的中国化给了中国人一种信心、一种历史的借鉴：我们对待外来思想文化可以像对待佛教那样，通过会通以求超胜。

＊晚明本土科学家和清末海归学会是中外交流两个阶段，明末的传播是平等的

上海交通大学博士后狄逸焕：徐光启做了很多翻译工作，在他之后，很多中国本土的科学家跟着徐光启的著作学习天文学之类的知识，那批人被称为中国本土的第一批科学家。清末，同样有很多科学学会，由当时的留学生群体组成。如何看待这两种科学学者的源头？

江晓原：明末耶稣会士为了传教，传进一部分西方的科学技术，包括天文、数学、工艺技术。一般认为明末的这种传播是在平等的状态下进行的。清末，留学生创建了很多学会，这是他们在西方留学时学到的方式。这二者之间没有什么关系，把这两个东西称为"源头"不一定妥，这只不过是传播的过程中出现的两个方面而已，"源头"有一种单向传播的意味，容易引起误解。把这两种情况看成两个阶段比较好。

* 康熙等鼓吹的"西学中源"妨碍了明清中国科技发展

大学教师周游：从晚明到近代是我国科技水平落后于西方的关键阶段，徐光启提出了科技观点却没有得到有效践行，其主要阻碍因素是什么？

江晓原："西学中源"是一个非常强大的思潮，这个思潮的鼓吹者里包括康熙皇帝，这对中国尽快学习西方的先进科学技术是有害的。

康熙皇帝非常热衷于学习西方新事物，他让来华的耶稣会士陪在他身边，这在帝王里比较少见。我们现在看那些耶稣会士写的日记，能看到康熙皇帝很认真地上课做习题，不仅演算还摆弄仪器，"有时候搞得满头大汗"。在去承德的路上，他会突然在大队人马走到一半的时候停下来，说："你们说现在太阳地平高度是多少？"那些人只好说："臣等愚昧。"康熙拿出一个小仪器，当场测出太阳高度，众人都说"皇上圣明"。玩这样的游戏很没意思，这种东西对于真正的学习没有什么用，完全是一种个人化的行为。

"西学中源"的说法不仅对"超胜"有妨碍,实际上对"会通"都有妨碍。最早提出这个观点的是明朝的遗民,他们看到欧洲天文学比中国的好,觉得失落,为了自我安慰,想出"西学中源"的说法。康熙时,梅文鼎积极鼓吹"西学东源",康熙对梅文鼎表示恩宠,说他懂天文,给他赐了匾,还把自己领衔挂名当主编的书送给他指教。他们君臣使得这个思潮一直持续到清末还在起作用。从历史的角度来说,"西学中源"肯定是消极的,对于中国的进步没有好处。

* 明清铸炮技术并不差,后来的差距更多因为产业原因

能源系统工作者阙之玫:明朝打算超胜,引进大炮后进行仿制,但"山寨"失败;同时代,瑞典军团造出了更先进、更轻便、操控人数更少的火炮,只需两个人操控。当时中国科学技术和西方国家有些渐行渐远,是否因为受时代的局限而无法构建出恰当的科学体系?

江晓原:把明朝造炮称为"山寨"是不合适的。明朝仿制炮的质量非常好,明朝自己本来也会铸炮,主要差别在于瞄准技术上。历史学家黄一农在全国各地搜集了好多明清时代的炮,那时许多炮在铸造技术上已经不错了。至于后来在制炮技术上落后,是因为欧洲完成了工业化,而明清的中国社会没有完成工

业化。炮的优劣，与其寻找别的原因，不如寻找实际的产业背景，有了工业化的基础，这些东西自然会好起来。

*《几何原本》中的"边""角"用了世界通用语言

上海浦东公务员周洋：在《几何原本》翻译之前，中国人如何应对几何问题？徐光启翻译这本书之后，它在教育中发挥什么作用，有没有被运用到基础教育比如私塾中？

倪闽景：中国古代是有数学的，比如勾股定理。但自从唐朝有了科举以后，就几乎没有出过大科学家了。后来出过很多"技术家"如李时珍，技术的特点是组合，不是理性的推演、不是形式逻辑。技术可以通过各种自然和非自然的组合不断地往前走，甚至可以和人没有关系，比如蝙蝠就发展出了超声波技术。但科学和人有关，和人的思想有关。徐光启将《几何原本》引进后，对后续的教育产生很深刻的影响，"角""边"等词都是他翻译确定的，如果没有当时徐光启这样简洁明了的翻译，现在的孩子学数学也许会难得多。

江晓原："边""角"的概念是中国人本来就有的。《几何原本》前六卷是这样的译法：由利玛窦把西方文本的意思讲给徐光启听，徐光启把它写成中国人听得懂的话，"角""边"是中方和西方都有的概念，徐光启做的事只是"会通"，不能把这件事的作用说得太大。《几何原本》翻译出来之后在很长时间内只是很小众的书，并没有进入大众教育。

*"超胜"依靠全社会形成的科学教育、科技教育

中职教师熊明秋：钱学森之问"为什么我们的学校总是培养不出杰出的科技创新人才"，西方科学是分科、分工，那么中国的科创究竟能不能创造、培养出真正的大师，在思想上需要怎么培养我们的学生？

倪闽景：这是比钱学森之问还要难的问题。徐光启给我们指明了一条强盛之路——先翻译、学习，达到会通再超胜。"超胜"当然还有更多的含义。上海要建设国际科创中心，我们先梳理一下世界上成为科创中心的国家，第一个是伽利略、达·芬奇、哥白尼时代的意大利，第二个是英国，然后是法国、德国、美国。它们的特点是，前期都有思想艺术、文化大爆发，出现很多哲学家。

光发展科学是培养不出顶尖科学家的，也不会形成科创中心，我们文科老师能不能让孩子们思想解放、形成更多的创意，也关系到科创中心建设。科学教育、科创教育依靠每一个人有更多的实践、更多的多样化，这是科创根本的特点。如果

往这个方向走，上海成为世界科创中心的可能性会大大增加，如果现在还是只追求考一百分、满分——满分不是创新——这样走下去的话，我们离科创中心只会越来越远，像400多年以前一样又走岔了。

* **中国哲学一直倡导解放思想，《周易》即主张殊途同归**

教师成香香： 陈教授是哲学系教授，能否说说哲学在思想方面如何带领我们思想解放？

陈卫平： 从哲学的角度来讲，肯定也会给人很多思想解放的启发，改革开放初期的思想解放，就是从哲学认识论来切入的。但思想解放不是靠哪一门单独的学科。我们回顾历史上的思想解放，很重要的一点是百家争鸣、百花齐放的文化氛围，只有让各种不同的意见都充分表达出来，人们才有可能通过不同意见的互相争鸣而获得思想解放；如果把一种意见、思想、观点奉为圭臬，思想就很难解放。

中国哲学有强调创新的传统，所谓"苟日新，日日新，又日新"，而创新是以思想解放为前提的。思想解放的过程是各种不同意见经过争辩、互相启发、互相纠正，最后达成比较一致的结论。这就是传统哲学经典《周易》讲的"同归而殊途，百虑而一致"。

第六章 王圻与陈继儒——晚明的上海士人

我心自澄明,晚明的上海士人转向了自我发展,追寻经世致用的学问,形成海派文化的滥觞。

开放中重实学：晚明上海士风

"晚明"一词并非产生在晚明。这是人们对历史阶段的概称。所有晚期，都是与初期、中期相对而言的。历史上凡是称为"晚"的阶段，像晚唐、晚明、晚清，都是一个较长的时段；如果说"末"，像唐末、宋末、清末，那是比较短的时段。较长时段通常政治变动比较剧烈、社会矛盾比较突出，有时还是新思想、新文化、新风俗，与旧思想、旧文化、旧风俗发生激烈冲突的时代。晚唐、晚明、晚清都有这样的特点。中华大地幅员广袤，区域发展差异很大，同一个时代，不同地域的政治问题、经济问题、文化问题表现得常常大不相同。相比于其他地区，晚明上海地区既有共性又有个性。

一、晚明上海文人典范王圻、陈继儒

以两位上海地区的文人作为典型，一是王圻（1530—1615

年），二是陈继儒（1558—1639年），两人生活的年代加起来几乎是晚明的72年，即从万历元年（1573年）始至崇祯末年（1644年），占据明朝的1/4。其中，万历帝占48年，天启帝、崇祯帝共占24年。从他们的人生里是能看出当时上海地区的文人生活状况、思想与文化特点的。

* 中举、中进士早晚对仕途的影响

王圻35岁中举，36岁中进士，做官预热、自我感觉良好的阶段极短，这使得他踏上仕途以后格外谨慎。

按张仲礼先生的研究，古人中举平均年龄为31岁，中进士平均年龄为36岁。比王圻小的徐光启，37岁中举人，43岁中进士。王圻家境还算富裕，但并无较高社会地位，这为他了解社会实情做了很好的铺垫，他曾做过徐阶家教馆，入仕后开始做知县、知州一类地方官员，较为得法。反观上海松江府的名人徐阶，20岁中进士任翰林，因年轻气盛处处碰壁后才磨炼出老道，后官至内阁首辅。因此，王圻36岁走上官场相对幸运。

王圻为官共20年，退休后治学30年。他退休时才56岁，正值壮年尚可继续攀登，朝廷擢升其半级赴陕西就任，表明他并不是仕途黯淡，但王圻毅然决然辞官退休，归乡治学，这是他的自主选择。

图 6-1　王简、张芑《王圻像卷》(引自山西博物院、南京博物院编:《形妙神合：明清肖像画》，山西人民出版社 2015 年版)

*王圻为官：文人有风骨，两地建生祠

王圻在江西、河南、山东、四川、云南、湖广、福建等地，分别担任过知县、知州、监察御史、按察使、学政等职，游宦大半个中国，与社会底层接触广泛。他为官有几个特点。

第一，忠心为国，体恤民情。

古代监察御史是言官，专门向皇帝反映问题并享有免责特权,风闻奏事,即使道听途说或无法证实也不被问责。但王圻并未滥用该特权。仔细阅其奏文,有几类上疏。一类是举贤荐才。王圻会以自己的考察为依据,指出某人一心为国而举荐,或某人徇私谋利而弹劾,因此,他的上疏被采纳率很高。另一类是为朝廷大政方针提供基层民情,参与国家治理。特别有一类是借天意示警,比如直隶、湖广、山东等地频发地震、蝗灾、水灾,他便请求皇帝遵旧典、修实政以图兴革。由此看出,他真诚为朝廷考虑,从基层搜集信息,并及时向上层反映,上思报国,下思利民。

第二,深入实际,勤政慎明。

古代的知州、知县同时也是司法官,王圻办案颇多且处置得当。因为他深入了解辖地现实和历史,所以判决果断、处理公正,被誉为"循吏第一",这是极高的评价。江西清江、河南开州两地百姓都为他建立生祠。地方官离任后,百姓自发为其建祠堂以志感念,这是对官员行政绩效的最高赞誉。这类活动,是得到当时朝廷允许甚至提倡的,因为地方官得到百姓拥戴,也间接反映朝廷用人得当。

第三,果断干练,能力超强。

有时处理复杂问题需要非常高明的本领。比如福建辖地村民聚众数千焚劫乡里,且为害颇久,难以剿灭。王圻仔细分析后,一方面赈济无助之人,另一方面大张旗鼓抓捕强盗首恶,压下势头。对被胁迫之人并未按照惯例格杀勿论,而是放归乡里,复为良民。这就化解了矛盾,地方暴乱很快平息,受到当地人普遍赞誉,也得到朝廷嘉奖,大家一致认为他富有行政才干。

第四,清廉正直,独立不苟。

清廉不贪,相对容易做到,但要独立不苟则颇不易。王圻嘉靖四十四年(1565年)中进士,为官主要在隆庆、万历年间,其时皇帝垂拱,权臣执政,朝堂局势诡谲变幻、政治生态尔虞我诈。当时,高拱和徐阶都曾任职首辅,高拱是王圻考进士的主考官,王圻是高拱门生,徐阶是王圻松江同乡,两人都希望王圻站队自己一方。王圻坚持底线,公事公办,私下还劝两位化解矛盾。王圻对待张居正也是如此。之前因不愿站队而得罪张居正,但张居正死后被清算,他又不愿对张居正落井下石而被视为张的同党不予提拔。

以上四点,注定了他的官场前途虽不是特别蹇滞,但也不会顺利。因此,56岁时虽被擢升半级为陕西布政使司参议,但王圻还是选择致仕归乡。

*王圻治学:著述包罗万象,实学中放眼世界

在治学上,我称其为史学大家,举世无双。

第一,视野宏阔,无所不涉。

无论是从被誉为中国历史上第一本百科全书式图录类书的《三才图会》，还是从各类史书的编撰，均可看出王圻可谓通才，上自天文，下至地理，中到人事，包含政治、海防、经济、风俗、闲语、各类植物、飞禽走兽，无所不涉。在他眼里，学问没有边界，能读的书和各种学问，他都会涉猎。《稗史汇编》中含有丰富的佛道知识，这与他自己对儒道释的深入理解不无关系。

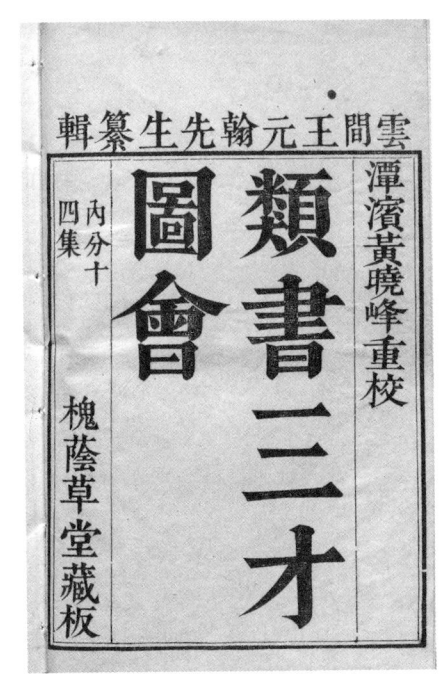

图6-2 《三才图会》是中国历史上第一本百科全书式图录类书

第二，内容扎实，考订细实。

王圻编撰的不少史书，有许多资料由其亲自搜集而来。编史书，需要总结前人的资料并归纳，这是一种功力和二次创作，意义不凡。王圻为官，不少岗位与教育有关，他非常注意积累各类史料，加上自己搜集所得，并将两者相比较。这特别体现在《东吴水利考》一书上。此书十卷，详说太湖地区水利问题。他不仅指出了水利设施年久失修、吴淞江等水道淤塞、水利官员被革等问题，还建言松江一带首先要修治海塘，拆除沿海涂档的填筑等，然后浚治各条河流。这些与他自己的搜集考察密不可分。他还预言，如果这些措施次第举行，即使以后有旱灾、水灾，人力也足以胜之，东南财赋就可得到保证。

第三，著述之丰，一时之最。

王圻著述有多少呢？1 100多万字，800多卷，

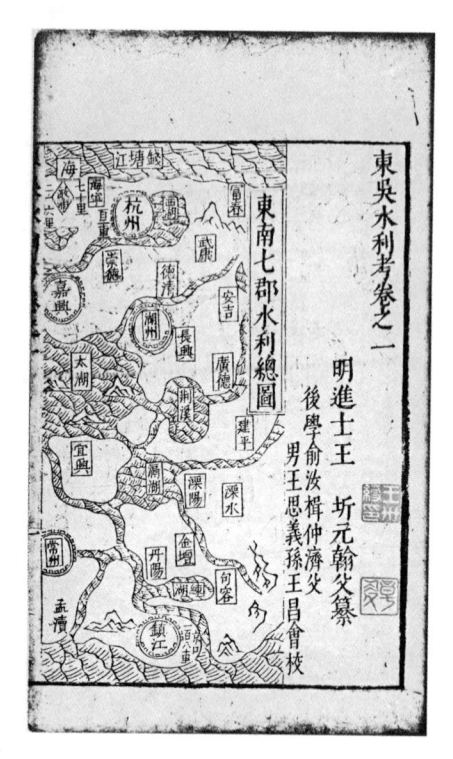

图6-3 《东吴水利考》一书详说太湖地区水利问题

24种。如果一本书30万字，这意味着他回乡近30年间，平均每年撰著一本，这是无人比肩的。许多著作有其独特贡献。比如《续文献通考》254卷，是马端临之后至近代以前唯一的私人撰述的典制通史，开创续"三通"之先河。史学史上有通典、通志、通考，后有续通典、续通志、续通考，加上清代的"三通"，共有"九通"。自王圻编《续文献通考》后，后代编修均有官府背景，用现在的话说，这是一个重大国家项目，但

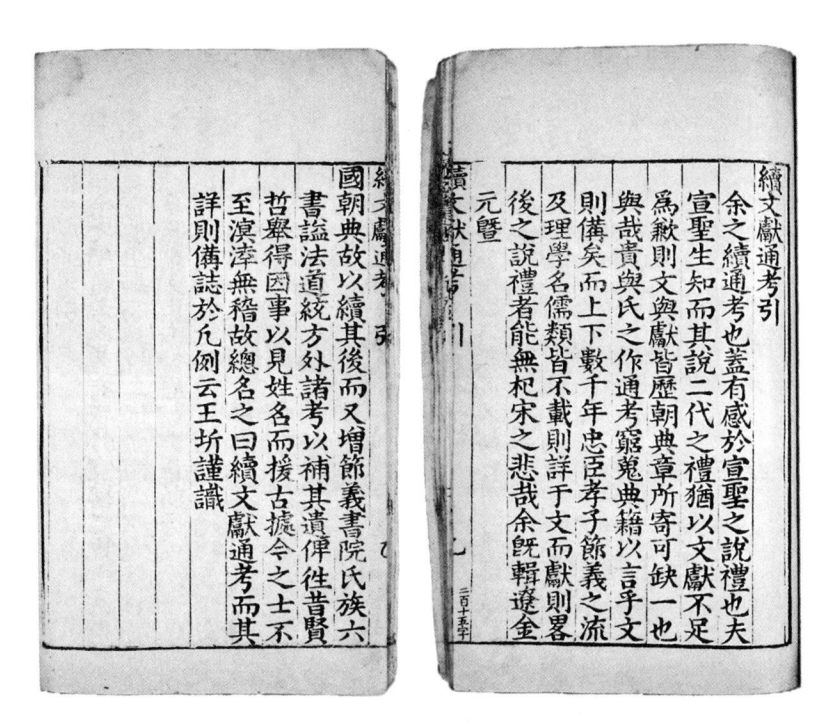

图 6-4 《续文献通考》，开创续"三通"之先河

王圻却以一己之力为之。王圻编的《续文献通考》，成为清代乾隆年间官修《续文献通考》的重要资料来源。他有两方面的能力，财和才，加上眼光，这三点使他贡献不凡。

第四，眼光独到，重视图像。

他的眼光独到有两个典型事例。一是编《稗史汇编》，这是笔记小说、各类传说、民间故事的汇编。当时甚少人认为这是学问，但到今天，民间故事是社会文化、民俗的反映，重要性不言而喻。二是《三才图会》里的图画。左图右书是中华文明的传统,到宋代图画因不在科举考试范围内就不被重视了。但王圻眼光敏锐,极为重视图像。他的《三才图会》就像一个大蓄水池,把前人有关图像的知识都汇集于此,成为集大成者,后人直至今日,要了解古代社会的图像知识,都要参考此书;教科书内帝王将相的画像也都出于此。比如,对于远古三皇五帝,只能按照文字表述绘成图像,书中的尧、舜、禹画得颇为相似;有一图,人肚皮中有一洞,一个杆子穿过洞把他抬走,真是奇思妙想,此图一方面说明每个时代都有认知限度,另一方面也可被视为想象力丰富的表现。《三才图会》中罗列了各种奇异的信息,且都用图像显示。此书远播日本、朝鲜,在东亚地区广泛流传。

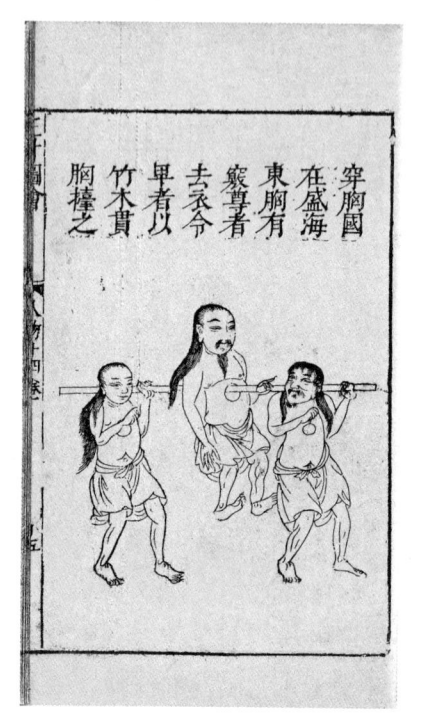

第五,关心家乡,造福桑梓。

除《东吴水利考》外,王圻还编写了第一部《青浦县志》,编写《云间海防志》,同时为故旧亲朋的文集作序,为地方贤人树碑立传,写行状,

图6-5 《三才图会》中所绘的怪人

尽可能呈现本乡本土的文化信息。

*"民间宰相"陈继儒：编撰府志收录传教士

陈继儒比王圻小28岁，21岁已是生员，之后没有考上举人，29岁毅然退出科举道路。30岁至47岁，主要在一些名人家里当私塾老师，比如徐阶。后来隐居于松江一带，包括小昆山、佘山，专攻琴棋书画，无所不通。

他既有才华，又能处理各类事务，因此，许多朝廷高官真心诚意推荐、邀请他出山做官，他一概拒绝；友朋邀谈政治之事，他通常回避，不卷入朝廷纷争。他认为有意义的是致力于经世之学。崇祯年间的《松江府志》总纂便是陈继儒。崇祯年间正好处于改朝换代之际，矛盾较多。我仔细看过《松江府志》，其中有许多内容描写底层百姓。比如织布家庭如何购买棉花、织布、售卖；熬盐人如何生活，细致至极，

图6-6 陈继儒画像，《松江邦彦画像》局部，现藏于南京博物院

远超杜甫对民间疾苦的描述。因为他关心社会底层，救济灾荒，人们有需要时必定出力，所以被称为"民间宰相"。

另有一事值得一提，事关松江方孝孺遗族。方孝孺是明朝著名的政治家、教育家，被誉为"天下读书种子"，因为辅佐建文帝实施新政而被称为"帝师"。明建文四年（1402年）"靖难之役"后，他因拒绝为朱棣草拟即位诏书而被施以极刑并诛十族。不过方孝孺幼子中宪当时为忠义之士冒着杀身之祸藏匿他处，万幸躲过一劫，后来流落到松江府，方氏遗族隐姓埋名在那里传了下来。万历元年（1573年），方孝孺得以平反，万历三十七年（1609年），方孝孺后人奉诏恢复方姓，并被特许建祠修谱。建祠修谱

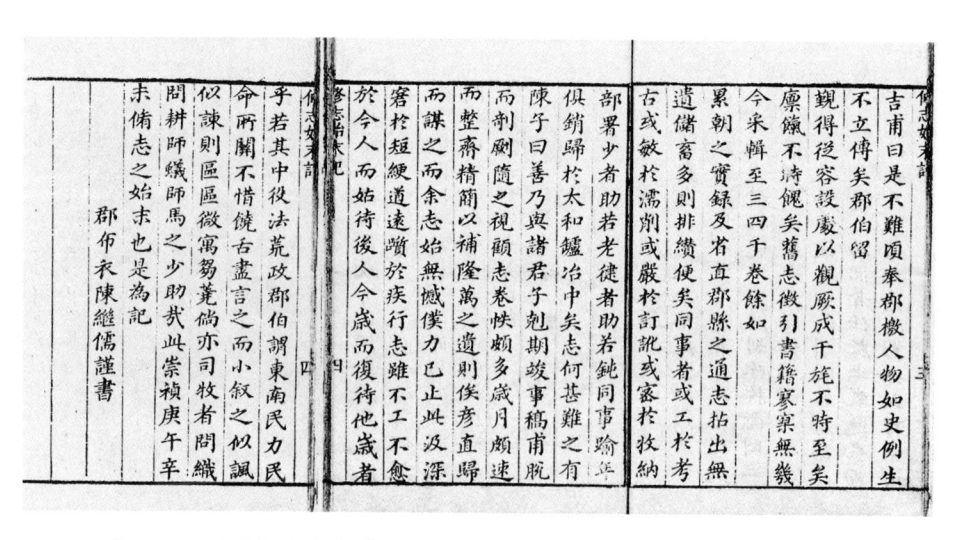

图6-7　陈继儒是崇祯《松江府志》总纂，此为其所撰《修志始末记》

这些事都需要经过详尽调查，陈继儒是主要实施者，他在《求忠书院记》里将调查过程记述得相当详尽。这一是因为方氏一族为国朝忠烈之后，此事义不容辞，二来也是因为天下读书人惺惺相惜。

在他主编的崇祯《松江府志》里，还破天荒记录了传教士在上海地区的活动，说明他关心西学且思想开明。康熙年间重修《松江府志》时，有关传教士的材料都被删除了。

二、晚明沪上士风

从王圻到陈继儒，加上大家都比较熟悉的董其昌、徐光启，可大体看出晚明时上海地区文人的走向。

* 汇编大书，关注民生实学为当时新风气

第一，勇于开拓，文化担当。

王圻编《三才图会》《续文献通考》《稗史汇编》等大型的类书，并非突发奇想，而是上海地区读书人的风气使然。比如，在王圻之前的陆楫（1515—1552年）就编有《古今说海》142卷，里面收录笔记、小说、杂记等，是对过去笔记小说进行分类的第一人。陆楫是陆深的儿子，上海陆家嘴就因陆氏家族而得名。

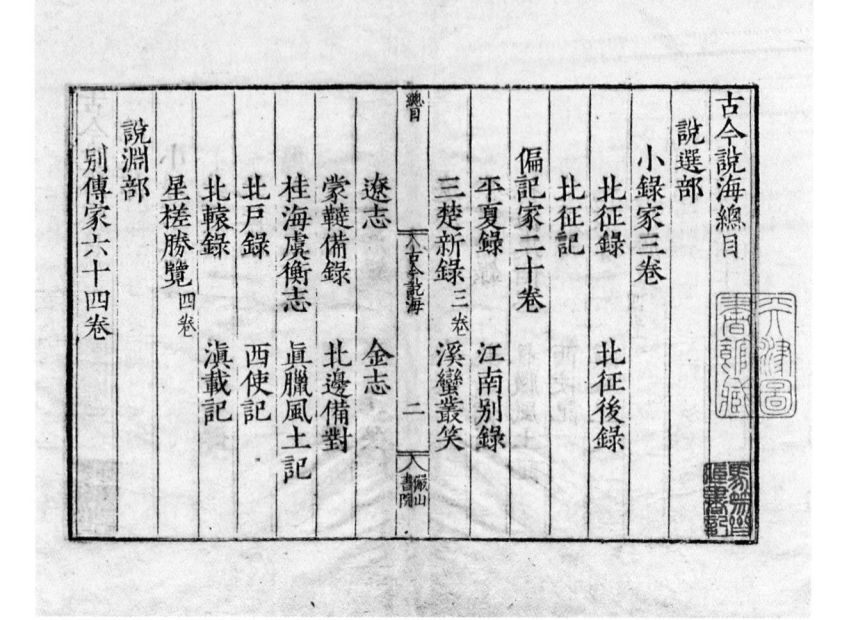

图6-8 《古今说海》总目

张之象（1507—1587年）是龙华人，曾任浙江按察司知事，他编《唐诗类苑》200卷，是唐诗分类编辑论述领域中时间最早、规模最大、体系最完备之作。后人研究唐诗绕不开此书。

再如世所熟知的徐光启编撰的《农政全书》60卷，是有关农书集大成之作。陈子龙等人编的《皇明经世文编》504卷，最能集中体现上海地区士风、社会发展。

这些士人编书的行为，是对同时代众多读书人脱离现实、不关心社会底层的匡正。汇编大书在上海地区形成一种普遍现象，反映了上海地区文化人总体的文化关怀。图像与史书，都是中华文明积淀的成果，如无人系统加以总结、梳理，就无法在历史流传中得到新的发展，因此在文化建设方面，晚明上海士人承前启后，具有重要开拓意义。

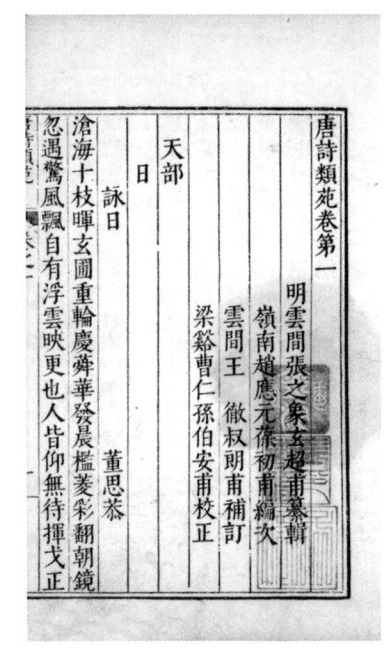

图6-9 《唐诗类苑》书影

图6-10 陈子龙等人编的《皇明经世文编》

第二，经世致用，民本思想。

无论《古今说海》还是《稗史汇编》，都是眼光向下，联系社会基层。现在经过考证，参加编辑《皇明经世文编》的一共24人，都是松江文人。可见，晚明上海士人在经世致用方面，具有强烈的民本意识。

第三，视野宏阔，世界眼光。

提到徐光启引入西学时，大家知道在晚明并非只有他一人。《三才图会》中已经用了利玛窦传进来的天文图像和地理地图，这两者此前中国读书人并不知晓。王圻生活年代比徐光启早三十多年，可见他非常注意了解并吸收新知识，并且思想非常开放，这就是世界眼光。陈继儒把传教士活动收录进《松江府志》，也是一种开明眼光。

第四，不迁不执，自主人生。

凡是朝代晚期都会出现新文化、新风俗、新气象。王圻做官20年，归乡30年；董其昌仕途45年，实际做官18年，有27年以各种借口隐居从事绘画、写字，占据3/5年份，也因此留下了书画家地位，书画在博物馆传世。通常，董其昌被认为是吏隐，一半在官，一半在学；王圻是半隐，做了一半的官回乡；陈继儒叫全隐或通隐，全隐是从未做过官，通隐是通晓很多知识但不为官。所谓隐，指有做官机会而不去。

图 6-11　曾鲸写像、项圣谟补景的董其昌全身像，现藏上海博物馆

＊江南谋生路多元，心学倡导向内拓展寻找自我

大家是否觉得这三人是特例？不是。晚明时期，这种现象不仅在松江府，而且在苏州府、常州府，在杭嘉湖，都很普遍，学术界对此已有专门研究。为什么？

第一，江南富裕，谋生手段丰富。江南地区在宋代已是全中国经济文化最发达之地了，文人谋生手段相对更丰富一些。其一是给富裕家庭做家教，报酬不低。其二是编书盈利。明代出版业发达，读书人多，买书人也多，编书、刻书、卖书这条产业链上，每个环节都能挣钱。其三是写东西。写小说、写剧本、写诗、画画，也能挣稿费。明代四大奇书《三国演义》《水浒传》《西游记》《金瓶梅》就是代表。其四是润笔费。世人爱请有科举功名者如进士或文化名人写寿序、序言、墓志铭，邀请他们去各类仪式站台，润笔费应该是不低的。

第二，科举录取率低。明、清两代科举录取进士，录取名额按地区分配。江南经济发达地区读书人多，参加科举考试的人口基数大，录取率相对就低。有专门研究显示，明、清两代江南考取进士的比例是100取1，有时120取1；内地、边远地区则15取1或20取1，因此就有徐光启做"移民考生"之举。江南发达地方99%的读书人不能做官，家里如生活无忧，就去写小说、画画、当老师，实在不行可从事旅游、园林设计、图案设计等工作。从事技术行业的文化人越多，技术水平也就越发达，文人施展才华之地也就越宽广。

第三，异地为官制度。明、清两代政治制度设计中有回避规定，即异地为官制度。明朝对待官员比较苛刻，俸禄很低，有时还会被廷杖，缺少尊严。科举中进士能在社会上证明自己具备考取功名的能力，入仕后借口告假也是常事，朝廷也默许。因此，江南不少士人选择隐居。很多时候，江南在籍士绅比在边远地区当官生活要舒适得多。

最重要的一点，还是王阳明心学的影响。心学主张，任何道理都要经过自己的头脑思考认定才是道理，与程朱理学不同，心学认为"人人皆可为尧舜"，修行后谁都可成圣人。因此，像王圻、陈继儒、董其昌，对于仕途，他们内心里都有属于自己的思索与判断，虽然"学而优则仕"是儒家核心思想，但到晚明时不少士人也明白读书人应该有也可以有其他发展途径。

我这些年时常会读陈继儒的《安得长者言》等家训作品，他对于人情世故，悟得真透，直到今天，这些书还是很有味道，查图书市场，也长销不衰。像《安得长者言》留下了很多至理名言，略提几句，值得大家收藏。

  责备贤者，毕竟非长者言。（无端批评和指责优秀的人，毕竟不是忠厚长者应该说的。）

用人宜多，择友宜少。（任用人才要多多益善，选择朋友要少而精。）

任事者，当置身利害之外；建言者，当设身利害之中。（负责具体做事的人，当置身事外以避免纠葛，产生利益冲突；提出意见和建议的人，应当为对方设身处地着想。）

士大夫当有忧国之心，不当有忧国之语。（读书人心怀家国天下，这是应当的，但不能只说不做，停留在口头上。）

……

这些文字，洞彻非凡，更有讲平生修行功夫的，极富涵养，于当下人心亦有补益：

静坐然后知平日之气浮；

守默然后知平日之言躁；

省事然后知平日之贵闲；

闭户然后知平日之交滥；

寡欲然后知平日之病多；

近情然后知平日之念刻。

陈继儒的经历告诉人们：读书人除了做官一途外，还可有其他发展空间；人除了向外发展，还可向内拓展，拓宽自己的心灵世界，在其他方面同样可以成就一个了不起的人生。这个思想境界就有相当的现代意义了。

晚明时代，你把王圻、陈继儒、董其昌、徐光启连在一起，会看到他们有许多相通之处，稍加分析就可看出上海地区确实有新思想、新文化、新风俗，这与日后的海派文化一脉相承；换句话说，这就是海派文化的滥觞。

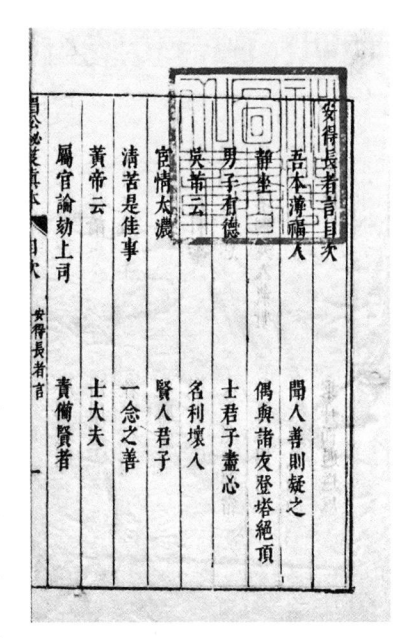

图6-12 陈继儒的《安得长者言》几百年来长销不衰

熊月之

晚明：融合传统与外来的"总结时代"

一、总结的时代：传统与外来文化的结合

叶舟：提到王圻，大概 400 年前，清朝有个非常有名的诗人吴伟业，他来到华漕，看王圻留下来的梅花，看他出版的那些书，然后赋诗一首，最后一句是"平生贪著述，零落意如何"。我觉得用"平生贪著述"来形容王圻是非常贴切形象的。大家已经知道，他留下 1 100 万字的著述，其实无论是王圻还是陈继儒，基本可以用"著作超身"来形容。

听熊老师的演讲，结合之前看王圻的著作，了解王圻生平，我有这样一个感受：到了王圻、陈继儒所处的时代，其实是整个中国传统社会的发展成熟期，无论是传统文化、传统思想、传统技术都到了一个总结的时代，而此时又有一些域外的新知识、新思想的传入。如何总结原来传统文化的思想，又纳入新思想？正是当时那些士人们所拥有的一个历史使命，也

正是在这种情况之下,才会产生王圻、陈继儒、徐光启这样的人。

* 身处历史进程中,王圻等著作催生《农政全书》等

这些总结性的人物大部分来自哪里?来自上海。像陆楫的《古今说海》、张之象的《唐诗类苑》,包括王圻的《三才图会》《稗史汇编》,像陈继儒《宝颜堂秘笈》,催生了后面影响非常深远的两部书——徐光启的《农政全书》和陈子龙的《明经世文编》。王圻、陈继儒、徐光启、陈子龙、董其昌,其实就是身处历史发展行程中的,我们就应该在历史发展行程中来理解这些人。

中国的传统绘画此时也到了总结时期,而负责承担总结历史使命的人,同样来自上海,他们就是董其昌和陈继儒。

* 从南朝顾野王始积累书画文脉,至元末松江"聚天下士"

凌利中: 提到上海艺术史上令人骄傲的董其昌,作为"董粉",我还办过一个现象级大展"丹青宝筏——董其昌书画艺术大展",吸引了海内外众多学者前来观摩。在我看来,北宋以降,文人画兴起至今700年间,起到承上启下作用的人物就两三位。如果说三人,第一是苏东坡,第二是赵孟頫,第三就是董其昌。如果说二人,一个是赵孟頫,另一个就是董其昌。

董其昌影响身后 400 余年，左右了后面的画史。为什么这个创新点在上海这片土壤中能够产生？

从上海千年书画史角度来说，创新与传承有关。传承包括两方面，一是人文，二是物。物，主要是书画鉴藏包括藏书。而从人文的角度来说，宋元衣冠南渡，大批江左名姓、望族世家、官宦世家与文坛盟主等聚集于松江一带。就著述风气而言即有悠久的传统，比如公元 6 世纪末善丹青的南朝顾野王就著有《玉篇》，元代王默赴京编撰《金字释典》。书画著作方面，宋末元初的庄肃编了第一部南宋画史《画继补遗》，元明间曹昭的《格古要论》是第一部文物鉴赏书，元代夏文彦所编的《图绘宝鉴》是书画史上第一部通史性质的书，再如明代陶宗仪的《书史会要》《辍耕录》等。

上海博物馆东馆于 2024 年 11 月 13 日创设并对外开放的"海上书画馆"也对上海的书画鉴藏史做了梳理。元代尤其是元末，上海地理位置十分特殊，当时黄浦江还没有今天的规模，也不像苏州、杭州那样是兵家必争之地，那些文人士大夫喜隐居于青浦、松江、奉贤包括闵行一带，像黄公望、杨维桢等，他们有很多收藏，与江浙地区的文人往来亦十分密切。用文徵明的话来说，元末松江一带叫作"聚天下士"，对几百年后的董其昌来说，他就生长在这片人文和鉴藏文化底蕴深厚的土壤上。他时常提到"吾松先辈",这种传统于晚明又形成一个高峰亦是顺理成章,这是纵向积累。

这里展示两幅画,第一幅是《淀湖送别图》卷,我称之为上海版的《富春山居图》,创作于元至正二十四年(1346年)。大家知道淀山湖因淀山而命名,比杭州西湖大10倍。这两座山非常写实,一座叫淀山,一座叫箕山,前者海拔12.8米,至今仍在,尚有两口元代古井。唐宋时,淀山在湖里面,宋元以后才变成陆地,山上尚有大雄宝殿等建筑,一直以来是历代文人雅集之所。因此,这是一座由历代文学家、画家以诗画描绘过的千年历史文化名山。从这个角度来说,许多元末文人也成了董其昌口中常常提到的"吾松先辈",所以,这幅画非常重要。

另外一幅《尚友图》轴,是晚明的一个群像,嘉兴的李日华、项圣谟,松江的董其昌、陈继儒等均在画中,生动

图6-13 元代李升作《淀湖送别图》,清代词人朱彝尊题跋云:"松林清疏,峰岚渲以焦墨,淡林羸青作遥山,信称逸品。"现藏上海博物馆

图 6-14 《尚友图》乃项圣谟与张琦为追忆其过去与董其昌、陈继儒、李日华、鲁得之、智舷等人的雅集情景合绘而成,现藏上海博物馆

地展示了当时上海文坛巨儒、书画大家的真实面貌,非常珍贵。

*晚明又达一高峰,董其昌从实践理论上超越前人

从横向来看,跟王圻几乎同时代的,居住在今打浦桥、肇嘉浜路一带的顾氏家族于著作出版、收藏方面的贡献一样

突出，如顾从德编了第一部印谱——《集古印谱》。明中叶，包括上海在内的收藏界可以称为"四分天下"，其一即上海的"顾（从义）、陆（深）、张（张应文）、何（良俊）"，其中顾氏家族收藏作品堪称顶级。乾隆皇帝在紫禁城藏有三件书法宝贝，因此专门筑室曰"三希堂"，同样为收藏四件绘画珍品，特地筑室并命名"四美具"，其中包含现藏大英博物馆的东晋顾恺之《女史箴图》卷。大家知道这"四美具"中的绘画珍品 500 多年前收藏在谁家吗？就是顾从义、顾从德家族。

其家有林亭楼阁，其中有"玉泓馆"等景，文伯仁为顾氏园林专门画了一张十多米长的《南溪草堂图》卷（现藏故宫博物院）；顾家还翻刻了"法帖之祖"《淳化阁帖》。再如陆深和陆楫编《古今说海》，陆、顾都是亲戚，文化活动中你中有我、我中有你；再如豫园主人潘恩、潘允端父子收藏了董源的《龙宿郊民图》轴等；彼时上海书画收藏之丰，影响了周边地区，比如文徵明、沈周等经常划着船来到顾家要看米芾的行书《蜀素帖》卷。

晚明的董其昌，是这些文化群像中最突出之人，可以说是代表了一个时代，他站在了制高点，登高一呼，不仅从理论上，更从书画实践上超越了前人的高度。

二、晚明政治：黑暗打断了创新，士人另有希冀

叶舟：这个时代的画是总结的时代，也是一个创新的时代。但正如之前徐光启为我们打开了大门，这个大门很快又关上了。为什么会关上，我们当然要提到晚明的政治。

＊"晚明三大案"导致的政治黑暗、混乱打断了文化创新

王圻去世于万历四十三年（1615 年）。这一年的农历夏五月发生了一桩很奇特的案件，一个人突然闯到皇太子朱常洛所在的慈庆宫，打伤了一个宦官。这桩案件是晚明政治中非常重大的案件，叫作"梃击案"。梃击案，以及其后万历皇帝驾崩，泰昌帝继位不过一月即因服丹药离奇暴崩的"红丸案"和泰昌帝驾崩后，其宠妃李选侍勾结魏忠贤，以照顾继位的天启帝为由迁入乾清宫，再被杨涟、左光斗等东林党人为防其干预朝政而逼其移到仁寿殿哕鸾宫的"移宫案"并称"晚明三大案"。这导致了万历朝以后，党争一发不可收拾，加上万历帝常年不上朝，天启帝任用宦官专权，崇祯帝疑心作祟、刚愎自用，导致晚明整个政治局面可以用两个词来形容：黑暗和混乱，所以不到 30 年的时间，崇祯十七年（1644 年），

明朝就灭亡了。

这段历史对中国整个传统文化都产生了非常重要的影响。

在此基础之上，我们重新来看王圻和陈继儒，其实也会有一个很深的认识。我们说王圻半隐，陈继儒是全隐，董其昌吏隐。他们选择隐居，是不是因为他们对晚明政治黑暗和混乱感到非常不满？

* 王圻陈继儒对朝政保留距离，愿向其他发展空间

熊月之：这与他们对当时政治的理解、对政治的追求有直接的关联。明代是对官僚最苛刻的一个时代，官员没有人格，当官可以被廷杖；不设宰相，特别是宦官当权、党争不已，很多人无缘无故被卷入，甚至不明就里就被清洗。像王圻、陈继儒和董其昌对此颇为了解。

人们曾持续地讨论，明朝灭亡和以前朝代的灭亡有何不同。南宋灭亡以后，有那么多人跟着南宋皇帝跳海自杀，明朝怎么没有呢？找不到太多。很多人在朝廷上争的是自己的权力，而不是对国家和王朝的忠诚，因此也不会殉国。

更重要的是王圻和陈继儒对方孝孺的案件都有自己的理解。方孝孺因为介入王室内部的权力之争而被诛杀，除了九族以外，还有第十族，即学生均不可幸免，一共有 873 人被杀。到了嘉靖年间，"大议礼"起，皇帝到底该认谁作父亲？这在外人看来，是朱家自己的事，干预不当会祸及其身。因此，像王圻和陈继儒都有共识，士人还应有其他的发展空间，所以对政治表示一定的距离感是题中应有之义。

＊中断的晚明种子，在晚清近代重新被捡起来发芽

叶舟：正是政治局势的变化，特别是明清易代改变了中国传统文化的很多进程。今天我们觉得王圻和陈继儒是非常了不起的人，但是清代修《四库提要》时，馆臣对陈继儒和王圻多持一种不以为然的态度，背后就是清代和明代学术取向大不相同，两人所做的很多贡献，在这段历史记录中就被埋没了。当然我们也不能说它是完全中断的，到了近代之后，它们作为一颗种子，重新在新的土壤中发芽。

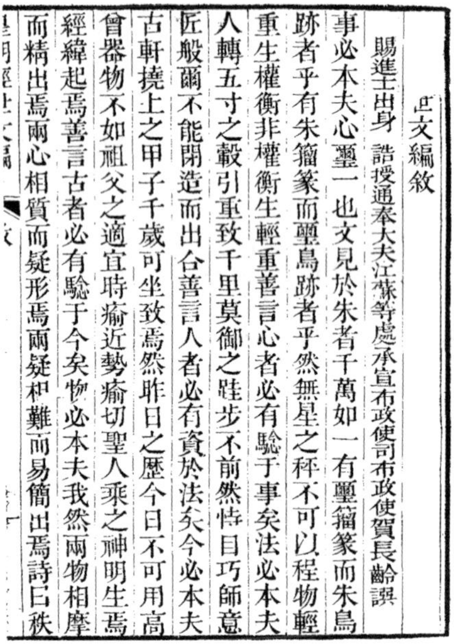
經世文編敘
賜進士出身 誥授通奉大夫江蘇等處承宣布政使司布政使賀長齡譔
事必本夫心璽一也文見於朱者千萬如一有璽籀篆而朱鳥
跡者乎有朱籀篆而璽鳥跡者乎然無星之秤不可以程物輕
重生權衡非權衡生輕重善言心者必有驗于事矣法必本夫
人轉五寸之轂引重致千里莫御之跬步不前然恃目巧師意
匠般爾不能閉造而出合善言人者必有資於法矣今必本夫
古軒撓上之甲子千歲可坐致焉然昨日之歷今日不可用高
曾器物不如祖父之適宜時愈近勢愈切聖人乘之神明生焉
經緯起焉善言古者必有驗于今矣物必本夫我然兩物相摩
而精出焉兩心相質而疑形焉兩疑相難而易簡出焉詩曰秩

图6-15　晚清贺长龄编纂《经世文编》的叙文

比如，陈子龙编《皇明经世文编》，后一轮编撰《经世文编》的热潮就在晚清，最初是贺长龄和“睁眼看世界第一人”的魏源，

随后各种《经世文编》基本上都在上海刊印,比如上海人葛士濬以及主要活跃在上海的盛宣怀都是主要的编纂者。从这里开始,他们把之前的传统再捡起来,在一种特定土壤中重新让它发芽生根。

三、晚明画坛:董其昌提出"笔墨论"等,影响数百年

其实绘画也是一样的,到了清初有一个绘画高峰,四王、吴历、恽寿平,合称"清六家",之后有很长的停滞期,到了晚清,海派绘画又给了中国绘画新的生命力。

凌利中:董其昌深谙仕途环境的恶劣,他很智慧,不卷入党争,他用大量的精力去嘉兴、无锡等处看私人收藏,在仕途上好像没有雄心,但是在艺术上有。董其昌要跟赵孟頫在书画上媲美、要一比高低。而这个超越是有一个过程的。

董其昌所处的明末画坛,面临并需解决的主要有以下四大问题:一是反思吴门画派及其后续的局限;二为总结浙派及其末流之失;三需摆脱史无前例的艺术商品化的巨大冲击;四是需从艺术史发展高度梳理前代画史,并寻求出超越的理论。

董其昌凭借其见多识广以及博采众长的超然智慧,提出

了"笔墨论",昭示了"笔性论";在梳理画史的基础上,提出著名的"南北宗论"。在这个理论框架下,之后清初六家也好、四高僧也好,几乎都在他的理论影响之下而有所成就;换言之,没有董其昌,也就没有八大山人,也就没有近现代中国书画,包括海上画派。

北宋以来上海绘画史有三大高峰,即元末明初、明末清初,第三个是清末民初的海派。包括书画史在内的上海文化史,显示了底蕴深厚、艺脉醇正、兼容并包、勇于创新的特色,绵延至今,其创新并非一蹴而就。

四、对今天的启发:求真实用,开放自信

叶舟:今天我们惊讶于王圻和陈继儒的著作成就,感动于他们的民本思想。今人读他们的著作,发现都是用文言文写成的,也许会感觉离我们很远。他们对今天的我们有什么样的影响和借鉴意义呢?

我认为是求真实用,以民为本。比如陆楫,他其实有不少在当时看起来非常惊世骇俗的言论。

*徐光启提出开放重要论、必要论、有益论

熊月之:明代上海地区之所以思想那么开放、文化那么发达,

跟经济发展有直接关系。海运、棉、布、盐使得上海这个地方和市场紧密联系在一起，经济空前繁荣带来了各种各样的分工，市场分工越细、社会卷入越密，创新能力也就越强，也越容易带来思想创新。思想创新最突出的几点往往都是惊世骇俗的。

大家都提到了徐光启很了不起。徐光启指出了中国人不够重视形式逻辑；他还强调开放三要点——开放重要论、开放必要论、开放有益论。国家对外开放对外国有益处，对国内也有益处，不开放将造成很多困难，因此当时的沿海人民都渴望开放。

＊陆楫提出消费有益论，与海派文化有内在联系

与开放有关联的就是人们的消费观，提倡消费主义好不好？明代正德年以后，整个江南以苏州为中心，穿衣、吃饭、住房、园林都崇尚好的、美的，各方面都要强调以人自己为中心，强调物质消费，形成了反传统的消费观。陆楫专门写文章，强调消费的优点，他说我们家乡又不是有特产的地方，但是人们都喜欢消费，如果大家不去吃饭，餐厅里饭卖给谁，旅游的人不去坐船，划船的人就失业了，因此消费可以促进整个社会的就业。这些观点在中国经济思想史上占有重要地位，像陆楫这样对消费有系统认识的还是士人中的第一位。如今，无论是国内国外讲到中国经济思想史，无不讲到陆楫。陆楫这种

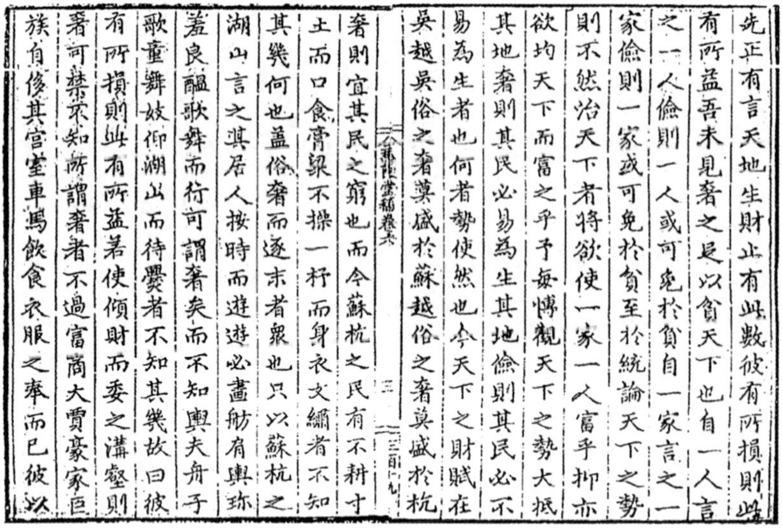
先正有言天地生財止有此數彼有所損則此有所益吾未見奢之足以貧天下也自一人言之一人儉則一人或可免於貧自一家言之一家儉則一家或可免於貧至於統論天下之勢則不然治天下者將欲使一家一人富乎抑亦欲均天下而富之乎予每博觀天下之勢大抵其地奢則其民必易為生其地儉則其民必不易為生者也何者勢使然也今天下之財賦在吳越吳俗之奢莫盛於蘇越俗之奢莫盛於杭

蒹葭堂稿卷六

奢則宜其民之窮也而今蘇杭之民有不耕寸土而口食膏粱不操一杼而身衣文繡者不知其幾何也蓋俗奢而逐末者眾也只以蘇杭之湖山言之其居人按時而遊遊必畫舫肩輿珍羞良醞歌舞而行可謂奢矣而不知輿夫舟子歌童舞妓仰湖山而待爨者不知其幾故曰彼有所損則此有所益若使傾財而委之溝壑則奢可禁不知所謂奢者不過富商大賈豪家巨族自侈其宮室車馬飲食衣服之奉而已彼以

图 6-16　陆楫《蒹葭堂稿》卷六《论崇奢黜俭》内页

观点与他的学识和眼光有关系。到了晚明，人们开始在各种场合，或明或暗地表达内心所想、释放潜意识。放到近代来看，这也孕育了海派文化。

* 晚清冯桂芬的开放观点承自徐光启，体现文化自信传统

叶舟：除了兼容并包，开拓创新也很重要。我觉得这也是当时文化给我们的一些提示。传统中国对外来文化有三种态度：第一种是全方位拥抱，第二种是全方位拒绝，第三种是建立在中国文化的本位基础上对外来文化的吸收和学习。无论是徐光启、陈继儒和王圻，其实都是第三种选择的代表。

熊月之： 徐光启时代天主教的西来与鸦片战争以后基督教传入有所不同，后者与坚船利炮相联系，而利玛窦时代是相对平等的中西方文化交流，中国没有被西方打败的屈辱，因此也没有过于看不起他们，双方处于平视状态。正因为这样，他们可以有选择地学习西方新知识。到了鸦片战争以后，人们因为受战败屈辱影响，往往忽略了即便战败了也要细心鉴别西方文化的良莠。这一点后来在上海表现得非常突出。

在整个洋务运动过程即近代化过程中，最睿智或者最彻底的一个人是冯桂芬。冯桂芬是苏州人，主要活动在道光、咸丰、同治年间，中过进士，太平天国时办过团练，后入李鸿章幕府，重经世致用之学，曾客居上海。咸丰十一年（1861年）他写成的《校邠庐抗议》，就提出要办外语学校、要学习西方。不久后，就在李鸿章的支持下，设立了以后被称为"广方言馆"的学校，培养西学人才。他提出最有名的论点跟徐光启是一脉相承的：评判新事物，莫问其出处而只问好不好，好则无论来自何地都学习它，反之就弃之。冯桂芬这个观点提出来时，可谓石破天惊。从徐光启、王圻、陈继儒再到冯桂芬，脉络很清晰，这是一脉相承的开放传统，也是一种文化自信的传统。

叶舟： 从王圻说到冯桂芬，以我的理解，从上海当时的江南文

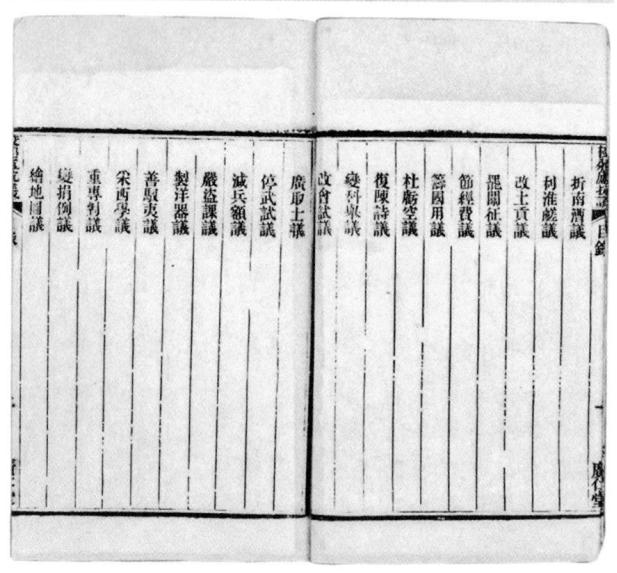

图 6-17 冯桂芬《校邠庐抗议》涉及政治、军事、文化、生产、经济等各个领域，集中体现了作者的开放思想

化到近代的海派文化也是一脉相承的。海派文化同样建立在江南文化或者上海传统文化本色的基础之上。从这个角度来说，我们重新看王圻、陈继儒、徐光启、董其昌，他们就是在上海这片文化沃土中结出的成果，他们共同组成上海文化最灿烂的星空。从他们身上，我们可以看到上海文化是从哪里来的，对未来又有什么借鉴的作用。

熊月之、凌利中、叶舟

互动现场：
阳明心学如何影响晚明士人追求自我，
九峰三泖为何是元明上海画家最爱

* 松江府包含上海滩，上海经历多轮行政区域沿革

松江党校教师郑迎： 刚才提及的董其昌、陈继儒均来自今天行政区域的松江，松江还有陆机、陆云，请问是否先有松江府，再有上海滩？

熊月之： 松江府与上海滩在历史上具有不可分割的联系。提及松江府时，上海滩自然包含在内，二者之间不存在时间上的先后。自751年华亭县设立之初，上海地区便已纳入其行政范围，形成了一个较大的地理单元。在讨论上海时，无法将其与松江府割裂，因为当时的上海即为松江府的一部分。反之，提及松江府亦涵盖了上海。后来，由于行政区划的变迁，松江与上海曾出现分离，形成了大松江、中松江、小松江的划分。若论及小松江，其与上海自然有所区别；然而，大松江的概念是囊括上海在内的。现今所指的上海，特指面积达6 000多平方千米的大上海，而非昔日的上海县。

* 上海行政区域调整后，含千年书画史在内的文化史有待重写

凌利中：这个问题属于历史学范畴，而我侧重书画研究。我在梳理书画史的时候，了解到之前老一代学者对上海画史的总结与观点是代代相传的，言必称"海上画派"。所谓"海上画派"，简称"海派"，特指1843年（清道光二十三年）以后的画家画作，是一个专有名词。1958年上海经历了一系列行政区划调整。1958年松江、青浦、奉贤、嘉定、宝山、南汇、川沙、金山、崇明等10个原属江苏省的区域被划入上海市的行政版图。1958年之前的上海仅涉及约500平方千米的地域，而1958年后的上海则扩展至6 000多平方千米。

一部上海史，从史前文化到被迫开埠，中间的"人文约两千年"十分灿烂，但长期以来对这一阶段的文物研究和利用不充分，以至于"上海千年人文"的面目模糊。不少人对上海文化的认识停留在受外来文化影响多，甚至将海派文化等同于租界文化。遗憾的是，60余年来，以此为基础的文化史的重写尚未充分展开，客观上造成对海派文化的溯源不充分、认识不全面。以人文书画为例，往往以近两百年的"海上画派"代表近两千年的上海古代书画成就，"以点代面"，固化了对海派文化的认识。因此，如今再次强调上海六千年的文化梳理，对理解

"上海"这一概念的地理和历史内涵具有重大意义,上海博物馆东馆新设"海上书画馆"而非命名"海上画派馆"即是此意。

*江南文人群善自我完善、以民为本,关键时刻勇于挺身

出版社听友:江南经济繁荣文人荟萃,依然无法挽救大明的衰亡,流行的看法认为是东林党人的党同伐异造成的,您怎么看?

叶舟:首先,我们必须明确,江南文人群体作为一个整体,肯定不是全都优秀或全都劣质的,而是包含着形形色色的个体。我们不能用好或坏这样的标签来评论江南文化所孕育出的文人,这里的文人虽然有很多共同的特点,但同时也具有多样性。江南地区经济繁荣,文人对经济的重视是其显著特征之一。他们普遍享有优渥的生活条件,追求物质享受、艺术收藏,热爱园林建筑。这是江南文人生活的一个方面。

但另一方面,回顾宋元以降至近现代的历史,我们不难发现,江南文人并非仅仅沉溺于物质享受。在历史上,他们对社会公益事业,如水利、赈灾、救荒、减赋等,都作出了显著贡献。特别是在明清易代之际,在著名的"嘉定三屠"事件中,抗清领导者就是诸翟人侯峒曾,还有安亭人黄淳耀。如果我们探究他们为何在国家危难之际挺身而出,其背后的文化思想可追溯至王圻、陈继儒、徐光启身上。王圻就和侯家有世交,另外一位重要的抗清领袖陈子龙，其实就深受徐光启的影响。

为何江南文人未能改变历史的走向？大政治、大历史的进程并非少数文人所能左右。然而，在关键时刻，江南文人所展现的气节与风范，已足以彰显江南文化的亮点。特别是在清代，面对文字狱的高压政策，真正以考据学对抗清朝文字狱政策的，仍然是江南文人。

综上所述，江南文人群体既有优点也有不足，但其核心精神在于追求真理、求真务实、以民为本。每当中国历史面临转折和危急时刻，往往是江南文人率先站出来。

* 阳明心学在明中期兴起，与社会事件共同推动人的觉醒

上海外国语大学闵行外国语中学高一学生穆乐乐：想请教，晚明皇权是否衰弱？皇权效力减弱对晚明士人内心世界及个人主义发展的推进作用如何？

熊月之：在明朝，中央政府对地方的控制力在不同历史阶段表现出不同的强度。特别是在中期以后，对私人领域的控制逐渐放松。这种变化并非由于朝廷缺乏控制意愿，而是由于宫廷政治的实际运作状况限制了其有效控制地方文人的能力。其次，思想的演变具有其内在逻辑。例如，王阳明心学的兴起并非孤立事件，而是与社会思潮紧密相关，正如理学发展到一定阶段自然会向特定方向演进。

结合明朝的具体历史情境,可以观察到,无论是哪个朝代,都存在历史周期律:初期统治者勤勉尽责,但随着时间推移,后世皇帝的统治能力逐渐减弱,权力不可避免地旁落。中央权力虽然始终存在,但若皇帝无法妥善行使权力,那么权力便会落入他人之手,如宦官或争夺权力的首辅大臣。这些掌权者往往更关注如何掌握权力,而未必真正关心朝廷的事务。因此,到了明末,许多大臣个人财富丰厚,而朝廷财政却捉襟见肘,其原因正在于此。

* 以当代人视角解读,王、董认为拓展自己的文化空间更有价值

王圻为何要拓展自己的文化空间?陈继儒为何认为在政治上应保持距离?董其昌作为官员为何长期请假,将大部分精力投入书画艺术上?这些问题的答案往往没有文字记载,但通过他们的行为表现,我们可以推断出,他们认为个人的艺术发展或学术汇编追求比仕途更为重要。若以现代视角来解读历史,便能更好地理解这些现象。例如,陆楫的思想在当时可能并未受到重视,但经过数十年甚至数百年,人们开始认识到其价值。同样,我们今天重新审视王圻和陈继儒,也是基于当代社会的感受来解读古人,从这个意义上讲,所有历史都是当代史,具有其合理性。

* 心学在清朝以多样化方式融入学术发展脉络，如考据学

第十五中学初三学生张博瑞：心学是否对清朝的江南士人仍有潜移默化的影响，并以此对抗较为封闭的思想？

叶舟：心学到了清代依然有很多影响，并非完全中断，而是以诸多线索与脉络持续流传。我们今天看考据学，其背后其实就是实践之科学精神。考据学之发展，深受徐光启及传教士的科学思想影响。考据学之基础，其实就是形式逻辑，否则考据学之存在将无从谈起。若我们探究清代学术，也不难发现比如天文学与算学在该时期也有所发展。像梅文鼎、方以智、李锐等学者，其实都受到徐光启的影响。所以这些思想一直是以多样化的方式，融入各学术发展之脉络中。至近代，当时代与环境"土壤"适宜，这些学术思想便以新的形式展现，为中国面临近代大变局时提供了坚实的基础。若无此基础，诸多近代思想亦难以形成。

熊月之：我为叶舟老师做个背书。科学知识与科学方法一旦被人们所吸收，便无法被割裂。在对清代科学家群体进行研究时，我们发现一个显著现象：绝大多数科学家来自江南地区。这一现象揭示了江南地区在西学东渐过程中所扮演的关键角色。晚明时期，三位在西学接受方面表现尤为突出的人物——徐光启、杨廷筠和李之藻，其中一位为上海人，其余两位出自杭州，他们都是江南人。通过对全国范围内科学家的统计分布的深入调查，我们进一步确认了江南地区在科学领域的显著贡献。这一发现暗示了科学方法一旦被人们内化，便具有持久的影响力。哪怕是从事传统数学和医学研究的学者，也逐渐接受了西方解剖学的知识，哪怕在表面上未予明言，但我们通过对他们的深入探究，可以发现西学对这些学者的影响是不可忽视的。

＊利玛窦引入"地圆说"，苏杭沪学者较早较多接受

咨询行业从业者杨福兴： 哥伦布发现新大陆带来的"地圆说"对欧洲社会和新经济产生很大的影响，《三才图会》引入地圆说后，对当时中国产生什么样的影响？

熊月之： 地圆说是利玛窦传到中国的，利玛窦万历十年（1582年）来中国，但很多年之后他才把地圆说介绍进来。"地球是圆的"在初期遭遇了广泛的怀疑，100人中99人不相信。直至近代，仍有人质疑地球的球形构造。例如，在19世纪末，仍有人提出疑问，若地球为球体，为何人不会因重力而倒向一侧。由于直觉上难以接受，人们难以理解地球的引力作用以及地球绕太阳公转的现象。

在当时，尽管王圻并非专注于此类研究，却能认识到地圆说的价值，并将其纳入《三才图会》。我曾深入研究过"西学东渐"

和地圆说，发现苏州、杭州、上海等地区的学者较早地接受了这一观点，尽管仍存在持怀疑态度者。王圻、徐光启等人的远见卓识在于他们认识到应将地圆说纳入知识体系，这一点尤为可贵。

＊江南文化始终是上海的文化底色，上海与苏州可谓同宗同源
国企退休人员陈伟：上海的三大文化中，江南文化似乎不如海派文化鲜明、丰富，而江南文化中明、清两代，清代不如明朝（包括晚明），这个判断是否成立？原因何在？

熊月之：这个问题考虑得非常有深度。实际上，在上海的宣传活动中，江南文化、海派文化与红色文化之间并未表现出显著的差异性，亦未体现出对某一文化的偏重或轻视，江南文化始终受到高度关注。上海地区的江南文化，在整个江南文化圈中占据着举足轻重的地位，无论是清代还是明代，其影响力均不容小觑。叶舟教授曾对此进行过专门研究，指出在明代松江府的科举考试中，进士及举人的数量与苏州府不相上下。尽管苏州府的绝对数量可能略高，但若按比例计算，上海地区则更胜一筹。

自明代以来，上海在江南文化中的地位已经很重要了，苏州府与松江府并驾齐驱，无论在文化、经济还是社会各个方面均是如此。明代人称上海为"小苏州"，而近代则将苏州比作"小上海"，实际上两地文化有着千丝万缕的联系，可视为同源同宗。

叶舟：补充一下，但单以县论，松江府的附郭县——华亭县的进士人数名列全国第一，上海县也在全国前十之列。

* 南汇在盐业、稻作、海运业上贡献颇丰，是海派文化的重要体现

牙医朱联国：作为上海南汇人，对于王圻、陈继儒这两位文史学者不甚了解，很是惭愧。请问我们挖掘这些古代乡贤的成就，对于现在有何意义？

熊月之：南汇文化在江南文化体系中占据着举足轻重的地位。该地区不仅在人文领域展现出独特的特色，其在盐业、稻米生产以及海运业方面亦有显著的贡献。特别是盐业，南汇地区盐田遍布，孕育了极为丰富的盐文化。盐文化深刻反映了沿海居民的生活方式，并且是上海海派文化本质特征的重要体现。上海海派文化的开放性与盐业及海运业的发展密切相关。南汇文化的多样性与丰富性使得当地居民并不认为自己的文化逊色于其他地区。

*《东吴水利考》倾注王圻心血，当代据其成功复原当时吴淞江水系

地方文史编纂工作者余逸成：王圻的《东吴水利考》为民生实用目的而编著，此书在当时产生最直接的影响有哪些？至今是

否还有一些现实意义?

叶舟：王圻居于苏州河或吴淞江流域，自幼便深受苏州河水患之影响，解决吴淞江水利问题，成为其终生追求之目标。在其年近八旬之际，着手编纂《东吴水利考》，倾注了其毕生之最后精力。复旦大学历史地理研究所通过研究《东吴水利考》，成功复原了当时的吴淞江流域状况，其著作对于全面理解吴淞江的水系变迁具有不可估量的学术价值，对当代亦具有重要的参考意义。

图6-18 《东吴水利考》对当代亦具有重要的参考意义

*北宋熙宁七年上海建镇，已得到《松江府志》和家族记载多方佐证

喜马拉雅听友：陈继儒编修的崇祯《松江府志》提出北宋熙宁七年（1074年）上海建镇，这成为一个上海历史之谜。六十年前，《文汇报》组织了一场笔论，没有明确的结论。请问熊先生，时至今日，上海史学界有新的史实发现、新的研究进展吗？

熊月之：关于上海建镇时间的记载存在多种观点。近年来，浦东地区的学者周敏法从一份家族谱牒资料中发掘出新的证据，该证据与先前《松江府志》中的记载相吻合。在学术研究中，若某一论断仅依赖单一证据，通常难以获得广泛认同。然而，该学者所提供的证据，通过一条完全独立的路径，与《松江府志》的资料相一致，从而在一定程度上增强了该论断的可信度。因此，我们可以较为合理地接受这一观点。

*元代上海画家群的多元创新，是董其昌画风源头之一

文旅业企业主王守东：上海博物馆东馆的数字馆里，有董其昌的画作，画风飘逸又空蒙，宛如人在画中又随时能脱离，线条险峻中有柔和。常说，画如其人，人如其画，是家境、成长还是文化碰撞，造成了他既抽象又有禅意的画风？

凌利中： 您的问题颇具探讨价值，里面有很复杂的因素。

我们从两点看，一方面，这实为一种创新之举，艺术史中可寻觅此类方向，与董其昌见多识广密切相关；另一方面，王圻与陈继儒常提及的乡贤概念，可直接关联至元代上海画家群体。元代上海画家有两个特点，首先是文徵明所言元代的松江"聚天下士"，因当时特殊的历史背景，才子们避兵乱而至此，比如陶宗仪、杨维祯等。

其次，上海地区涌现诸多具有创新精神的书画家。例如，徐渭是画墨葡萄的名家，而"墨葡萄"的创始人是温日观，他是上海松江人。又如张中，可视为现上海徐汇区人，为元代"墨花墨禽"画派的两位创始人之一，他影响了吴门画派如沈周、唐寅等。元末明初以降，上海画家的风格从不局限于一种画风。元代以人文水墨为主流，而任仁发继续画北宋宫廷风格的工笔设色，张中则继创水墨写意，因此，多种画风并存于上海画家之作品中。再如明初的嘉定画家马愈，是吴门画派先驱之一，而其父马轼则为明朝宫廷画家。可知当时即使是父子二人，画风方向亦迥异，勿论无血缘关系的其他画家。

陈继儒与董其昌在鉴藏古代书画实物时，进行了综合性的分析。董其昌早期研究宋人画作，后亦遭遇困惑，用今天的话表述，自然界的真山真水，即使给予数万年的时间亦难以全部描绘。董氏从宋人画作至元代画作，尤其是对黄公望的思

图 6-19 （传）【元】温日观《葡萄图卷》，现藏上海博物馆

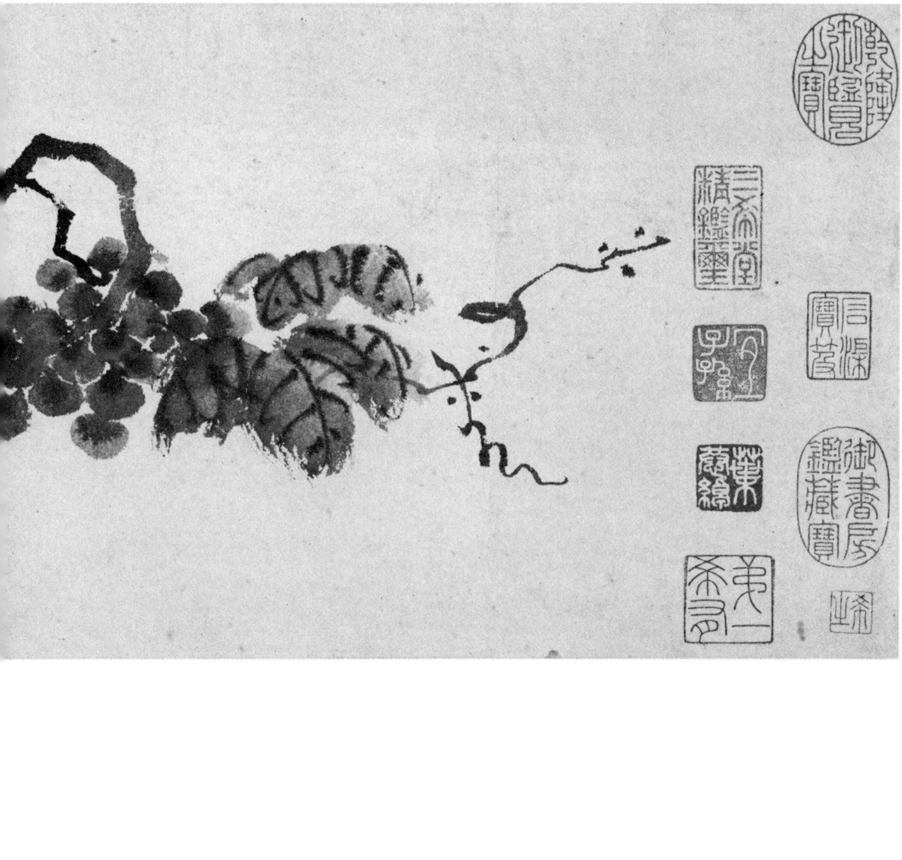

图 6-20 【元】张中《芙蓉鸳鸯图轴》，现藏上海博物馆

索，这个超越过程以及实践上的突破过程颇为复杂，但在董其昌这里，呈现了一种理性的思考，也显示其超越时代的一种历史观。

图 6-21　明朝宫廷画家马轼《归去来兮图》之问征夫以前路，现藏辽宁省博物馆

图 6-22　马轼之子、吴门画派先驱之一马愈的《畿甸观风图》，现藏上海博物馆

*《三才图会》中的上海地景描绘与明中后期出版兴盛有关

同济大学博士生卢菁：《三才图会》中描绘了吴淞江、云间九峰、三泖等上海地景，这些插图式山水画与松江画派山水画在构图、章法等的异同点有哪些？为何云间九峰、三泖的地景能孕育出如此多的优秀文人？

凌利中： 尽管两者均以地理特征为描绘对象，但其表现手法存在显著差异。例如，董其昌与黄公望所绘的九峰三泖，展现了各自独特的笔法、个性、风格。王圻的《三才图会》不仅反映了明代中后期出版业的商业兴盛、市民阶层的消费能力提升以及教育的普及，还体现了当时图画类作品的多样化，如画稿、画谱的大量涌现。在山水画方面，作品往往倾向于概括性特征的表达，例如在描绘西湖的山峰时，会采用一种图案化、程式化的表现手法。

《三才图会》内容广泛，涵盖了象棋等百科全书式的知识。上海江南文化历史中，此类图谱已有悠久传统，海派文化正是在江南文化的基础上，加上中西交汇孕育而出。今日探讨上海六千年历史，尤其是上海人文两千年的历史，显得尤为重要，这包括了此类大型图书的出现。

*九峰三泖既是艺术家桃花源，亦为创作高频景

九峰三泖之所以成为艺术家的钟爱之地，实与太湖流域绘画史的发展密切相关。北宋之前，文化中心位于北方，随着南迁，尤其是苏东坡开创文人画之后，太湖流域的湖州赵孟頫、上海董其昌等人的出现，标志着一方水土孕育了一方人才。九峰三泖在明初夏元吉改造黄浦江之前，山水之美适宜世家大族隐居。黄公望的祖先是陆龟蒙、陶宗仪的祖先是陶渊明，以及孙大雅为孙权四弟孙匡后裔，这些文化精英，个个都是"高富帅"。《有余闲图》画的是青浦的杜蒙，杜蒙乃睢阳五老之一杜衍之后代，上海朱氏家族亦同出睢阳五老之一朱贯一脉，大体上均源自这样的文化传承。

目前发现最早描绘黄浦江的作品是《曲水园图卷》，画的是闵行马桥的董宜阳（董其昌叔伯）宅园，此画作意义重大。这也是董其昌的出生地，他占籍华亭，可能是因为那里科考名额较多。而描绘淀山湖至黄浦江水系形成之前九峰三泖一带景色的传世之作则有《淀湖送别图卷》，淀山史称"九峰之祖"，此画所绘之地曾是文人士大夫理想的桃花源，黄公望对此处情有独钟，据说元四家之一倪瓒到上海非要住在"高富帅"官宦文艺世家的曹知白的庄园里，因知白为江南富族，庄园宽敞豪华且清幽，又藏书数千卷且喜蓄字画，可见该地区素来拥有深厚的文化底蕴和收藏传统。

图6-23 《曲水园图卷》，现藏上海博物馆

* **董其昌与陈继儒人生道路不同，但互有心灵寄托**

图书馆馆员李宇（线上提问）： 陈继儒和董其昌在书画创作特征上有对方的影子吗？

凌利中： 陈继儒与董其昌年龄相差三岁，董其昌在人际交往中结识了数百人，若论与之关系最为密切者，非陈继儒莫属。

在书画艺术领域，董其昌无疑占据了一定的高度，陈继儒虽亦擅长绘画，但更多以文人学者的身份出现，未形成独立的书画流派。董其昌对陈继儒充满敬佩，虽人生道路不同，但两人性格互补，友谊坚贞。在官场得意或失意之时，董其昌常常思念陈继儒。例如，在北京绘制几幅风景画《燕吴八景》后，他便立即联想到隐于九峰三泖的陈继儒此时此刻的活动，这种心灵上的寄托，是将陈继儒视为其人生知己

图 6-24　董其昌在北京绘制几幅《燕吴八景》后，立即联想到隐于九峰三泖的陈继儒，左为描绘燕京的"西山暮霭"，右为追忆吴地的"九峰招隐"，现藏上海博物馆

的表现。此外，在绘画观点和理论方面，两人持有共同的见解。若深入探讨他们之间的关系，将能引出更多值得探讨的话题。

＊《三才图会》包罗万象，是知识大爆炸和出版业繁荣共同造就的

能源系统工作者阙之玫：《三才图会》为百科类图集，按理说须由不同学术背景的专家分别编辑。这本书主要是由王圻主编，还是其儿子完成？能否通过现代技术对其画风的分析、解构来判断其作者是否为多人？历史典籍中是否有相关记载？

叶舟：正如您所说，王圻是《三才图会》的编者，其子王思义更擅长绘画，所以是父子共同编著的。晚明时期正处于知识爆炸的阶段，这一现象背后是知识市场的蓬勃发展，图书市场、文化市场以及出版业的繁荣共同促进了该书的诞生。书中包含众多插图，其背后是版刻技术的高度发展，正是这一技术的繁荣才使得这些插图得以形成。

这一时期，人们通过多种方式的阅读与理解，可以获取大量知识。而王圻是一位精力充沛、学识广博的学者，他对这些知识进行了总结与编纂。《三才图会》中有许多知识源自外部，例如地球是圆的，以及引用的《坤舆万国全图》，均来自利玛窦。再例如书中有各种各样工艺、山、水、动植物的草图，很多源于另一位主编王思义，即王圻之子。王圻也通过实践考察，获得了大量第一手资料。而且，明代后期图书市场的繁荣为他提供了丰富的参考书籍，从而帮助他完成了该书的编纂。

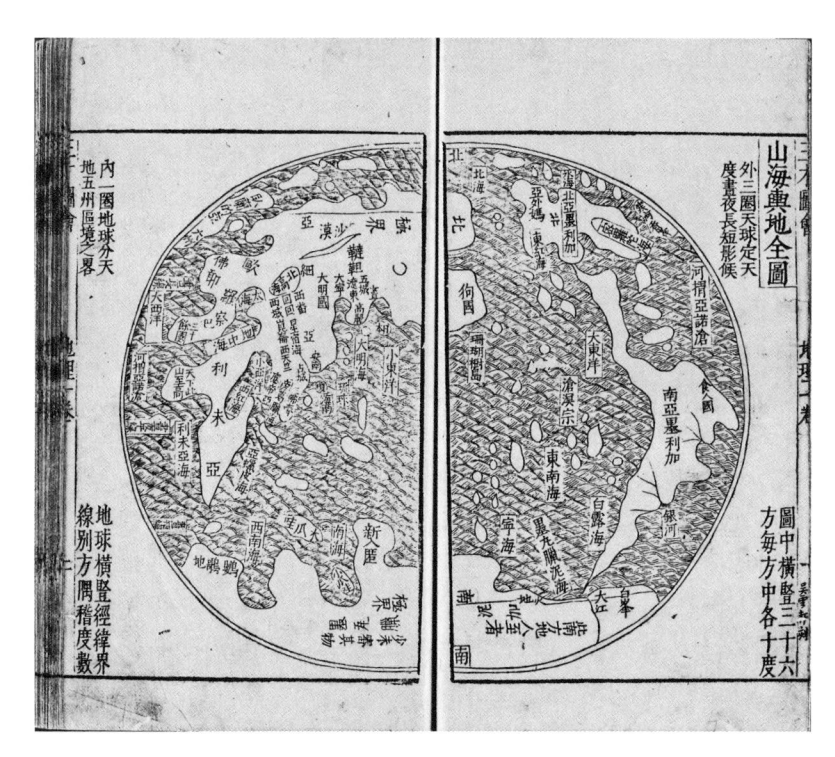

图 6-25 《三才图会》所载《山海舆地全图》

晚明时期也是一个总结性的时代。其实我们可以进行一个比较，法国在启蒙思想时代，曾经涌现了以狄德罗为代表的"百科全书派"，尽管时代背景不尽相同，但我们可以发现，上海这一时期涌现出了许多百科全书式的专家，其实和"百科全书派"有很多相近的地方。从这一点来看，我们也就可以理解，王圻以及《三才图会》是时代应运而生的产物。

*《三才图会》由金陵书房刻印，湖州商人售卖，清代依然流行

工程行业从业人员林芸：《三才图会》有无收录江南地方当时的技术发明？

叶舟：在《三才图会》中，众多工艺图样得以展现，例如，与之同时代的另一部极具影响力的著作《天工开物》，收录了大量反映中国传统工业技术的插图，而经过学术考证，我们可以发现《天工开物》中诸多插图的重要来源之一即为《三才图会》。

咨询行业从业者贾洪泉：《三才图会》这种书在当时能卖多少钱？一般收入的学子能否买得起？他们能否像当代人那样容易地学到各种知识？

叶舟：关于这个问题，我们可以举个例子，清代著名学者陆陇其在其日记中，记载了湖州书商驾着书船，将《三才图会》运至他家门口销售。此时，王圻已辞世很久了，这就说明，《三才图会》在当时应该是书商极力推销的畅销书。

另外，《三才图会》的出版商是金陵"吴云轩"，吴云轩坐落在南京三山街，当时这里云集了大量商业刻书机构，可见，《三才图会》的出版行为显然带有商业考量。《三才图会》是王圻刻印次数最多的著作。进入清代,该书的流行程度显著提升,比如来自徽州的大书商,著名的"四大元宝"中的"大元宝"黄晟就刻过《三才图会》。他们之所以重视此书,主要基于其商业价值和市场流通性。所以,随着知识的市场化,有很多读书人得以接触并使用《三才图会》中的知识资源。

第七章 上海近代金融业与三千年未有之大变局

庄票、支票结算背后是钱庄、外商银行、华商银行相互借力的本土化现代化国际化探索。

上海近代金融业如何转身

由于上海拥有先天性区位优势，位于江海交汇处和出海口，所以据海关统计，在开埠约十年后的清咸丰五年（1855年）左右，上海的进口洋货额已达近650万两白银。第二次鸦片战争之后，中国又开放了多个沿江沿海和北方的通商口岸，进口洋货进一步增加，这要求中国尽快发展进入腹地市场的转口贸易和土货土产的出口贸易。这在客观上对金融业提出了新的要求，即需要金融机构提供巨额的商贸融资结算等信用服务。从近代上海的历史来看，主要有三方面的金融势力即钱庄、外商银行、华商银行应运而生。

一、钱庄：近代上海金融业发展的本土基础

随着开埠，上海剧烈增长的进口贸易、转口贸易、出口贸易对金融业的呼唤，首先意味着本土传统已有的金融业获得也

抓住了历史性的机遇,在它的发展中体现出演变的基本脉络。

*钱庄最早脉络:1797 年有记录,起步资金少

今天已不可能找到关于上海出现的第一家钱庄的记载,因为在鸦片战争以前,甚至更早的明清之交时,已有相应的机构从事后来钱庄的业务。最早的上海地区钱庄的记录存在于 1797 年(清嘉庆二年)的一块碑刻上,它提到多家钱庄,其中大约有五分之三的文字还可以辨认出来,有些非常明确带有"庄"字,还有一部分则只保留了钱庄的名称;1921 年,上海

图 7-1　1891 年上海北市钱业会馆影像(引自沈敦和辑:《清国新事业之一斑》,商务印书馆 1911 年版)

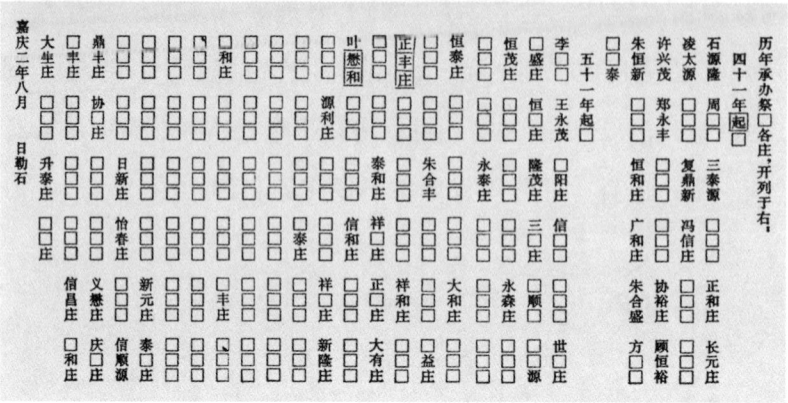

图 7-2 关于上海钱庄的最早碑刻记载，下图为誊文

钱庄业的同业团体所在地"内园"重修，留下了《重修内园记》碑，碑上记载了与之相同命运的钱庄变迁情况；通过历史照片可看到，钱业同业团体曾被称为会所、会馆，1917 年上海钱业公会正式成立。

上海开埠大约十年后，市面上约有 120 余家钱庄，其中真正所谓的大钱庄，即有数万两资本的钱庄仅有 8 至 10 家；另外 50 多家钱庄只有不到一千两的资本；剩下半数钱庄的资本则不足一万两。钱庄的核心要义是想"以小博大",在近代金融业中博得自己的一席之地。到了20世纪20年代后期,上海有近90家钱庄,资本最多的已达几十万两。

今天可以看到许多过去留存下来的钱庄账本,能辨认出其中的若干汉字,但还有一些既不是现代汉字,也不是阿拉伯数字,甚至不是汉字数字,而是传统中国商业记账的特定记数,它与汉字数字有关,但又改变了样态。

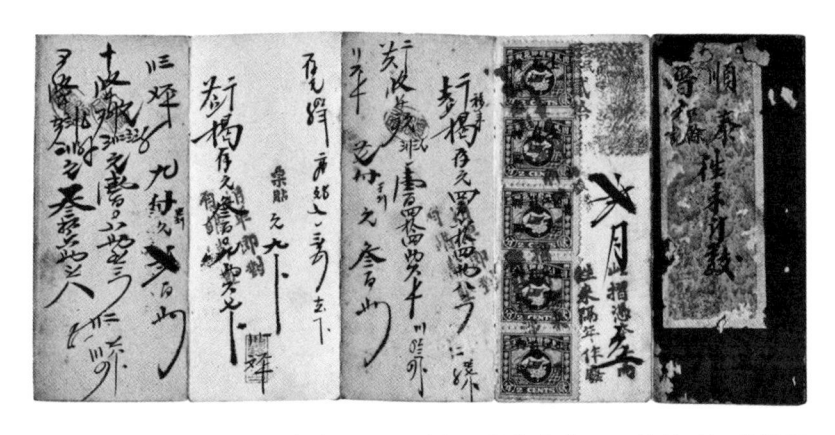

图7-3 从钱庄往来账本中可以看到中国传统商业所用的特殊记数符号(引自"中国银行博物馆"微信公众号)

对于特定的钱庄来说,无论是五百两、五千两、一万两资本或发展到几十万两都是不容易的。但行商想要做大生意,外国货物的进口、转口,中国本土产品的出口,都需要融资、结算,甚至特殊的金融服务。于是,此时的钱庄非常亮丽地转身登场。

*开埠后应对金融需求，钱庄创新业务：签发庄票和汇票

钱庄最初的业务离不开"钱"字，即把大钱兑换为若干小钱，或进行不同货币间的兑换。业务内容较多的是小额的存款、放款，和本土的、本地的往来当中账面的结算。开埠后，面对大规模的商贸关系，特别是进出口贸易，钱庄因势而动，发展出新的业务，即签发庄票、汇票。只有庄票、汇票才能帮助钱庄实现以小搏大的目标。

钱庄与行商、坐商以及外商进行生意往来，较早就开始签发钱庄承担支付义务的票据，即所谓的庄票，庄票的持有者可以将庄票作为支付的手段。钱庄的账面资本可能只有五百两、一千两最多上万两，而钱庄以信用为依据来以少博多，签出的庄票可以远远超出这个数目。

钱庄和银行不同，一般不设立异地分支机构，当钱庄接到外地的买卖，则不开庄票而开汇票。钱庄与"关系户"或有长期业务往来的异地钱庄合作，合作方收到商人提供的汇票，可以按照汇票面额付现，以后再结算。汇票除了签发庄的名称，还有付款庄或者机构的名称。

庄票、汇票是上海的早期金融家们在特定年代中实现的金融创新，非常值得我们今天了解并学习。

贴现业务是近代意义上金融机构所从事的业务，它指商业票据尚未到期但急于变现时，持票人贴付若干就可以变现。贴

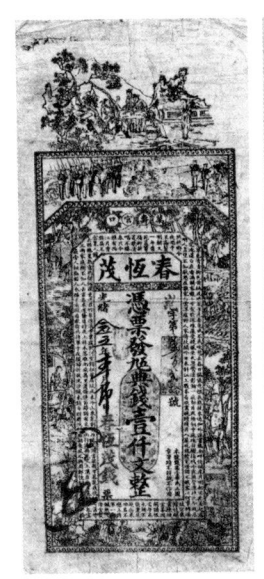

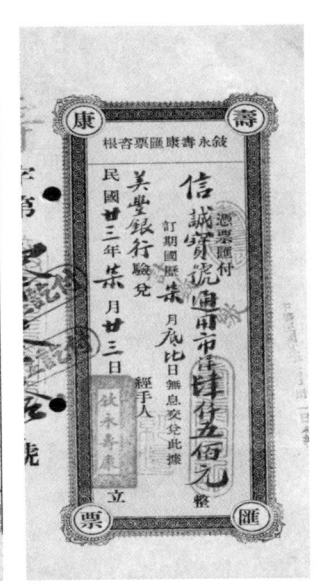

图 7-4　春恒茂钱庄庄票正背面，价值 1 000 文（引自张或定、张哨峰、张劲峰《上海书画家绘制的空白钱票》,《中国收藏》2018 年第 11 期）

图 7-5　寿康钱庄汇票 4 500 元

现通常是较大的商业银行才能够从事的业务，而钱庄在不断发展后，也开始做起贴现业务。

早期的上海钱庄在埠际往来、中外贸易中起到较大的作用，它的影响不仅仅辐射上海本地本埠及邻近省份，更是深入到了内陆地区。

*上海钱庄向现代化发展，服务至解放初期

20 世纪 30 年代的外滩与开埠初期已截然不同，此时

毗邻黄浦江畔的主要是外商银行，以及钱庄、新式华商银行等。

最初银行被认为是比钱庄更为现代化的机构，因为它采取股份制，有董事会、监事会、股东大会，要公布准备金。而钱庄较多为独资，少数是合资或合伙。随着时代的发展，钱庄不断转型或向现代化发展，比如采取股份制，接受支票签发，成立联合准备库等。

在历史的发展中，整个钱庄行业起起落落，有兴旺也有落魄，但整体上它一直坚守到上海解放后，并且服务于当时上海的经济发展、经济恢复、城市生活的正常化运作，还支援抗美援朝。后来钱庄顺应改造的大势组成集团，最后统一加入公私合营银行，成为中国人民银行主导下的金融体系的一部分，"钱庄"一词也随之退出历史舞台。

二、外商银行进入上海，与钱庄借力合作

外商银行如何进入上海，并与钱庄互相借力合作，庄票如何与支票进行兑换，从而共同做成较大的业绩呢？

* 上海开埠，麦加利银行和汇丰银行进入并发力

外商银行进入上海，与上海开埠，特别是与租界的开设直

接相关。19世纪40年代之后,先是英商银行进入上海。上海是全国外商银行数量最多的地区,鼎盛时有近30家。麦加利银行(即渣打银行)进入上海并不是最早的,但始终担任上海各外商银行所组成的团体——外商银行公会的主席,因此被称作"领袖银行"。其业务量虽然不是最大的,但在国际汇兑方面处于支配性地位。

比麦加利银行晚七八年进入上海的是汇丰银行,后来它们并称为近代上海也是近代中国最有影响的两家外商银行。与麦加利银行不同的是,汇丰银行的业务重点是向中国的官员和商

图 7-6 外滩风貌随着经济的发展不断变迁。上图为 1850 年外滩样貌,下为 1930 年外滩样貌

图 7-7　外商银行旧时景象。上图为外滩 18 号麦加利银行（渣打银行）旧址，下图为外滩 12 号汇丰银行旧址

户发放贷款。中国历史上曾经历甲午战争，战败后签订的《马关条约》要求中国赔款 2.3 亿两白银，清政府只能向外商银行巨额借款以支付赔款，其中包括俄法借款、英德借款、英德续借款，而汇丰银行则是其中最主要的外商银行。作为中国政府最重要的外债债权人的代表，汇丰银行在金融业务中具有其他一般外商银行所不具备的优势，民国初年甚至规定中国海关的关税主要由汇丰银行进行控制。直到 20 世纪二三十年代，海

关关税才陆续由中央银行、中国银行接管。

在外汇市场上,中国货币和主要外国货币之间的买卖以及不同外币间的买卖,在上海都有相应的金融市场可以开展业务,汇丰银行是主要的行情挂牌银行和外汇买卖的主要承担方、参与方。

* 外商银行利用存款优势渗透钱庄和华商银行

外商银行在近代上海乃至中国的金融业中扮演了重要角色。一方面,外商银行在中国发行纸币,产生了很大影响;发放的支票相当于等量借款,为外国商品进入中国提供最基本的信用服务,在大额的商品买卖和价款的结算中起到了主要作用。

另一方面,外商银行还渗透到钱庄和华商银行,后两者刚进入市场时往往需要尽快获得较大数额的现款,外商银行则利用它们在中国已经获得的优势,特别是利用上层人士的大量存款,为钱庄和华商银行提供贷款。由此,外商银行对华商金融机构乃至整个金融市场起到掌控作用,在国际汇兑以及中国的财政、海关、盐务等领域也产生了不可忽视的影响。

* 依靠信用,庄票和支票在同一空间内实现抵冲

外资银行进入中国之后,外商银行支票和钱庄庄票逐渐

图 7-8　外商银行在华所发行的纸币。上图为麦加利银行发行的十圆纸币，下图为汇丰银行发行的一百圆纸币

成为连接华洋进出口商的信用工具。洋货进入中国市场，接盘的中国商人无法迅速拿出大额现款时，便需要利用庄票作为支付手段交给进口洋商。洋商到内地采购土货，可以将庄票存到外商银行，获得相应数额的支票，再用支票到内地采购中国的土货。接受支票的当地土货商则委托当地的钱庄把收到的支票

向相关银行进行结算收取现款，这样钱庄发出的庄票和支票在同一个时空呈现在外商银行面前，只要结算轧账，冲抵一下即可。

从更大的视野来看，庄票和支票使洋货进口销售和土货采购出口可以在非常短的时间内用极少甚至不用现款的情况下完成。这就是以小博大，以少博多，而这单靠一家或一方是不可能实现的，它需要中外双方金融机构和关联的商人之间实行互相借力合作。

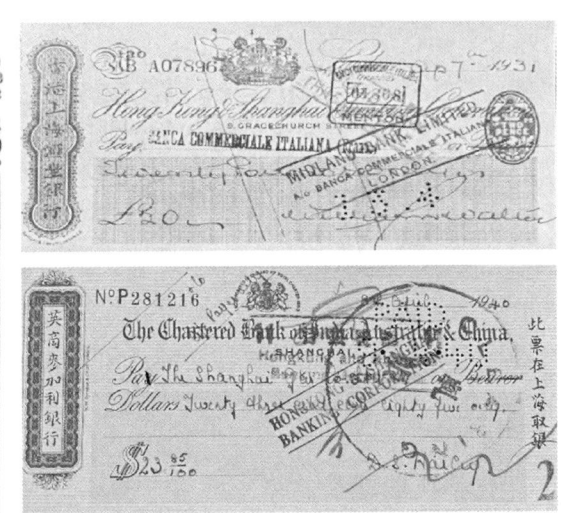

图7-9 左图为庆丰永钱庄庄票（未使用），右上图为汇丰银行支票，右下图为麦加利银行支票，庄票与支票可在同一时空内实现抵冲

三、华商银行兴起，形成三足鼎立格局

中国人自己办的银行，要在外商银行设立半个世纪之后出现。清光绪二十三年（1897年），上海诞生了第一家中国资本的银行，即中国通商银行。

＊中国通商银行出手不凡，盛宣怀为首提供资金支持

中国通商银行以实收250万两的资本开业，与大钱庄相比，此数额特别巨大。中国通商银行的运行资金一部分来自大官僚，而大部分是来自早期洋务企业，比如轮船招商局、机器织布局、电报局这三大机构，以及盛宣怀主持的铁路事业。中国通商银行收到的第一笔存款是清政府应盛宣怀的要求存入的100万两生息官款，该银行其他业务与洋务事业密切相关，为大型官办和商办企业、洋行甚至钱庄、商号、工厂等提供贷款服务。

与钱庄业起步总体呈渐进式不同，中国通商银行出手不凡，成为国内外瞩目的焦点，从中也可感受到上海这座城市的影响力。中国通商银行还能仿效外商银行，发行市面接受度更大的纸币，它的纸币有银两纸币，后来更多是银圆纸币。另一不同点在于，中国通商银行先后在中国主要的、重要的商贸口

岸设立分行，其制度构建既采用了外商银行制度，也汲取了钱庄的包括其人事运行的相关制度。

在此之后，一大批新式的银行应运而生。从宏观历史的角度看，上海之所以能够成为近代中国的金融中心，是因为第一家华商银行在此设立。

图 7-10　中国通商银行上海外滩 6 号旧址

*金融业开始辐射全国，各大银行总部迁至上海

上海的金融业随着自身不断的发展，开始拥有跨地区甚至全国性的影响力。特别是"南三行"，即上海商业储蓄银行、浙江兴业银行、浙江实业银行，乃是与本地本土以及周

图 7-11 "南三行"旧时影像，从上到下为上海商业储蓄银行、浙江实业银行、浙江兴业银行，三家银行都以上海为基地，在经营上互相声援、互相支持，互兼董监

边直接相关联的;"北四行"是以北方为中心的四家银行,即盐业银行、金城银行、大陆银行、中南银行,它们在 20 世纪 20 年代后期起陆续把业务重点和经营管理的总部南迁至上海。"南三行""北四行"是上海地区金融史上不可忽略的一页。当时,南北两大金融中心,上海是以商贸为基地的第一大埠,而北京是政治中心,与政府当局向金融业的财政性借款有关联。

上海银行业的发展拥有钱庄所不具备的特点,产生了其他任何地区都不可能有的态势:1928 年中央银行在上海设立,注册资本 2 000 万元,折合成银两将近 1 500 万两,大大超出中国通商银行,后来资本更是扩展到 1 亿元。尤其值得强调的是,中国银行、交通银行把它们的总行、总部从当时的北平南迁至上海,原来的四省农民银行则改组为全国性的中国农民银行,将总部确定在上海。以北方为中心的和以内地为中心的银行纷纷把业务中心、总行迁至上海。

* 钱庄、华商银行、外商银行如何合作共赢?

钱庄、华商银行、外商银行聚集在上海进行比拼和较量,要在上海已有繁荣的经贸发展和重大影响力的前提下把蛋糕做大,将市场扩容,只能在自愿的、基于各自利益和信用的基础上进行合作。在这一过程中,中外银钱业联合会曾在上海诞生。

从全国更大范围看，在上海设立多家银行的总行，以及非银行华商金融机构像储蓄会、储蓄局、信托公司、保险公司等和外商开业经营的储蓄、信托、保险机构等，上海地区的金融市场在不断扩大。随着城市的发展，随着整个江南、长三角的发展，乃至更大范围的中国经济的发展，对上海金融业的要求不断提高，金融业的努力，特别是协力合作，更使得上海的金融市场得到前所未有的发展。

特别要指出，第二次世界大战期间，上海地区曾拥有第一层级的大银行，如中国银行、交通银行、中央银行，外商银行中的汇丰银行、麦加利银行，以及后来直接由英美两国政府财政部出面共同设立的中英美平准基金管理委员会。近代中国著名银行家、"南三行"之一的上海商业储蓄银行总经理陈光甫曾担任该委员会的主席，他毕业于美国宾夕法尼亚大学沃顿商学院，与二战时期美国财政部长小亨利·摩根索是同学。

图 7-12　陈光甫被誉为"中国最优秀的银行家""中国的摩根"，在 20 世纪前半叶的中国有着举足轻重的影响

四、上海国际金融中心构建与运行的启示

上海近代国际金融中心的构建,以及国际金融中心运行的进程留给后世留下了不少启示。

第一,以信用做好服务。从服务对象而言,钱庄、外商银行、华商银行,以及交易所、证券公司、保险公司、信托公司、储蓄会、投资银行等,无论是单家机构,还是相对应的特定行业及其所从事的金融业务,如存款、贷款、汇款、兑换、支票、汇票、贴现、抵押、押汇等,它们的共同点都是信用,即提供信用服务。上海金融业服务于实体经济如工商业、农业、矿业、通讯、运输等,同时服务于国际贸易。尤其是上海在全国整体意义上的洋货进口和转口、出口贸易中的占比始终没有低于过40%。

从传统与现代的关系来看,钱庄是传统的,是基础和起飞的起点,传统对应的是现代,而"国际"或者"国际化"又是现代化题中应有之义,或者说现代化包括国际化。传统若想拓展事业,则需向国际化大目标迈进。

从自然、经济区位上来看,必须处理好本地和周边的关系,以及上海区域和全国的互动关系。

第二,吸引和培养复合人才。最初上海金融业的主体是

本土的人才，他们大多在钱庄从学徒做起。比如上海著名的福源钱庄掌门人秦润卿是学徒出身，后来得到投资人乃至市场上同业的高度认同，甚至被中央银行、交通银行等聘为理事和董事。而在传统和现代、本土和国际的交集中，金融业中出现了许多出国留学又回归的人才，其中不乏上海商业储蓄银行陈光甫、中国银行张嘉璈、浙江兴业银行徐新六等著名银行家。此外，在上海的一些外国金融家们在学理和实业方面的能力也非常优秀。

第三，金融文化强调拼搏、信用和家国担当。其一，商人要想在商战中有立足之地，再难的业务，只要有可能，就要拼搏，这就是商业精神。其二，金融业恪守承诺。开出的支票、庄票，签的合同、信用证明、提货单等上面都有限定的权利和义务的规定，比如庄票和支票都只认票不认人，或者限定了使用的场景。其三，"做好服务"之精神大有讲究，其涉及商业伦理、市场规则、法规法律甚至国际法，要理解并处理好相关问题。其四，金融业需要在市场、地区甚至国家民族有重大困难之时勇于担当，挺身而出。对民族和国家的认同是对所有经济实体的要求，而金融业尤其要表现出金融业的文化与整体中华文明的联系。

吴景平

钱庄与上海近代金融业

宋佩玉： 吴老师一个小时的讲座，话题不限于钱庄、外商银行、华商银行，也不限于庄票、支票，而是把整个上海近代的金融业完整地给大家呈现出来了。从中我们可看到在 20 世纪 20—30 年代，上海就已经具有了国际贸易中心、国际金融中心的气派。

这里我们有必要溯源一下近三十年来上海城市定位的变化和发展。20 世纪 90 年代初期，上海提出要建设"三个中心"，即国际经济中心、国际贸易中心、国际金融中心；20 世纪 90 年代末提出建设国际航运中心，因为当时中国想要加入世贸组织，并在上海建了洋山港；2014 年习近平总书记到上海考察，对上海作出建设"具有全球影响力的科技创新中心"的指示，因此，现在上海的城市定位是深化"五个中心"建设，其中前四个已经建成。之所以能够进行"五个中心"的建设，最重要的一点是上海这座城市是有历史底蕴的。

一、钱庄对上海近代贸易中心建设的作用

宋佩玉：我是做外商银行研究的，不仅外商银行在近代国际贸易中心、国际金融中心建设中具有重要意义，中国本土的钱庄也在这两个中心建设中有着举足轻重的作用，以往的研究往往忽视这一点。首先来看钱庄与近代上海国际贸易中心的关系。

* 金融业态票号活用闲置资金，钱庄则注重投资实体经济

刚才讲了很多金融机构和金融业态，实际上在近代中国还有一个很重要的、主要在中国北方活动的金融业态——票号，它只办单一的汇款业务，太平天国起义之后又承担中央和地方之间的汇兑业务。它的闲置资金是投放在官僚、地方政府和钱庄上的，值得注意的是，为钱庄拆款的不只有外商银行，实际上票号也承担这项业务。

至于票号的发展，如果从数量上来看，19世纪末期票号大致有32家，全国分支机构达到175家。如果将钱庄和票号进行对比，最不同的一点就是钱庄更多面向实体经济的工商业进行投资，体现了现代化和国际化的特点。

图 7-13　中国第一家票号日昇昌，由山西商人创立于道光三年（1823年）。如今日昇昌旧址改造为中国票号博物馆（引自《山西历史文化名城建筑要览》，山西经济出版社 2017 年版，第 463 页）

＊利用拆款和庄票两种金融工具，钱庄促进对外贸易

宋佩玉： 除票号为钱庄拆款外，综合来看，钱庄对上海建设国际贸易中心发挥了如下作用。

钱庄在内陆省份帮助土商将支票向相关银行进行结算收取现款。但钱庄因为资本有限，要想投资从事国际贸易，必须求助于外商银行和票号，而随后华商银行成立，很快取代了外商银行，开始为钱庄进行拆款。当时的进出口贸易以及货物在上海和内陆省份间的交换能非常顺利地发展起来，中介人钱庄功不可没。此外，在外商银行进入中国之前，整个中西贸易是处在并立状态的,洋行承担金融业务,同钱庄只在点和面上接触,并未改变两者相异之本质;等到外商银行进来之后,二者迅速结合,外商银行把自己多余的款项拆借给钱庄,钱庄将拆款投入与内陆省份的贸易中。

钱庄作为东西方两种商业系统的中介或者说桥梁,主要是利用庄票、拆款两种金融工具。为了更好理解,庄票类似于今天的银行本票,钱庄就其性质而言,实际上已经具有了商业银行的灵魂。至于拆款,外商银行、票号、华商银行,先后都对钱庄放款,其实就是贷款。这两种金融工具使上海对外贸易活跃起来。我们通过有限的数据来看,以庄票论,19世纪70年代,它在票据市场上占的份额达到70%—80%,这是非常大的

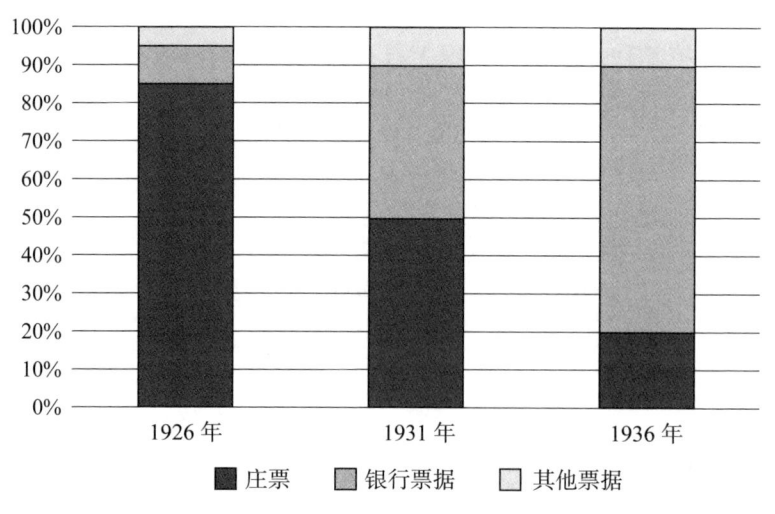

图7-14 1926年、1931年、1936年票据所占市场份额统计图

占比；到 20 世纪，比如 1926 年，庄票仍在票据市场上占据了 80%，而银行的支票只占 10%，其他票据占 10%。到了 1931 年，这个局面便开始发生变化，这一年是钱庄发展的转折点，有个银行化的过程。

吴景平：补充一点。1931 年南京国民政府颁布了《银行法》，当中规定经营银行相关业务而不称银行的，不管名称叫什么，都视同银行，必须一律遵照该法规。所以对钱庄来说，钱庄的存续，和它的法律地位、实际的市场地位是密切相关的，钱庄必须要对此作出新的回应。

宋佩玉：1931 年是钱庄的转折点，这一年庄票在票据市场上只能占到 50%，银行支票上升到 40%，其他类票据占 10%；1936 年变化更大，庄票只占 20%，支票占到 70%，其他票据占 10%。

* 钱庄信用和放贷，与上海进出口贸易同频共振

宋佩玉：拆票是当时传统金融机构的金融创新。庄票存在外商银行，外商银行拆款给钱庄，两天结一次利息。此时，外商银行很想做这笔生意，我们以汇丰银行为例，其存款在 1865 年成立时为 200 万元，到 1869 年达到 600 万元，这些

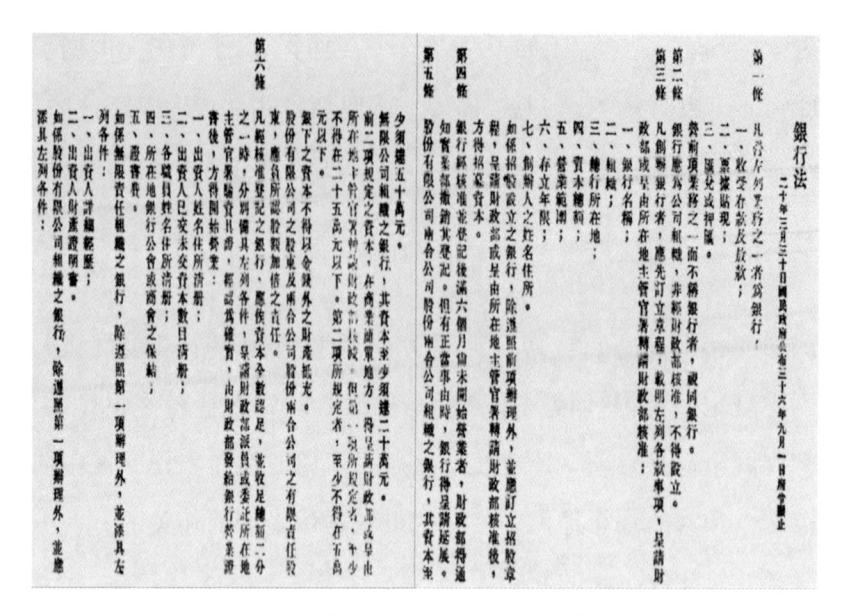

图 7-15　1931 年颁布的《银行法》部分内容，载于 1947 年中央银行经济研究所出版的《金融法规大全》

存款的利息非常少，大约在 3% 左右。但当这笔钱被拆给钱庄的时候，利息则定在 15%。当时中国民间大多处在高利贷的状况下，借贷利率通常在 30% 左右，因此，虽然 15% 的利率对钱庄来说已经是一个很高的数值，但就其拆给贸易商的利率而言，依然有利可图。当然利率有个不断下降的过程。

由此可见，外商银行和钱庄水乳交融的关系的根本原因还是在于利益。拆款额的数据也很难获取，大致来说，19 世纪 70 年代，外资银行和票号加起来对钱庄的拆款大概 200 万——

300万两，基本可以应付当时上海的对外贸易。到19世纪80年代，达到570万两，19世纪末上升到700万—800万两，1911年曾达到1 400万两，1924年江浙战争（又称齐卢战争、甲子兵灾，是当时江苏督军、抗战时做了汉奸的齐燮元与浙江督军卢永祥之间的一场军阀混战，是直系军阀和反直系军阀的一场重大较量，也是第二次直奉战争的导火索）时大致为1 200万两。有数据做支撑，可大致知道上海的对外贸易是怎么样在钱庄和外资银行业务之间，在支票和庄票清算或者运作的过程中发展起来的。

同治九年（1870年）驻重庆英国领事谢立三提到，上海钱庄给四川商人的贷款使得他们可以把洋货运到四川各地，甚至进入贵州或者云南僻远之乡，土货又以同样的方式运至上海。

除开谢立三描绘的四川，镇江、宁波更是如此。镇江是洋货从上海进口往北扩散的重要据点，上海钱庄放予镇江钱庄的款项很多，值得注意的是，上海一些大钱庄主本身就是镇江人。而宁波，在20世纪20—30年代，每年进出口贸易达到3 000万元，主要是靠上海钱庄提供资金支持。从这些数据可以得出，上海钱庄的发展、信用和放贷的扩张，同上海进出口贸易是同频共振的。

用指数说话，如果把清朝同治四年（1865年）设作基期

图7-16 镇江博物馆馆藏庄票和各国银行纸币,可由此窥见当时镇江商贸之兴盛

100,进入民国的1936年指数就是3 400,由此可知上海国际贸易的迅猛发展,这是上海成为国际贸易中心的重要特征之一。这种贸易量的扩张,虽然很难言上海钱庄做了多少具体贡献,但可以肯定的是,在缺乏资本积累与完善融资机构的传统中国,如此数额的进出口贸易,势必仰赖钱庄的信用放款支持。

二、钱庄对上海国际金融中心建设的作用

宋佩玉：近代上海金融业，钱庄、外商银行、华商银行三足鼎立。它们的势力如何变迁呢？

*1925年后外商银行由盛而降，钱庄发挥毛细血管作用

先看数量变化。清光绪二十三年（1897年）之前，在上海只有钱庄和外商银行，外商银行的资金实力强于钱庄；进入民国的1925年是外商银行非常重要的转折点，这一年五卅运动爆发，激起了上海民众的愤慨，他们打出了非常鲜明的口号"拒用外商银行钞票"，挤兑外商银行。有数据显示，五卅运动时期外商银行市场份额占37%，华商银行41%，钱庄22%。此时，钱庄已经开始实力下降，外商银行也在慢慢收缩阵线，华商银行则异军突起。1936年，大致有33家外商银行同时存在，而华商银行有145家，还有若干家钱庄。从资金实力的分布来看，华商银行占73%，外商银行占19%，钱庄只占8%。到1946年，华商银行市场份额已经达到80.5%，其中主要是国有银行，外商银行下降到12%，钱庄下降到6%。

在整个金融市场的发展过程中，不能简单地说钱庄是以"前近代"的方式运作的。第一，在金融市场中，各类金融机

图 7-17　五卅运动期间民众抵制洋货

构差序竞争，外商银行和华商大银行可以说是金融的主动脉，在外商银行不能广设分行，华商银行尚未设立的情况下，钱庄则起到了毛细血管的作用。在华商银行的分行广泛铺设之时，就是钱庄直接面向普罗大众、升斗小民，使得整个金融市场充满活力。

上海的金融能力，不仅表现为数量的优势，而且表现为品种齐全的优势。外商银行主要经营国际汇兑，华商银行和钱庄则在国内汇兑方面具有优势。而从金融工具上来说，和钱庄相关的就有庄票的发行和拆款的运用。

＊钱庄参与申汇市场制定标准，规范化中达成均衡

第二是钱庄对吞吐全国资金市场起到非常重要的作用。比如上海需要资金，内地资金通过钱庄流到上海，反之亦然。在金银比价大幅波动，中国出现严重贸易逆差时，上海的资金市场往往参与国际金融市场的平衡。和钱庄有关的资金市场主要是拆借市场，集中在钱业。尤其在1935年之前，它作为清算所异常活跃，不管是外商还是其他的金融业态，都需要到钱业接洽清算事宜，让大钱庄为它们做在场交易。

第三是钱庄对形成执牛耳的申汇市场不可或缺。外汇市场由外商银行控制，内汇市场长期由钱庄控制。内汇市场的标准由上海钱庄制定，而且申汇的信用度极高，有人认为其与20世纪50—60年代的美元可以媲美。同时，钱庄还参与埠际清算，申汇是埠际贸易资金的重要清算工具。

第四是钱庄在不断规范化的过程中与其他业态达成竞争中的均衡。早期钱业就有自己的商事习惯，开埠后为了应对新情况，便产生新的商事习惯。比如上海县令多次发布上海钱业制定的规则，到光绪二十六年（1900年），上海钱业更是直接在报纸上广告其规章制度。在执行规章制度的过程中，上海钱业内部逐渐达成共识，与此同时，钱庄和外商银行、华商银行也在竞争中达成共识，钱庄就是在这种规范化的过程中走向现代的。

依据制度经济学的理论，近代上海国际金融中心的形成是诱致性变迁（即人们在追求由制度不均衡引致的获利机会时所进行的自发性制度变迁）的自然过程。在 21 世纪全球化金融体系变革的今天，如何深化对钱庄这一私营金融业态的研究，历史地、客观地评价近代上海钱庄的性质和作用，借鉴其在长期发展过程中形成的制度体系和运作机制，推进民间金融、小微金融改革，应是上海国际金融中心建设的一个重要课题。

* 银圆银两结算的比例关系，由钱庄行使定价权

吴景平： 从上海作为近代中国的国际金融中心的形成、运行、发展进程出发，钱庄业作用不止于此。其一，钱庄还起了决定市场关键行情的作用；换言之就是行使定价权。中国的货币市场或者说货币领域中，传统的主要是银两制钱，后来外国银圆大量进入中国，持有银圆和持有银两进行结算时，这个比例关系的名称叫洋厘，洋厘由上海钱业公会定期发布，即由钱庄确定。所有包括中外之间的银两银圆结算、银行钱庄之间的结算，都遵照钱业公会发布的洋厘行情办理。另外，上海银两以及银圆的库存数，和上海市面上有多少银圆和银两，也是由钱庄发挥作用，直到 1933 年国民政府实行废两改元。

其二，除了渗透社会底层以外，钱庄还是打通中外，打通

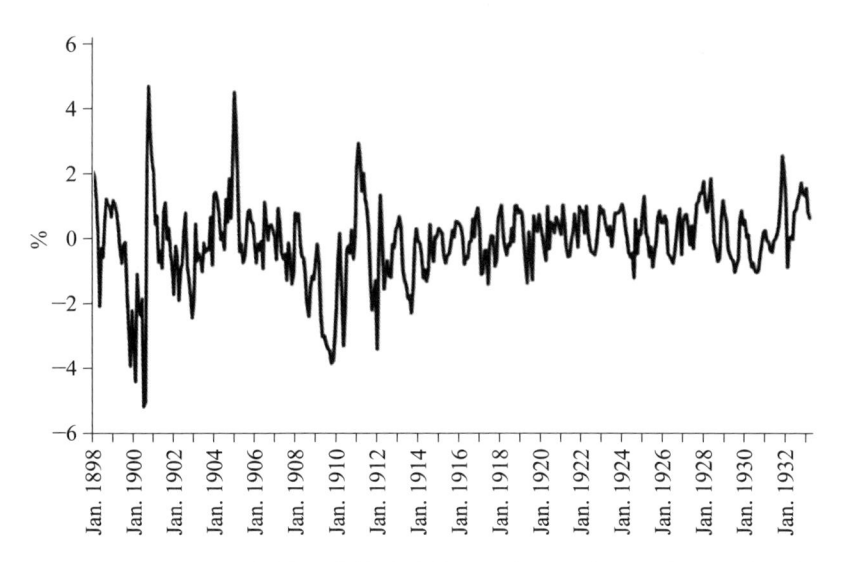

图 7-18　天津、上海洋厘价差波动情况，大于零表示天津洋厘较上海高，反之较低（引自卢筱汀：《在乱世中走向统一：晚清民国的货币体系》，"量化历史研究"微信公众号）

银、钱、票号或者金融势力的关键性的角色。上海新式银行业一开始起手就是几百万两的资本，但如果翻阅当时的报刊，就会发现在相当多的场合中，上海银、钱两业都是共同表态的。外国商人要了解上海市场行情风向，要结合钱庄和银行对某一个重大市场行情或者市场预期作出的表态来一起分析。所以上海当年的国际金融中心地位，钱业的话语权在相当长的时间里是不容小觑的。

宋佩玉、吴景平

互动现场：
监管、定价理由、优势、风险、式微

* **虽无监管法规，商事习惯和市场约束钱庄自律**

医疗服务创业者陈文伯：近代以来，中国是否存在对金融行业的监管机制？

吴景平：清末开始中央政府才有明确法规对金融进行监管，对外商银行并没有制定有别于其他洋商行号的特定的外商金融业监管规定。近代中国金融监管最初的准入制度主要针对银行，或者要求钱庄按照银行的标准申报，也没有特定指向钱庄的监管法规。但这并不意味着钱庄可以在市场上为所欲为，市场本身有客观存在的制衡力量，所以钱庄必须恪守信用，遵守公序良俗、商事习惯。

* **钱庄对银两、银圆的定价权源自中国传统历史**

设计师吴羽东：近代的货币定价权掌握在本土钱庄手上，它是如何获取的？

吴景平：钱庄对银和钱之间、银两和银圆之间的定价权的获得，是与生俱来的。它一开始就只做钱的兑换，包括不同种类的钱，面额不等或与不同地区的银两的兑换。特别是银两的使用，银的成分、成色由市场公估局负责，公估局和钱庄始终是伴生关系。

外国人或者洋商进入中国，外国银圆进入中国，它按中国标准到底折合多少银两？最权威的机构就是钱庄，一方面中国人相信且接受，另一方面洋商同样必须接受。这是传统历史习惯的结果。货币制度根本变革转型之后，如废两改元，特别是1935年实行法币制度之后，钱庄本身并不从事外汇业务的买卖，更无从介入由中央、中国、交通三家银行以及汇丰、麦加利两家外商银行共同确定的外汇定价。这就是另一个时代了。不是说钱业在这方面落伍了，而是历史的行程。

* 仅执着于个人信用而无有形抵押，钱庄曾经历起伏

退休财务工作者刘晶：在钱庄的年代，是否发生过大范围的类似现代私募基金爆雷的现象？

吴景平：在上海滩或者金融市场上，无论不同国别还是不同类别，如银行、钱庄、票号，或者传统的货币制度给定的安排或新态的银行，类似的现象是存在的。从钱庄发展来说，钱庄经历了数次起起伏伏、大起大落，但还可以存活，不像票号一样消亡得那么严重。上海滩金融家经营票号遇到的"雷"，与政局不稳或近代中国政局的变迁特别是辛亥革命的爆发有很大关系，主要经营政府业务的票号往往缺乏风险分散和防范意识。

钱庄具有一定的风险防范意识，但若同银行相比，对信用的理解和对客户关系之间的把控比较宽松。比如银行放款必须提供抵押，外国人借钱给中国也是如此，中央政府以海关、盐税收入甚至政府财政作担保，这样低级层面的风险相对可控。但是，大部分风险防控上出现问题的钱庄，在放款业务中没有坚持借款方提供确实的有形资产作抵押，只要这单业务做成的回报不少，钱庄就会选择放款。这当中风险的防范和规避相对难度较大。

* 中国近代钱庄重要功能是降低借贷资本利率

金融业从业者李菁：现在有许多互联网助贷机构，是非常好的资金补充途径，但利率也很高，您怎么看待这些金融机构？

宋佩玉：从历史的角度来看，钱庄的利率也非常高。银行把余款拆给钱庄，19世纪60年代利率达到了15%，之后逐渐降低。钱庄贷给从事贸易的客户，要获取利息差，多的时候利息可达 20%、30%。随着银行对钱庄的拆息降低之后，钱庄贷出去的利率也会再降低。在这个过程中，钱庄在中国近代有一个很重要的作用，就是使中国借贷资本的利率逐渐下降。

* 国内外因素促使 1935 年法币颁布，弱化了钱庄地位

中学教师张智梅：20 世纪 30 年代因为《银行法》出台，突然银行、钱庄、外国银行的比例有了大变化。请问是何背景？

吴景平：1931 年颁布的《银行法》，是南京国民政府加强银行业监管的重要法规，同时《银行法》将对钱庄的管理纳入其内，并表示不另行颁布钱庄法规，体现了华商银行业在财政性金融业务中已居主导地位，钱庄的作用日益式微。虽然《银行法》没有立即施行，却成为钱庄、华商银行和外商银行三大势力消长进程的重要界标。

1934 年美国白银政策导致白银风潮，对实行银本位币制的中国造成极大冲击，如果不改变中国的货币兑换制度，把货币同银的关系切断，那么银价的涨落就会使中国货币的稳定度无法自控。这将导致商业成本乃至债务人的债务大大超出原来借贷协议的风险。于是，1935 年 11 月中国政府推行法币政策，只有中央银行、中国银行、交通银行三行发行法币，后加入中国农民银行。

当时钱庄业遇到的风险尤其巨大,市场上的白银外流失控,大量信用放款难以收回,许多钱庄为了继续营业只能向政府或者大银行求贷。为应对危机,在救济金融业方面中央银行严格控制放贷条件,所有贷款必须经过中央银行或其委托的放贷行审核同意。

钱庄凡是在危机时期申请贷款,必须有切实的抵押物,如地契、有价证券、房产。钱庄的主要业务受政府委托由大银行监管。整个上海金融市场钱庄地位的改变具有国际因素、国内政局因素甚至与中日关系的紧张都有关。国民党高层汪精卫于1935年11月1日遇刺,当时如果不马上发布法币政策,市场上的挤兑提存现象将不可遏制。法币政策推行后,钱庄业传统优势地位进一步遭到冲击。

*钱庄没有准备金等现代制度,遇到挤兑就会发生风险

上海师范大学黄辉平:钱庄的产生是市场的选择,在经历第一次之后还有很多次投机行为,屡次不改的原因是因为制度上存在一定的缺陷吗?

吴景平:钱庄应对市场风险时的选择是两难,以小博大,以少博多,本身就说明准备金或者风险规避的基础是不稳定的。这

种不稳定相对于担保开展债权债务关系来说，风险度就高。因为钱庄的产权制度和银行不同，银行一问世，特别经过政府注册取得准入资格，都必须上报额定资本、实收资本、主要股东情况、主要业务、营运期限等一系列的承诺和有关资料。

1919年统计时，一家钱庄每天平均开出30张庄票，每张庄票平均2 000两，意味着一家钱庄每年就开出将近两千万两的庄票，但钱庄的资本才多少？最多才几十万两。一旦资金往来受到挫折，别人拿着庄票找钱庄兑付时，钱庄就傻眼了。钱庄按照传统中国的商事规则经营，传统性的优势是接地气，但是当传统遇到现代化、国际化，如果在制度建设、资金、组织人事、规章制度甚至市场应对方面不跟进，钱庄面临的风险是早晚的事。

*涉外金融贸易早已形成中外共同约定并遵守的商事规则
中山大学历史学系学生李子规（线上提问）：为什么晚清外商银行会信任中国庄票的信用？双方的法律不同、货币不同、语言不同，庄票流通的制度基础和时代精神是怎样的？

吴景平：外商银行与中国钱庄的联系不仅是支票和庄票对接，还有向钱庄拆款甚至业务往来。外商银行的基础是外国商人，外国人在中国做生意，外国商品进入中国某个码头，中国本土商人拿着钱庄给的庄票去提货，外国商人会先到银行确认提货的中国本土商人持有的庄票是否真实。经银行确认后开出提货证或者提货单，限定期限地点履行手续。这些在涉外贸易和金融业务中，已经有中外间共同约定并互相遵守的商事规则，而非成文法。

外商出售洋货获得钱庄开出的庄票可以存入在外商银行的账户，进而凭外商银行开出的支票赴内地采办土货，内地华商之所以会接受外商银行支票，是因为可以委托往来钱庄用支票向外商银行收款，而外商银行将对先后收到的相关庄票和支票轧抵。整个过程体现了减少现金支付和加速商品流通的现代市场意识。

* 各类金融衍生品的原理归根结底都是信用关系

国企职工吴乃衍（线上提问）：开埠以后上海发布了一些金融衍生品，对上海当时的金融业起到怎样的作用？

吴景平：衍生品无论对中国市场、中国的金融机构，比如钱庄、票号、银行来说，都是新生事物。但它的道理归根结底就是信用关系。这些对中国的钱业来说是需要一个学习和接受的过程的，中国的钱业也参与有关的博弈。它对中国来说是新生事物，但在海外、国际范围内可能已存在数十年甚至更长时间和更大市场空间。

今天我们可以非常坦然地看待金融衍生品，因为我们也是国际金融市场中的主流玩家了。

* 外商银行入驻上海降低融资成本，推动形成国际汇兑中心
党政部门公务员汤文建：外商银行入驻上海对当时本土的金融业的影响以及对现在金融开放有什么借鉴意义？

宋佩玉：首先，银行等新式金融机构进入中国后，它至少带来一个影响，即降低了中国的融资成本。19世纪60年代，上海地方政府为了应对太平天国运动向外商银行借款，那时利率高达10%。实际到19世纪90年代，利率基本已降到4%—5%，从账面上看与国际市场上的价格差别不是很大。总体而言，外商银行进入中国后，使得中国融资成本下降了。外商银行在上海特别多，内地仍然还是高利贷的市场，但是上海的金融市场的融资成本已经下降。

其次，外商银行对国际汇兑中心的形成中发挥了作用。20世纪20—30年代，上海是远东国际汇兑中心，超过日本横滨，那时香港的金融地位肯定是比不上上海的。在当时的情况下，上海能成为远东国际汇兑中心，其中一个很重要的原因，就是有外商银行的存在，它使得封闭的中国开始现代化，逐渐面向世界。

除此之外，外商银行的示范作用也值得关注。中国那时还没有新式银行，道光二十七年（1847年）丽如银行进入上海，光绪二十三年（1897年）中国通商银行成立，中间相隔五十年的时间，中国通商银行基本学习汇丰银行，记账用英文、任用洋大班等；华商银行的股份制、分支行制也是受外商银行的示范作用影响。当然，除了这些积极作用，消极作用也是相当明显的。

吴景平： 外商银行向中方提供的贷款或者借款的利率，在稳定时期是比较低的，原因有二：一是国际市场的现实情况导致的；二是这些利率比较低的贷款往往是有中国政府担保的。外商银行贷出去的钱不是银行自身的，而是代中国政府在海外金融市场上发行有关的债券，这些银行可以在借款合同中写清楚，必须是本银行经办，代政府发售，以收取折扣，未来还款也必须通过本银行，银行要收取经办费。未来还款的兑换率也由该银行决定。在狭义的利息之外的东西，也是我们整体上评估外商对中国借贷利率降低的影响因素，而不是简单的账面上或者数额上的问题。

*张幼仪曾开办银行，在上海近代金融市场发挥重要力量

教师李晓芸： 上海今天想成为国际化的金融中心肯定离不开女

性半边天的贡献，您对想要或者正在致力于研究经济金融的女性朋友有什么经验或者心得分享？

宋佩玉：近代从事金融业的女性也值得大书特书，比如中国银行副总裁、总经理张嘉璈的妹妹张幼仪。她在与徐志摩离婚后创办了云裳服装公司并担任总经理，也参与了上海女子商业储蓄银行的建设，担任过该行副总裁。所以，上海近代金融市场的女性力量也能占一席之地。此外，很多女性在勤俭持家的过程中，也会把储蓄存到银行，女性是银行存款的重要力量，我们要相信女性在金融市场上的力量。

图 7-19　上海女子商业储蓄银行旧影

* 货币兑换的"浩劫"直接导致金融机构破产

能源系统工作者阙之玫：我这次学习到钱庄为实体经济服务，

1945 年上海钱庄有两百多家，1949 年有八十家。太平洋战争爆发后英美宣战，英美人士进入集中营，两百多家钱庄市场份额是否是从外商银行来的？1949 年钱庄份额只有 6%，是不是官僚资本银行因为规范化的作用将其市场份额大幅压缩，还是因为金圆券的原因导致钱庄倒闭了？

吴景平： 第一，钱庄的市场影响力的下降确实与货币制度的变革有关。第二，政局的重大变革，如太平洋战争爆发影响巨大。此前上海是孤岛，在租界还是可以相对比较平稳开展业务。然而太平洋战争爆发之后一切都变了，英美等国的金融机构包括银行被接管没收停业。一般来说，钱庄在这样的变故中没有受到直接的冲击，还可以继续开业，问题在货币。

1942 年日本侵略者与汪伪方面共同宣布将以 1：2 的比例收回所有的法币，推行所谓新法币即中储券。1945 年抗战胜利后国民政府对中储券进行清理，此时 200 元中储券才能换回 1 元法币，从早先的 1：2 变成 200：1，导致所有持币人损失 400 倍。钱庄包括其他所有机构和所有持币人凡是经历过最初为中储券收换，现在又收换回法币的都蒙受了这样的损失。1948 年 8 月 19 日起实施的金圆券政策更是荒唐，三百万元的法币只能换一元金圆券，一时间几乎所有金融机构账面上的资本都只有十几元、二十几元，要赶快想办法升值。1949 年四五月间，国民党当局在广州推行银圆券改革，五亿金圆券才换回一元银圆券。1935年一元法币等同一银圆，再接续除以2、200、300万、5亿之后还剩多少？这场浩劫不仅仅影响钱业，还影响到所有的金融机构和所有的持币人。

附录

去青浦寻上海六千年之源：
那人、那琮、那墓、那塔①

2024 年 5 月 12 日，早晨无云的天空偶尔飘洒了几点雨花，已不见昨日雷暴雨的余威。8 点，不同的人群向着威海路 755 号上海报业大厦汇拢，"寻上海之源：青浦海派考古一日研学"等待着他们的开启。

一、"我们"来了

14 岁的华东师大附属宝山实验学校初一学生叶准一，默默忍着妈妈叶春屏的念叨。从去年 8 月开始参加文汇讲堂"数字强国"系列讲座，他都是一人独去现场。或许因为是母亲节，这次主办方居然让线上观看的妈妈也参加研学了。要看看

---

① 本篇是本书主编李念刊于 2024 年 5 月 15 日文汇 App 的文汇讲堂听友"寻上海之源：青浦海派考古一日研学"活动纪实，特附录于此，以飨读者。考古并不是书斋里的学问，它也属于我们每一个普通人，走进考古，走进历史，在鲜活的土地上，看到中华文明活泼泼的形成发展历程。

6 000年前崧泽遗址先民头骨的期盼让他有点兴奋。

在山西从事在线金融工作的赵大鹏，前几年开始沪晋双城记，想到今天要去福泉山遗址发掘现场，他的脑海里立刻浮出了2021年3月15日至19日在安阳殷墟博物馆新馆开建前的五天志愿者时光，他在唐朝大型墓葬的探方内学习清理骨骼等考古工作，"天下'洛阳铲'应该同一逻辑吧？"

95后的杜海燕从家乡广州毕业来澎湃新闻网站工作6年了，半个月前上报大堂摆放的巨幅"上海6 000年"展板吸引了她，她在文汇报视频号观看了第一讲"最初的上海"。从纪录片《何以中国》里，她知道广州在秦汉曾有"南越国"的存在，上海越来越蓬勃的探源工程让她有些思乡。

金祖煜是85后的软件工程师，在讲堂反响热烈的2022—2023年度的"中华文明起源与形成"线上四讲沉淀下来的微信群中，他是264名群友中居少数派的上海听友代表，在全国文博爱好者有点"狂轰乱炸"的考古信息中，依然保持着发言热度但时有质疑，他带着问号出发了。

欧阳煜岱第一次是在线上听讲堂的阿富汗话题，两年后他从兰州来上外读博，终于能来讲堂现场了；干晓芳刚从管理岗位退下，微信群里偶然看到文汇讲堂预告，从现场到研学都入选了；90后的黄俊儒线上听了讲座，只是因为去了现场也入了研学团的先生临时出差，得以从备选观众中转正。

4月27日，第169期文汇讲堂"上海文明探源：贯古通今向未来 上海6 000年"启动第一讲"最初的'上海'——从马家浜文化、崧泽文化到良渚文化的承继"，主办方文汇报社、上海博物馆、上海市地方志办公室领导在简短的开幕式上致辞。讲座尾声，研学报名启动，15分钟内秒抢，当晚，53名研学团队员名单确立。

9：30，载着5个小组53位文汇讲堂"上海6 000年·青浦研学团"成员的大巴驶向沪青平公路。

二、青龙塔：国际贸易港守护神，连接长沙与日本

大巴绕道了两次，沿着较窄的水泥道进入，终于在青浦区白鹤镇青龙村的青龙塔旁停下，这座1982年评定的上海市级文物保护单位并不对外开放，它俯身聆听着参观者的叮咚碎语。

史载青龙塔始建于唐朝长庆年间（821—854年），是隆福寺（初名报德寺，现名青龙古寺）的寺塔，在宋、元、明多次修葺。在清康熙五十四年（1715年）被赐名吉云禅寺塔，才有了俗名"青龙塔"。1956年塔刹宝瓶被台风吹落，50后学员林玮曾在青浦博物馆看到过塔刹宝瓶，上面有"明崇祯十七年"字样。塔为砖木结构，塔身砖砌，平面八角形，直径6.6

1 370岁的青龙塔俯身聆听着这片土地上的欢声笑语

米。塔高七层，原高41.5米，现残高29.9米。

"青龙塔可以看作两宋年间上海的'东方明珠'。"带队的90后导游胡芳博毕业于复旦大学文博系，他继而给出官方定位：塔所在的青龙镇是当时的国际贸易大港和经济中心，这座东南巨镇在两宋海上丝绸之路勃兴后地位不一般。

对于青龙塔的结构，胡芳博推荐了号称"东方比萨斜塔"的天马山护珠塔以供大家了解，同样塔身的木构已损坏，仅存砖构塔身。"更能佐证青龙镇地位的是，相距2公里的西北方只剩塔基的隆平寺塔下的地宫宝藏。"青龙塔所在的隆福寺俗称

天马山护珠塔（姬玲摄）

隆平寺塔基塔心室夯土层中的木梁结构及地宫

青龙镇遗址唐朝水井中的长沙窑执壶，现藏上海博物馆

隆平寺塔地宫出土的阿育王塔，现藏上海博物馆

"南寺"，隆平寺则是"北寺"。隆平寺塔始建于北宋天圣年间（1023—1032年），被视为古镇进入鼎盛时期的象征。北宋陈林、米芾手书《隆平寺经藏记》，高僧灵鉴撰写《隆平寺宝塔铭》，均记录了其高光时刻。从塔基直径8.9米来还原，这座七级佛塔体量超过上海现存13座古塔，它既弘扬佛法也成为国内外商船进入青龙港的航标灯。2015年上海博物馆考古部发掘了这座"北寺"的塔基，地宫内有两座阿育王塔。另一佐证是早在1980年代，考古队就在青龙村的唐代水井里发现了带有强烈异域风格的长沙窑执壶，釉下彩是其显著特点。

在下午4:30回程路上，第三组的代表、去过多座港口寺庙的工程销售主管70后龚忧做了这样形象的表述：北宋中期，一名长沙的瓷商带着一批出口日本的瓷器，远远看到隆平寺塔，心里一阵安宁，眼前浮现若干交子或银元；而寺院里也会有高丽货商经过市舶司检查后来到隆福寺祈福，希望此次与大宋的交易能顺利。

龚忱打趣地说，今天我们有第三艘航母"福建号"下水，但宋朝商船既要面对自然天气的多变，还要应对海盗的袭扰，去寺庙祈求佛祖保佑便是他们的心灵慰藉。他引用组员张佳对海军的研究——古代海军在南宋开始大规模向海洋迈进；他也提出正在研究海港的组长、研二生韦鑫的疑惑：为何青龙镇离吴淞江入海口还有一大段距离，依港建镇不是更为便利吗？

三、福泉山遗址发掘现场：洛阳铲、陶片密码、区域中心性聚落

龚忱的"千年一眼"感想为第四讲"青龙镇、上海镇与元代水闸"做了一次想象力预热操。研学的主题更多还是"最初的上海"，即史前上海。作为本次研学的亮点，福泉山遗址发掘现场强烈吸引着每一名学员。

胡芳博介绍，福泉山遗址的绝对年代是距今 5 300 年至 4 300 年的良渚文化时期，"地位堪比杭州良渚古国的直辖市"。所谓的八九米高的福泉山遗址，其实就是人工夯土堆筑的土台，为高级墓葬区，从随葬品中可以看出墓主身份都很尊贵。而 2010 年吴家场又发现不少高级墓葬，发现第二根迄今为止中国保存最完好的象牙权杖。有了墓葬区，必然会有公共区和

生活区，但它在哪里呢？上海博物馆副馆长陈杰曾介绍福泉山遗址群有100多万平方米，作为抢救性发掘，每年能申请发掘面积仅1 000平方米。

11∶10，研学队伍来到距福泉山遗址景区700米的发掘工地，上海博物馆考古部的柏哲人在围墙口早早迎候。发掘区域内的四壁和地层表面都用防雨布遮盖着，退休财务工作者孙佐英不小心踩了两脚烂泥，她牢牢记住来现场才可知道的知识，"田野考古是看天吃饭的，天太热会把挖好的土层晒裂，而大雨又容易造成塌方，因此我们都会盖上防雨布"。柏哲人面对提问强调了一个普遍的知识点——福泉山遗址的主体文化堆积

研学队伍踩着雨后铺就的木板道有序离开福泉山遗址的发掘工地

是距今 5 300—4 300 年的良渚文化,"但它也存在周代的文化堆积,附近也曾发掘过历史时期的墓葬。而青龙镇主要以唐宋时期的文化堆积为主,但也并不能说没有史前时期的文化堆积"。

曾在广富林遗址发掘现场看到过 5 米 × 5 米和 10 米 × 10 米两种规格探方的 55 后企业创业者徐海清则疑惑,为何这里的探方形状有所不同,这也引出赵大鹏在安阳殷墟博物馆新馆当志愿者时习得的探铲(洛阳铲)知识。在回程的分享中,分享代表、科研系统部门主管周洲为学员们再次梳理普及:探铲的椭圆形铲头有 20 厘米以上,锋口尖锐,成熟的探工几铲下去带上的土,就能为判断地表下的文化层提供依据,续接木杆,最深处可达好几米,这也是柏哲人所述的使用探铲是进行考古勘探工作的主要手段。

对于测试绝对年代的方法,"每种都有局限性,比如碳-14 只能针对有机物,且在采样时需要考虑样品来源是否并非原生,或者样品本身也存在污染的风险"。柏哲人的说法让物理老师李世新有些顿悟,此前认为碳-14 法无所不能,原来实践中并非如此。"有经验的考古队员,通过观察出土陶片的颜色纹饰质地,采用'类型学'方法断代更为普遍",胡芳博后来补充。

指着不远处的河道老通波塘,柏哲人告诉充满好奇的组员们:"很多谜还要通过田野发掘来解答,但这条河通往青龙镇,也通往松江,因此,自古至今,人类依河而居的特点并没有太大变化。"

告别发掘现场,组员们脑洞大开:4000多年前,福泉山作为区域中心聚落,宛如良渚古国的卫星城,当时的人们是因为什么来到福泉山,并在此营建墓地的呢?福泉山墓地海拔八九米,而此次发掘所得的土台所在地低于现今水平面1—2米,两者的关系如何?大面积的生活区域,何时能找寻到呢?

四、福泉山遗址景区:大汶口的背壶南下? 玉琮耗工两代人?

发掘工地的疑惑大半在半小时后得到解答,但新的疑惑又萌生。

曹晓燕作为景区的专职讲解员,接待了无数的参观团体。每次她都会突出福泉山遗址出土的文物数量的动态增加。从1957年发现,到20世纪80年代三次大发掘时收获2000多件,再到2010年吴家场发掘至今,以良渚时代为主的文物激增到了4000多件。21世纪的第一年,这里被列为全国重点文物保护单位。

参加过讲座的科技企业主管花红艳留意曹晓燕解说中的

细节——这里共出土过八截象牙权杖，讲座中提到的 1 米权杖则是最长且保存最完好的，"这里是 3D 打印复制件，上面的神人兽面纹很清晰"。讲座中曾讨论，如果说取一个文物代表上海史前文明最高水准，陈杰和苏州市考古研究所所长程义都同意应该是福泉山象牙权杖。在象牙权杖上带有良渚文化标识性图案的神人兽面纹，而一枚玉琮上清晰镌刻着飞鸟神面纹。"人骑在神上，既表示代表神，也预示着飞翔而永生。"

和花红艳一样听过"中华文明起源与形成"四讲的陈俏梅，还清晰记得发现良渚古城的考古学者刘斌介绍的玉琮王。"这里的玉琮需要两代人才能制作完成，要用动物的筋打磨，用鲨鱼的牙齿或老虎的牙齿镌刻花纹"，对于这样的细节她有些惊讶和感叹，"1 厘米内要雕上 10 根线"。

左图为福泉山遗址出土的良渚文化玉琮，右图为黑陶高柄盖罐

左图为大汶口文化彩陶背壶，右图为细刻纹带流阔把陶壶

在返程分享中，第五组代表、自媒体人姬华奎和职员徐则林颇有创意地以双口相声的方式，拟物化地演绎了福泉山遗址这处长江下游的良渚文化时代遗存的璀璨之处。姬华奎扮成1 000年后长江上游的三星堆玉琮，顺江而下拜会福泉山工艺：胎层薄如蛋壳的温酒器——带流阔把陶壶上有很精细的飞鸟条纹，"这居然是用泥搓成一根根长条粘上去，既为美观也为防滑"。同样令人叹为观止的是良渚黑陶的工艺，"在器皿烧制快完成时，用湿的泥土或叶子将之盖住，把火熄灭后会有大量的烟吸入，其实就是碳，再烧制陶器，就会变成黑色，它的密封性会变得更好"。

徐则林则扮成来自山东大汶口文化的彩陶背壶，这是福泉山遗址里出土的唯一一件"异类"，背壶上有两个带孔的把手，应该是先民穿着绳子背在身上所用。"我是北方海边的晚辈，前来学习良渚的精华。顶在头上的玉琮代表着祭祀的神权，玉钺代表着军权，玉璧代表着财权，玉器礼制是早期国家的象征，看来孔孟的儒家礼制在 4 500 年左右的良渚文化中已见端倪。"

两人的拟物化唱和让全车学员听得津津有味，窗外飞驰过青浦区练塘茭白的巨幅广告。姬华奎还忍不住让自己的家乡安徽"出场"："这是缘分，2 000 年后战国时代的楚相春申君的墓地就在安徽。"

中华文明起源与形成中的各地文化呈"满天星斗"分布，同时各文化圈又彼此相互影响，然而，大汶口文化的背壶为何要南下呢？

谜底或在广富林文化里。

五、崧泽遗址博物馆：第一人、第一稻背后的生产力演变

在福泉山遗址景区的历史年表层旁，有一处屈肢葬墓葬，一名 13 岁女童被捆葬在男主人脚边。曹晓燕解释：良渚文化时期已经到了父系社会。史前上海如何从母系社会转变为父系社会？沐浴着良渚文化的辉煌精美，下午 2 点，研学队伍来到

了崧泽遗址博物馆。胡芳博介绍，这是2021年中国现代考古学诞生100年之际，唯一入选"百年百大发现"的上海史前遗址。站在开阔的博物馆外广场，场馆如高低聚落的外形便让人过目不忘，有种把人吸入历史"虫洞"的肃穆感。

崧泽遗址博物馆素以展出"第一"而著称，上海第一人、上海第一稻、上海第一村、上海第一井等。开门整面墙壁的铜雕气贯长虹，底部起于崧泽遗址的树根，首部是东方明珠等现代上海的建筑地标。讲解员胡一琦介绍，崧泽遗址博物馆从起意到建成历经了整整十年，而下周（2024年5月18日）将迎来建馆十周年。因为研学成员都仔细听过"上海6 000年"第一讲"最初的'上海'"，因此，对诸多的"第一"不再陌生。

在崧泽遗址博物馆的第二部分介绍了五种埋葬方式，随后有母女合葬、父母与子女三人葬、夫妻合葬，对比同期在江苏张家港东山村出土的崧泽文化墓葬和随葬品，后者显然非常丰富，非崧泽遗址的随葬品可比拟。"东山村遗址崧泽大墓主人被誉为崧泽王。"胡一琦解释道。这让人即刻联想到福泉山遗址的高级墓葬与良渚古国之间的关系。

切磋也在学员间展开。观看中，金祖煜提醒记者，在第五处墓葬中有战斗中需要的镞，可见史前先人非常注意身份的标识——生为战士，死亦战士。杜海燕注意到解说中一个细节：6 000年前，崧泽先民人工培育了粳稻和籼稻，称为"中国第

崧泽文化晚期的崧泽遗址发掘的五种墓葬复原，随葬品较少

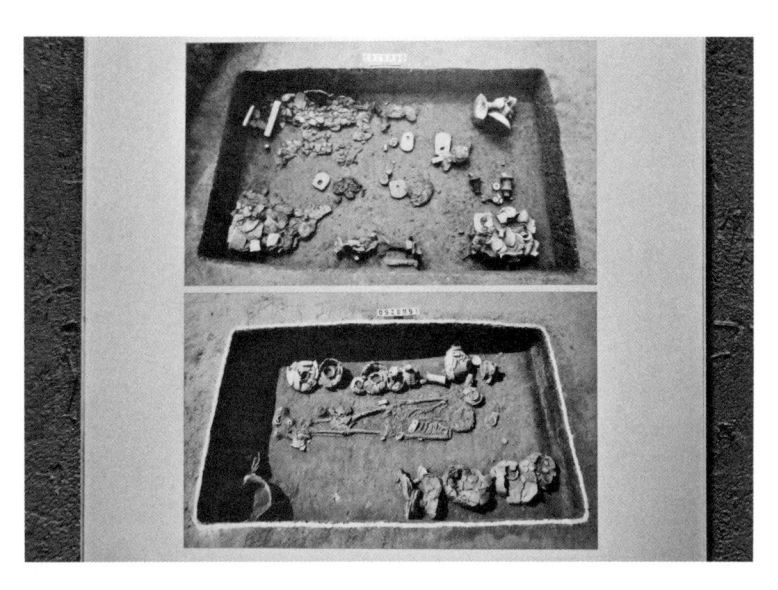

张家港东山村的崧泽文化时期墓葬，随葬品异常丰硕

一稻";千禧年时浙江上山发现了拥有万年历史的稻作之源,这里就改为"上海第一稻"。"这段修订符合《万年中国——中华文明的起源与形成》(讲堂演讲汇编新书,东方出版中心2023年出版)的描述。"她和记者耳语。

在回程分享中,金祖煜代表第一组,借用恩格斯《家庭、私有制与国家的起源》中的观点,做了颇具学术性的分享。他认为,从崧泽文化的墓葬方式和生产工具的提升可以看出,从马家浜文化到崧泽文化,正是母系社会向父系社会的转变的时代,随母葬是一种标志,而到了夫妇合葬,已是步入父系社会,不过随葬品还是均匀分布的,但到了良渚文化,在福泉山遗址的屈肢葬里选了女童,说明父系社会已经成熟。而其中的转变关键是通婚习俗的对偶制,使得子女有了固定的父亲,血缘关系清晰,不仅寿命提高,接着便有了最初的财产继承。而生产工具的提升使得物资充盈,陶器精美,也加速了从公有制转向私有制,有了我们看到的崧泽时期出现的"富人"——随葬品的分层,"崧泽王"的出现,血缘贵族继而产生,阶级开始分化,从而古国得以诞生。

他的观察视角让很多组员想起了博物馆内天花板上印着的"父"字是两把斧头的交叉,而甲骨文"钺"字中衍生出"王"字来。

从"百年百大发现"的崧泽遗址博物馆出来,上海之源的概念越来越清晰。而最后一站青浦博物馆的"上海古代文化之源"展陈成了一个天然的总结回顾。记者所在的一半人由青浦博物馆党委副书记毛晓蕾亲自解说,而"申城水文化之魅"展陈又让我们了解了上海之源在现当代的蓬勃向上。

"我问胡导,在崧泽遗址博物馆的头骨是不是真的,他说是真的;在青浦博物馆,我又看到了'上海第一人'的头骨,他说也是真的。这时我想起了陈杰副馆长演讲中的一个细节,出土了一批头骨,统称为'上海第一人'。"研学结束,记者才得知杜海燕是同行,我们做了细致的交流。而她也是第四组的分享代表,与她一同分享的组长、国关学专业博士生欧阳煜岱以"各美其美,美美与共"分享感想。美好而充盈的一日研学在他描述的令人动容的画面中永不落幕:

研学队员在青浦博物馆与"上海第一人"合影

崧泽遗址博物馆的尾厅展陈是星罗棋布的"满天星斗",距今7 000年至4 000年,各地文明起源并形成,我们站在熠熠光辉中,仿佛被注入元神,感受到了各地先民的聪明才智、努力奋进,中华文明就是这样绵延逶迤、生生不息,而上海6 000年历史亦照亮着"最初的中国"。

李念

"考古上海"展：完成时与未来时

每逢开馆日的上午十点，上海博物馆东馆一开门，有备而来的全国各地观众便蜂拥而向四个楼层各自心仪的展馆，一部分人流会汇入四楼新开的常设馆——"考古·上海"展。家住闵行的能源系统工作者阙之玫对头盖骨碗颇觉好奇；文博爱好者薛义民则对"蓝色海波"上漂浮的宋朝古船充满疑问；也有许多零基础的好奇者，对官方导览觉得不解渴。展陈中，"古国—古港—古城"脉络清晰，更激发他们对上海6 000年历史系统了解的求知欲。

戎静侃是上海博物馆考古研究部副研究馆员、策展主创团队成员，2024年2月完成策展大纲后，直到开展，他始终在忙碌地布展。七月中旬的某个周五上午，接受文汇讲堂工作室采访拍摄时，他颇为抒情、富有人文情怀的讲解让笔者脑海里跳出两个词："完成时"和"未来时"——广觅出水、出土于上海地区的2 000件（组）历史遗物，说明"何以上海"，勾勒出史前先人在古国阶段崇拜自然、征服自然的生活情趣，肇始于唐宋的古港视域下青龙港和上海港的商贸繁盛，明清之际世家大族与上海城墙、豫园等城市地标的对话往事，这些是上海考古人自1935年发现戚家墩遗址以来经年累月的"完成时"，丰富着"何以上海"；更令人期待的是"未来时"，策展人员在长江口二号古船遗物展墙上特地以模型留出位置，一个个玻璃隔间等待着考古人员的最新探索成果。就像DNA技术能追溯这艘久远的沉船是从湖南或江西起装一样，新的考古科技将揭开更多尘封信息，而此时，由"考古何为"的"补史""证史""透物见人"将进一步完善上海6 000年的时间颗粒度，更多的参观者深度理解上海何来后，将自我融入未来上海何去的实践中，画上平行的上扬线。

一、800平方米展厅中的还原： 以生活细节平视古人

"考古·上海"的指归，是乡土、城市与人，是古今相通的"人性"……戎静侃在2024年6月29日发了一条这样的朋友圈，与"人性"相对的是历史的"神性"。一个多月的密集布展中，他越来越陶醉于为了显示"人性"而调制的灯光角度等细节，从事文博考古工作十余年，他第一次如此

沉浸于人与城、古与今的对话之中，以至于被高透低反无缝玻璃所迷惑，头撞过许多展柜。曾经参与过上海历史博物馆基本陈列和多个临时展览工作的戎静侃，极为珍惜这样一个使用面积为 800 平方米的专业考古场馆。他回忆，自 1956 年上海博物馆考古组成立以来，经历了最初的跑马总会大楼、1959 年起的河南路老馆和 1990 年代后的人民广场馆，展陈体系都是以讲解器物门类为主的中国古代艺术陈列，"如今有了专门介绍上海本土历史的考古发掘成果展，可以说是弥补了憾缺"。在考古馆进门的墙上，射灯将光投在一句话上："认识中华文明悠久历史，感知中华文化博大精深，离不开考古学。"

如何让新老上海人走完 800 平方米展厅后有"何以上海""考古何为"的深刻印象呢？古今相通的"人性"，让上海博物馆对"考古·上海"展厅的展陈设计颇为用心。首先，上海 6 000 年历史突出三个切片式高峰，既有历史时间轴，又不完全囿于此。以讲述史前史的第一部分"文明之光"为例，在"马家浜文化—崧泽文化—良渚文化—钱山漾文化—广富林文化—马桥文化"这 3 000 年内，凸显了良渚文化作为文明高峰的重要地位。展品分为"经济与生活""礼制与信仰""王者与威仪"三部分。而恰恰是这三部分，从食物获取到社群维系、精神信仰，构成了每个普通人的生活。石犁、石镰等生产工具展现着稻作农业基础,从陶釜到陶鼎的变革,崧泽文化后期出现的鼎、豆、壶组合,则显示出逐步礼制化的社会进程。同时,长江下游地区的上海先民素来富有审美情趣,有像花朵一样怒放的双层镂孔花瓣足陶壶、腹鼓尾摇状的马桥鸭形壶,更不用说标志着神权和王权的玉琮、象征着神权军权合一的象牙权杖,其上特有的神人兽面纹,会在观者眼前送出一幕幕鲜活的想象场景。

其次,本展间或在展品下方设置"透景窗",同时结合简笔动画,展示古代生活场景:第一部分的造景让你感受到先人新犁土地的清新、生长中水稻的灼灼、收割后稻穗的谷香;那艘置于灯光、薄纱营造的蓝色波浪上的宋船,仿佛只要人跳上去就能一竿远行。更使观者会意一笑的是三部分展陈标题墙后设置的标本墙,"文明之光"背后是陶、石、兽骨残片;"江海通津"后面是各类瓷器碎片;"海上繁华"后则是残砖断瓦,它们组成顶天立地的窄墙,浓缩着 6 000 年历史的光阴与密码,但凡能够对话和解读,就能打开一片波澜壮阔。如此匠心也展示了每一个考古工作者的日常工作状态,他们就是从这样的点点滴滴中还原真相,接续历史之线:史前的"补史",唐宋时的"证史",明清时的"透物见人",呼之欲出。"在细节里才能平视古人,体味先人的性格形成、城市风貌的形塑,可谓同一方水土养同一方人。"戎静侃解释。

"文明之光""江海通津""海上繁华"后的标本墙（由左至右）

二、文明之光：手工艺中的审美情趣与礼制威仪

上海史前史长达 3 000 年，叙事线索很多。随着戎静侃的讲解，在"文明之光"90 件（组）器物展陈中，笔者看到了史前先民的三组成长场景。

当你被展厅中央一把精巧的"斧子"吸引时，会想起它似乎有个"亲戚"——崧泽文化时期的带镦石斧（第 2 号解说展品），就在对面十数米开外与它遥相对望。两者外形颇像，都由多个部分构成。在戎静侃看来，崧泽时期是斧、钺的分水岭，带镦石斧由石斧、长柄、镦构成，数百年后的良渚文化时期，这把"斧子"——福泉山遗址65号墓出土的瑁镦组合型玉钺（第4号解说展品），在钺、镦、长柄之间还增加了瑁。上部的瑁器身如舰形，镦则如船形，这发现于高等级大墓中，或为墓主生前手持物。特别是，钺身并无使用痕迹，可见这种生产工具已经成为象征身份的威仪之物。从字形变化看，"钺"也是"干"字最早的象形来源。

"仓廪实而知礼节，衣食足而知荣辱。"史前先人不断优化革新石犁、石镰等生产工具后，建构起了以稻作为基础、

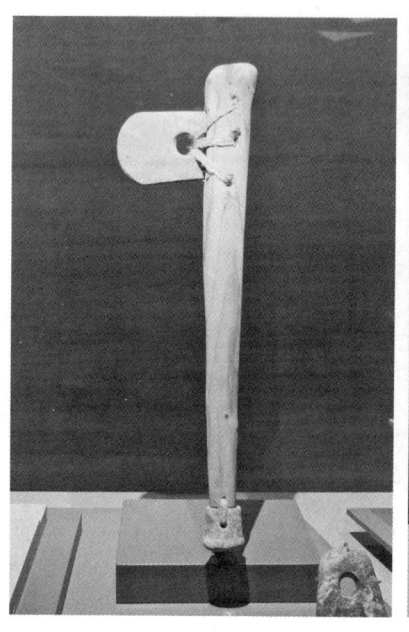

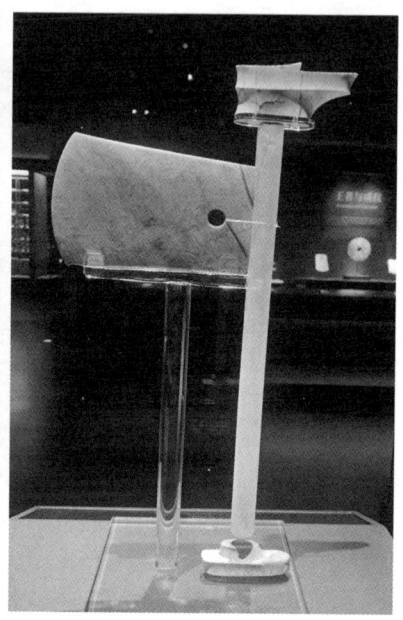

带镦石斧（左）和瑁镦组合型玉钺（右）

渔猎为辅的生活，社会阶层复杂化就开始了。"礼节""荣辱"的一个初级表现在于社会分工产生后手工艺从业者对美的追求。双层镂孔花瓣足陶壶，乍看表面是三角形、弧边圆形镂刻相间，煞是好看，圈足和口沿上还捏出花瓣形状，但它同时设有内胆，丝毫不影响装物功能，是件实用器皿。而马桥文化的典型器物——鸭形壶更是以生产生活中的动物为蓝本，模仿得惟妙惟肖，有鸭子般鼓鼓的腹部、翘翘的尾部，还运用了这一时期的新技术——着黑工艺，"其技艺上与原始瓷的釉趋于接近"，这就比早其2 000年的崧泽文化时期的陶猪模仿更胜一筹。将喜爱之物或者敬畏之物刻为器用的纹饰，是古人的惯有思维，比如同一展柜内的禽鸟蟠蛇纹带盖双鼻陶壶上有着龙蛇的暗纹，黑皮陶上则有着良渚的细刻纹。"如果害怕某一动物，就（把它）作为崇拜物，或者装扮成它的样子。"戎静侃解释道。展陈中的古人头盖骨碗则是这种威仪的更高级版的体现。

尽管说起考古学上的类型学方法，很多人会

马桥文化典型器物鸭形壶

良渚文化禽鸟蟠蛇纹带盖双鼻陶壶

良渚文化人头盖骨碗

觉得过于学术,但是在展陈中,上海博物馆以"眼见为实"的方式作出浅显的诠释。策展者摆出了一条史前陶器的谱系——釜、鼎、豆、鬶、壶,不同形状的炊煮饮食工具,标刻了不同的时期、不同的考古文化。比如崧泽时期的大鼎,被趣称为"崧泽大克鼎";广富林时期的侧装三角足陶鼎,就富有龙山文化王油坊类型遗存的特征,表明了北来之风;而马桥文化时期的器物又有南来之气。由此,也揭示出上海成为海纳百川之地的最初源头。戎静侃认为在"问鼎中原"所彰显的鼎的等级制度出来之前,长三角地区的陶鼎是青铜器鼎的源头。

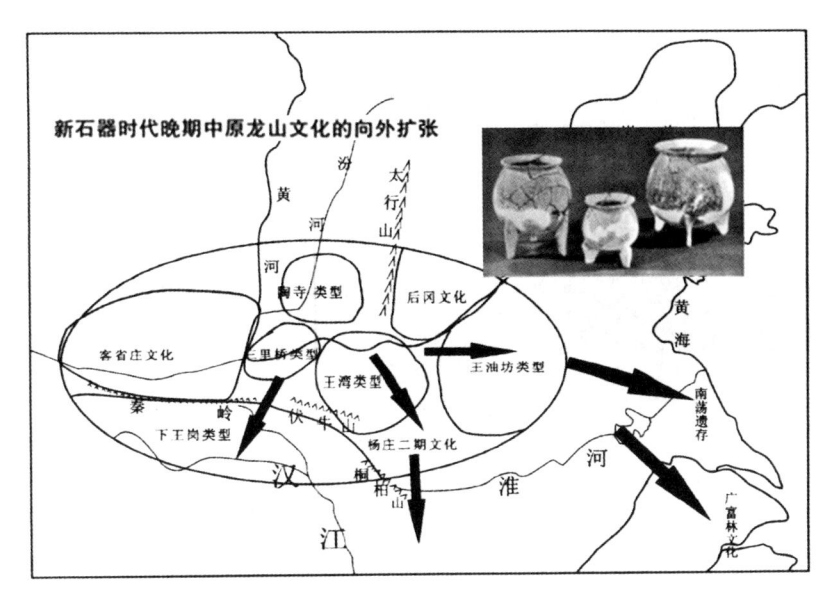

龙山文化王油坊类型分布及典型器物图（戎静侃供图）

三、江海通津：青龙港、上海港
以港兴市小悬案

青龙塔所在的青龙港是宋元间中国对外贸易第一大港，与青龙塔南北并置的隆平寺塔基内在2015年后发掘出了舍利与铜瓶。这些笔者都很熟悉，印象深刻。但"考古·上海"展的"江海通津"展陈中，许多鲜为人知的故事依然十分新奇，让笔者瞬间仿佛与唐宋商人同处一个时空维度。

第一个故事是诙谐风格。青龙镇作为当时的集贸海港，是

长沙窑青黄釉褐彩乐伎纹执壶，胡伎图贴反了

内地商家外贸订单的集散地。在唐朝，长江中游的长沙城接下大量销往东南亚、阿拉伯和非洲的瓷器订单，当地货商或许为了更好地本土化经营，要求工匠添加反映当地风俗的元素，如椰枣树、雄狮等。就在长沙窑青黄釉褐彩乐伎纹执壶上，戎静侃告诉记者，一处胡伎跳舞的图案贴反了。

第二个故事则是悬疑风格。1977年12月，奉贤兴建水利工程时，人们在现在的四团镇四明新村发现一批瓷器，其出土点北端距离宋代海岸线遗迹里的护塘只有400米。这批器物主要是碗，碗口朝上，十个一摞用草绳捆扎，集中堆放在一个约60平方米的椭圆形坑内，碗底还发现柳条形编织物痕迹，可能原来装在箩筐内。完整的碗共有1 046件，还有少量残品，以及两个罐。此后，器物长期堆放在库房内。"我们这次选择了密集型展示，有 686 个。"笔者注意到 686 个碗有序地搭成了层叠三层的碗墙，中间部分展示了碗底。戎静侃在朋友圈透露，"效果拔群"的展示是经历了整整 9 个流程才实现的，其

四团宋瓷碗展陈，1977 年出土现场（下左）、出土状态（下右）

中包括美容、海选、排队、设计支架和爪件、讨论阵型等，才有"层层又层层"的明星打卡地效果。为何这个大订单没有及时运到青龙港，而是被有序地集体掩埋？戎静侃请大家发挥想象力。但是他也介绍："根据近几年科学研究跟踪，可以知道这批碗是从福建上船的，中间停靠过温州港。"如果这批遗物在近几年发现，定会持久占据舆论 C 位，而 1977 年，考古工作者只在内部刊物上发了一个简讯。"我们希望所有人知道，上海并非无古可考，相反，故事同样精彩，古代历史同样悠久。""完成时"的缺憾，或将在科技手段越来越发达的"未来时"中逆袭。

第三个故事同样与科技溯源有关，展品是闻名天下的长江口二号古船出水遗物。展陈中央是一个同治年间的高 60 厘米、口径 21 厘米的景德镇窑豆青地堆白青花松下高士图双耳瓶，戎静侃介绍，这是清朝末年至民国初期北方颇为流行的嫁妆瓶。"它的特点是大器套小器。"古船 2022 年打捞出水后，从嫁妆瓶里共掏出 50 件青花团龙纹杯，在展厅里展出了 9 件。"通过对填料的 DNA 跟踪，知晓装船地是现在的湖南、江西地域。"同船还发掘出同治年间诸多执壶、烟罐、盘子等。有趣的是，展架边缘的无展品处被许多树脂模型摆满，"这是我们留给未来探究出来的考古成果的"，戎静侃将此理念称为"生长型展览"。同样值得注意的信息是，长江口二号古船，已

豆青地堆白青花松下高士图双耳瓶（左），取出的50只青花盘龙纹小杯（右）

显示了数百年前上海港的繁华。随着南宋末年吴淞江的淤堵，在明朝时期，黄浦江跃升为通航主流，上海县因此繁华，上海地区特有的沙船成为清代漕运及开埠前后航运贸易的主力军。"以船兴市，以港兴市"，海纳百川的城市性格其来有自。

四、海上繁华：寻常巷陌之间
寻找城与人的对话

尽管"海上繁华"部分并不在采写计划中，但看到导引词里的这句话：

历史不仅录在书籍，也掩藏于寻常巷陌，溯源于古城墙、陆家嘴、豫园地标相关的历史人物与历史掌故，人与城的对话因考古而有了可能。

笔者忍不住走近三个明朝的大家族，聆听感受他们的故事。建造豫园的潘氏家族的潘允端和族弟潘允徵，两人墓葬分别在1973年和1960年被发现；对陆家嘴的得名有影响，捐资建造小东门和万云桥（俗称"万家石桥"）等的文学家、书法家陆氏家族的陆深，其家族墓在1970年被发现；捐建了上海城门的顾氏家族的顾从礼，其墓于1993年被发现。这四人不仅自身学问拔尖、仕途显望，也是当时本土缙绅的代表，对上海地区的贡献不一般，这次展陈中也展示了部分墓地里发掘的精美物品。

在众多随葬品之中，最打动观者的还是潘允徵墓地出土的颇为壮观的木仪仗俑群。戎静侃评价："这是中国随葬俑制度最后阶段的实证。"从最早的人殉制度，到秦始皇开始盛行的各种陶俑，明代更为务实地采用了木仪仗俑，也呈现出文明进程的脚步。笔者看到木仪仗俑队伍可分为前中后三部分，前后为步行仪仗，在中间的是一乘木轿，木俑神态各异，非常生动逼真。

听了一路的讲解，激发出观者过往知识的积累，难免有些荡气回肠。在展陈的尾厅，有多媒体展示上海历史线、遗迹数量的动态图，结束语是这么写的：

图 2-40　木仪仗俑（左）、木俑所抬木轿（右）

　　水与土，构筑沃野良港，成就海纳百川的宽广胸怀；城与人，彼此相映成辉，奠定了开朗睿智的城市精神。

　　笔者想到了讲解中的一个细节，戎静侃解释，青龙镇虽然叫镇，其实规模和当时的县无异，"因为唐宋时期，中央政府对行政编制有控制，而且上海也不是中国重点区域，但是贸易的推进却是一步也没有放松。国际航运中心就滥觞于此"。据史籍记载，唐天宝五载（746年）设青龙镇，天宝十四载（755年）置华亭县，青龙港在此期间形成。至南宋的熙宁十年（1077年），《宋会要辑稿》记载，青龙镇税收为 15 879 贯400 文，占了华亭县一半。考古以实证来强化了古籍史料的准确性和丰富性，上海如何成长的故事也日益丰满。这或许也是"考古·上海"常设展希望告诉每一个参观者的要义之一。"完成时"依然需要每一位参观者去体悟，"未来时"则期待全社会以尊史敬史风气去呼唤和呵护，同时驰而不息地为上海发展的科学规划、美好未来添砖加瓦。

李念、杨颖

尾声：是结尾也是新开启①

2024年11月23日那个周六下午，14岁的华东师大附属宝山实验学校的初二学生叶准一有点兴奋，他匆匆赶往文汇讲堂，这是他从2023年下半年开始第12次参加讲堂的活动，这次的地点是在上海图书馆东馆四楼的上海通志馆。而从松江方向赶来的西南工程学校教师熊明秋提早1小时就到达了。

和130余名169-7期文汇讲堂的听友一样，他们来听"上海文明探源：贯古通今向未来　上海6000年"（简称"上海6000年"）的最后一场"当钱庄庄票和银行支票结算时"。7场演讲在5个场地举办，他们也领略了自己生活的

---

① 《上海六千年》基于文汇讲堂"上海六千年"系列讲座整理撰稿而成，比较鲜活地保留了系列讲座的现场脉络，本篇是这次系列讲座的终场纪实，由李念采写，记录了专家代表们对这次系列讲座涉及的考古、历史与文化的整体性的回顾和小结，也记录了大家对上海未来发展的热切希望，故保留全貌，作为"尾声"，附于全书最后。

城市的不同风貌，有时尚的张园，有都市网红打卡点徐家汇书院，有坐落在苏河第一湾的闵行华漕赵家村王圻故里，有起步于1932年的上海通志馆，当然还有上海报业大厦43楼科技感极强的融媒创新空间，站在曲面屏前领到优秀提问奖和嘉宾合影时，熊明秋觉得自己也酷酷的。这一次他俩有着特殊的任务，作为少数全程参与的听众代表与三家主办方代表对话，那个环节的名字颇有哲学味——是结尾也是新开启。

一、上海博物馆：从大克鼎到金字塔之巅的相约，把城市文脉带回家

"上海6 000年"系列七讲分考古段和史料段，上海的考古主力是上海博物馆考古研究部。在对话环节尾声的十位积极分子奖品里，既有大克鼎文创也有正在展出的埃及神庙文创。项目策划之一的上海博物馆教育部副研究馆员杨烨旻在颁奖时强调，上海城市文化最重要的底色之一是国际化，备受关注的埃及文物展是上海博物馆在上海城市文化高度国际化的底色之上进行的文化实践。镇馆之宝大克鼎文创代表传统和本土，埃及展文创代表国际，观众把文创带回家，也是让传统走进了现代，把城市文脉融入了今天的生活。

系列讲座以距今 6 000 年的史前考古作为起点，完整讲述了史前史三千年——马家浜文化—崧泽文化—良渚文化—广富林文化—马桥文化，激发了诸多考古爱好者对这段历史的好奇和求知。虽然参加了"512 青浦研学"过了把瘾，叶准一还是疑问重重，在对话中向上海博物馆考古研究部副研究馆员王建文询问，为何崧泽遗址博物馆里"上海第一稻"的解说会从中国最早稻谷种植地更改为中国较早的耕种稻谷之地。

王建文解释了崧泽遗址和崧泽文化的不同处，崧泽遗址是1957 年在上海发现的最早以上海遗址命名的考古学文化，即崧泽文化。一个遗址可以包含多个考古学文化，崧泽遗址从马家浜文化以来就连续不断有人类在此生活，包括马家浜文化、崧泽文化、良渚文化以及春秋战国直至唐宋时期，绵延不绝。由于上海由西向东逐渐成陆的历史过程及冈身特点，上海的最早遗址比如崧泽遗址等都在上海西部。

崧泽遗址上发现的马家浜文化是上海地区年代最早的考古学文化，因此有了上海第一稻、上海第一人、上海第一井等多个"第一"的发现。"上海第一稻"的发现是在 20 世纪 60 年代，王建文介绍，稻谷有驯化的过程，从野生稻到人工栽培稻，伴随着人类从狩猎采集到农业定居的过程，生活生产方式有了重大改变，而农业起源研究是目前世界考古学界三大重大课题（人类起源、农业起源和文明起源）之一。崧泽遗址发现的人工栽培水稻是当时国内比较早的发现，是研究水稻栽培驯化的非常重要的材料。20世纪60年代以后，全国各地考古新发现层出不穷，最早驯化的水稻追溯到了一万年前，比如在湖南等地方也有万年水稻发现，以及新近发现的浙江上山水稻，因此解说词也有所修正。

但王建文也特别补充，崧泽遗址上发现的古水稻尽管放到现在年代不算最早，但在当时是非常重大的发现，"崧泽遗址也入选了20世纪中国100项重大考古发现"。

系列讲座期间，恰逢"星耀中国：三星堆·金沙古蜀文明展"，这是"何以中国"的第三展，第二展是"崧泽·良渚文明考古特展"，叶准一参观后大为惊叹。他好奇是否还会有"何以中国"的第四展？王建文透露作为"何以中国"的系列特展，下一展将会聚焦于辽河流域的红山文化。他补充，上海博物馆近几年特展主要围绕"何以中国"与"对话世界"两个主题展开，希冀以此来增进对中华文明起源与发展的认识，促进各个文明之间的了解、包容、交流与互动，希望世界变得更好。在七月开馆的上海博物馆东馆"考古·上海"常设馆也展陈了上海七十多年来丰富的考古成果，是了解上海城市历史发展的实物资料，这也是系列讲座研学的方向之一。

二、上海市地方志办公室：盐业的记录从南宋延续至今，开卷有益

介绍了晚明大儒王圻的第六期是在王圻故里举办的，熊明秋很早就去王圻故里展陈馆参观过。她注意到这位晚明先贤、致仕后编撰过1 100万字著述的史学大家也编撰过《重修两浙鹾志》，即盐志。她好奇地询问上海市地方志办公室副主任姜复生，南汇很早就能晒盐，像这样的上海支柱产业，在地方志里是怎样记录的。

尽管时间有限，姜复生还是简洁而完整地描绘了上海地方志里的盐业那些事，刷新了在场听众对地方志功能的认识。

现存上海第一本志书——南宋绍熙《云间志》中有"煮水成盐，植芦为薪"的记载，说明在当时已形成产业；清代雍正八年（1703年）所修《分建南汇县志》的卷二《疆土志》、卷八《赋役志》等章节也有盐田、盐场及盐科税赋等相关记录。姜复生解释，以上两部都是综合性志书，另有专门记录某个产业或行业发展的"专志"，王圻所修就属于此类。上海也有盐业专志，还是一部图志，即元代华亭县下砂盐场（地处故南汇县）的盐司陈椿编撰的《熬波图》，用47幅图详细描绘了熬制海盐的全过程，每幅图还配诗说明。

新中国成立后，国家组织了两轮新方志的编修。在 20 世纪 90 年代完成的上海第一轮新编地方志形成了市志、专志、区县志"一纲三目"的体系。"一纲"为市级总志《上海通志》，有 42 个门类，已较古代远为丰富；"三目"中的"上海市专志系列"则包含了 110 部专志。2010 到 2021 年历经 12 年编纂完成的上海第二轮新编地方志包括上海市志 140 部，专志 54 部，总共约 3.21 亿字。这 194 部志书里涵盖了上海的方方面面、各行各业。可以说，上海地方志不断扩充的历程就是上海产业不断发展的历程，地方志记载和印证了千百年来上海产业的腾飞与创新。"如果要查产业资料，到地方志书中查阅非常容易。"

姜复生娴熟枚举后，又趁热打铁分享了正在谋划的第三轮修志，它将关注"专精特新"产业。"因为社会发展非常快，有些行业产生了，可能十年左右就灭失了，不像旧的志书立一个产业持续几百年。所以我们要提前布局，早去实地把资料留下来，为将来修志打好基础。"

叶准一称在历史课上也接触过方志，总觉得比较难啃，但也知道方志很有史料性可以借力。姜复生打了个形象的比喻，"修志书必须用客观公正的立场，用平实的语言写，某种程度上如同班主任，天天板着面孔给你讲课。"为了改变形象，方志也在做一些改变。

姜复生介绍，一是编撰上海地情普及系列丛书，目前已出版了5辑，共约30本；二是将志书改编成"简志"，"融六亿字资料于一身，汇上海五千年文明于一体"，便于整体通读，以及按图索骥进一步查阅志书；三是开发"图志"，让志书变得更为生动形象；四是致力于宣传普及，比如自2024年3月8日起每周五晚在纪实人文频道播出一集5分钟的微纪录片《志在上海》，去年成立的"上海方志讲师团"讲述上海不同领域的历史印记和当代新貌，这次联合主办的文汇讲堂系列七讲也正是方志普及的举措之一；五是研发上海数字方志馆，建设上海方志数据库，并在互动应用中加入AI技术。"开卷有益，只要去翻看，总会受益。"

三、文汇报社：做好连接器、整流器、放大器，让优质内容产生更大价值

每次的讲座之后，作为主办方之一也是主要执行操作方的《文汇报》总是会以多种方式的报道满足不同人群不同用户，也收到不同的效果：文汇App上的内容整理、文汇报两个整版的刊发、若干短视频展现，以及与出版社合作的书籍，这一次又多了9次研学。7次讲座，500人次的现场听友，50 000人次的线上聆听，45篇客户端报道，33个短视频，200万人

次阅读，走入五大场馆，"上海6000年"的概念也逐步深入人心。

熊明秋是从2022年下半年的"中华文明起源与形成线上跨年四讲"起就全程跟随的听友，今年转入"上海6000年"系列，自然生出更强动力。在听了第三讲所聚焦的上海简称申城、华亭、沪渎的文化意蕴后，她读到三国吴末晋初的上海守城英雄袁崧在沪渎边抗敌，后来静安寺（据说当时叫重玄寺）就修筑在沪渎旁，以示纪念，作为新上海人，她颇为激动。作为职业教育工作者，她将此传播给更多的学生。对话环节，熊明秋请教文汇报社总编辑季颖："《文汇报》是怎样构筑这些策划的？"

季颖介绍，作为全国人文大报，《文汇报》坚持举办品牌讲座文汇讲堂20年，是想发挥好作为主流媒体的平台作用，"这作用形象比喻就是做好连接器、整流器、放大器"。

连接器，是把优质学术内容和社会大众做连接，也是把专家学者和读者受众做连接，所谓"从大家走向大家"，串联文化现场，抵达历史深处，展望远大前程。整流器，是整合集聚各种优秀文化资源、学术资源，通过每年的讲堂形成系列，推荐给读者受众。这几年讲堂内容既覆盖了传统的哲学人文，又有科技方面的新质生产力、文明起源方面的考古文化，在全球视野下，连接着上海和全国，十多年来久久为功，连续出版八本主题书。放大器，是指通过新媒介、新技术，比如直播等手段放大专业的声音、自信的力量，让更多感兴趣的受众受到启发，把故事传播得更远。

"所以，今天是结束但又是新的开始。讲堂会在专业度和新鲜度上持续下功夫，也欢迎听众读者不断给讲堂提好的建议。"季颖说的新鲜度既指讲堂内容选择上会更关注新兴业态、新鲜话题，也包含了今后讲堂邀请的主讲嘉宾会有更多"新面孔"，比如术业有专攻的网上文章高手，或者某些方面很有研究的新锐。

在 4 月 27 日首场开幕式上，季颖曾表示"上海 6 000 年"是《文汇报》"以文言志、以文聚友"的又一次出发，是为上海建设习近平文化思想最佳实践地贡献媒体智慧，书写文汇答卷，如今曲虽暂终，"更加精彩、更加难忘、更加有价值"的社会责任、传播目标依然如故。

当史料段的十位积极分子代表赵永明等从上海通志馆馆长吴一峻手里接过主办方给予的奖品《红色金融》一书，并与 11 人共同合影后，面对面的"上海 6 000 年"系列七讲从 4 月开启到 11 月就此画上句号，但是播在多层级读者观众心里的种子还在发芽、开花、成长，主持人的话也留在线上线下听友的脑海里：

如果生活在六七千年前，您会和马家浜先民一起，从外地来到这里，筑起"冈身"，拓荒建设我们的新家园吗？

如果生活在2200年前，您会跟随春申君一同治水吗？在唐宋元明时期，您会从青龙港、上海港出海去做贸易吗？

如果穿越到晚明，您会参与王圻的修书撰典事业吗？会和董其昌、陈继儒一同在书画中抒怀言志增雅趣吗？

贯古通今是为了走向更好的未来，站在加深建设"五个中心"的新使命台阶上，回望先民和前贤们留下的原创拓荒、民本实践、聪慧变通、开放融合、创新进取，感受流淌在血液中、沉淀为文化基因的诸多精神，我们的步伐也会迈得更加坚实、更加自信……